Peter C. Brown
Prof. Dr. Henry L. Roediger III
Prof. Dr. Mark A. McDaniel

Das merk ich mir!

GOLDMANN

Buch

Ohne es zu wissen, vertrauen die meisten von uns auf Lernstrategien, die alles andere als effektiv oder sogar kontraproduktiv sind. Peter Brown, Henry Roediger und Mark McDaniel bieten ein völlig neues Verständnis davon, wie Lernen und Erinnerung funktionieren. Anhand neuester Erkenntnisse der kognitiven Psychologie zeigen sie konkrete Techniken, um Dinge wirklich zu verinnerlichen. »Das merk ich mir!« ist das unentbehrliche Werkzeug für Schüler, Studenten, Lehrer und alle, die nachhaltig lernen und lehren möchten. Einmal Erlerntes endlich für immer behalten!

Autoren

Peter C. Brown ist Autor und lebt in St. Paul, Minnesota.
Henry L. Roediger III ist Professor für Psychologie an der Washington University in St. Louis.
Mark A. McDaniel ist Professor für Psychologie und Direktor des Center for Integrative Research on Cognition, Learning, and Education (CIRCLE) an der Washington University, St. Louis.

Peter C. Brown; Prof. Dr. Henry L. Roediger III;
Prof. Dr. Mark A. McDaniel

Das merk ich mir!

Erfolgreich lernen und für immer behalten mit der Make-it-stick-Methode

Aus dem Amerikanischen
von Imke Brodersen

GOLDMANN

Die englische Originalausgabe erschien 2014 unter dem Titel »Make it stick: The science of successful learning« bei The Belknap Press of Harvard University Press, Cambridge, MA.

7. Auflage
Deutsche Erstausgabe Dezember 2019

Neumarkter Straße 28, 81673 München
produktsicherheit@penguinrandomhouse.de
(Vorstehende Angaben sind zugleich Pflichtinformationen nach GPSR.)

Umschlag: Uno Werbeagentur, München · Umschlagmotiv: getty images/MirageC
Satz: Fotosatz Amann, Memmingen
Druck und Bindung: GGP Media GmbH, Pößneck
Printed in Germany
ISBN 978-3-442-17850-6

www.goldmann-verlag.de

Erinnerung ist die Mutter aller Weisheit.

Aischylos
Der gefesselte Prometheus

Inhalt

Vorwort

Beim Lernen gehen die meisten Menschen intuitiv vor – und damit oftmals auf die falsche Weise. Empirische Untersuchungen zur Frage, wie wir lernen und uns erinnern, belegen, dass viele angeblich bewährte Vorgehensweisen verschenkte Liebesmüh sind. Selbst im Studium, wo das Lernen im Mittelpunkt steht, bauen sogar Medizinstudenten auf längst überholte Lerntechniken. Gleichzeitig hat dieses Forschungsgebiet – das schon 125 Jahre alt ist – in neuerer Zeit erhebliche Fortschritte gemacht und eine Vielzahl neuer Erkenntnisse hervorgebracht, auf denen die Lernwissenschaft heute fußt. Dabei handelt es sich um höchst effektive, evidenzbasierte Strategien, die weniger effektive, aber weithin etablierte Praktiken ablösen sollen, die auf Theorie, Überlieferung und Intuition fußen. Der Haken daran: Die effektivsten Lernstrategien sind nicht intuitiv.

Zwei Autoren unseres Teams, Henry Roediger und Mark McDaniel, sind Kognitionswissenschaftler, die sich ständig mit Fragen zum Lernen und zum Gedächtnis befassen. Der Dritte im Bunde, Peter Brown, kann Geschichten erzählen. Gemeinsam wollen wir erklären, wie Lernen und Gedächtnis funktionieren, und dazu wollen wir nicht unbedingt Studien zitieren, sondern vor allem Geschichten erzählen – von Menschen, die gelernt haben, wie man sich komplexes

Wissen und die dazugehörenden Fähigkeiten aneignet. Anhand dieser Beispiele arbeiten wir die Lernprinzipien heraus, die sich in Untersuchungen als hocheffektiv erwiesen haben. Teile dieses Buch entstanden durch die Zusammenarbeit von elf Kognitionspsychologen. 2002 vergab die James S. McDonnell Foundation aus St. Louis, Missouri, eine Reihe Forschungsstipendien für die Frage, wie man mithilfe der Erkenntnisse aus der kognitiven Psychologie ganz konkret Lernprozesse verbessern kann. Diese Gelder, mit denen die Kluft zwischen Wissenschaft und praktischer Umsetzung geschlossen werden sollte, wurden Roediger, McDaniel und neun weiteren Wissenschaftlern zuerkannt, wobei Roediger der federführende Kopf war. Zehn Jahre lang widmete sich das Team der Übertragung von Ergebnissen aus der Kognitionswissenschaft in die Unterrichtswissenschaft, und in vielerlei Hinsicht stützt sich dieses Buch unmittelbar auf diese Arbeit. Die Beteiligten und viele ihrer Studien werden im Buch, den Anmerkungen und unserer Danksagung erwähnt. Roedigers und McDaniels Arbeit wird auch von diversen anderen Geldgebern unterstützt, und McDaniel ist Co-Director am Zentrum für Integrative Lern- und Gedächtnisforschung der Washington University.

Bücher sind normalerweise thematisch gegliedert, das heißt, sie befassen sich erst mit dem einen Thema, dann mit dem nächsten und so weiter. Auch wir sprechen in jedem Kapitel neue Themen an, setzen aber zugleich zwei Grundprinzipien der Lerntheorie praktisch um: Kernpunkte werden in gewissen Abständen wiederholt, und wir betrachten unterschiedliche Aspekte, die jedoch miteinander zusammenhängen. Wer sich beim Lernen gründlich mit einem

Thema befasst und in bestimmten Abständen darauf zurückkommt, erinnert sich später besser daran. Dies gilt auch, wenn sich verschiedene Themen beim Lernen abwechseln – am Ende beherrscht man jedes einzelne besser, als wenn man die Themen nacheinander lernt. Daher sprechen wir die Kernpunkte mehrfach an und wiederholen die Prinzipien im gesamten Buch in unterschiedlichen Zusammenhängen. Auf diese Weise prägt sich das Gelesene besser ein und lässt sich leichter umsetzen.

Es geht in diesem Buch darum, was man persönlich tun kann, um besser zu lernen und sich länger an das Gelernte zu erinnern. Denn letztlich liegt die Lernmethode in der eigenen Verantwortung. Aber auch Lehrer, Trainer und Berater können erfolgreicher arbeiten, indem sie diese Prinzipien im Unterricht, im Training oder in der Beratung vermitteln und bei der Wahl der Lehrmethode berücksichtigen. Es geht in diesem Buch nicht um Reformen der Bildungspolitik oder des Schulsystems, auch wenn sich natürlich einiges dazu ableiten ließe. Zum Beispiel experimentieren College-Professoren ausgesprochen erfolgreich mit der Umsetzung dieser Strategien in ihrem Unterricht, um Wissenslücken in den Naturwissenschaften zu schließen.

Natürlich schreiben wir für Studierende und Lehrkräfte, aber auch für alle, denen viel an effektiven Lernprozessen liegt: Berater in Industrie, Wirtschaft und Militär, Vorstände von Berufsverbänden, die ihren Mitgliedern berufsbegleitende Weiterbildung anbieten, und Coaches. Ebenso schreiben wir für Lernwillige mittleren Alters oder ältere Semester, die ihre Fähigkeiten ausbauen möchten, um am Ball zu bleiben.

Auch wenn in Bezug auf das Lernen und seine neuronalen Grundlagen noch viel Forschungsbedarf besteht, schälen sich aus diversen bisherigen Studien doch bestimmte Prinzipien und Strategien heraus, die sich ohne Zusatzkosten sofort und sehr wirkungsvoll in die Tat umsetzen lassen.

I.

Lernen geht anders

Matt Brown besaß seinen Pilotenschein noch nicht allzu lange, als er eine zweimotorige Cessna jenseits von Harlingen, Texas, nach Nordosten flog und plötzlich bemerkte, dass am rechten Motor der Öldruck abfiel. Es war Nacht, und er war in 11 000 Fuß Höhe allein unterwegs, um dringend benötigte Fertigungsteile nach Kentucky zu liefern, wo in einer Fabrik die Produktion stillstand.

Matt ging tiefer, behielt die Anzeige im Auge und hoffte, auf diese Weise bis zum geplanten Zwischenstopp in Louisiana durchzuhalten. Dort wollte er ohnehin nachtanken und könnte der Sache auf den Grund gehen. Aber der Druck fiel weiter ab. An Kolbenmotoren hatte Matt herumhantiert, seit er alt genug war, um einen Schraubenschlüssel zu halten. Daher wusste er, dass er ein Problem hatte. Innerlich ging er seine Checkliste durch. Was konnte er tun? Wenn der Öldruck zu weit absank, riskierte Matt einen Kolbenfresser. Wie weit durfte er noch fliegen, ehe er diesen Motor abschalten musste? Und was würde dann geschehen? Ihm würde rechts der Auftrieb fehlen, aber konnte er damit weiterfliegen? Er rief sich die Toleranzen ins Gedächtnis, die er für die Cessna 401 auswendig gelernt hatte. Mit Ladung konnte man mit nur einem Motor bestenfalls das Absinken verlangsamen. Andererseits hatte er nur eine leichte Ladung und auch schon einen Großteil seines Kraftstoffs verbrannt. Daher stellte er den gefährdeten rechten Motor ab, stellte den Propeller auf Segelstellung, um den Luftwiderstand zu verringern, gab links mehr Gas, flog mit dem gegenüberliegenden Ruder und schleppte sich noch die zehn Meilen zu seinem Zwischenstopp. Dort wählte er für den Landeanflug eine weite Linkskurve – aus dem einfachen, aber entscheidenden Grund, dass er ohne den rechten Motor nur über eine Linkskurve noch den nötigen Auftrieb hatte, um seine Maschine beim Landen sauber aufsetzen zu lassen.

Wir müssen nicht jeden einzelnen Punkt verstehen, den Matt damals umsetzte – wichtig war, dass *er* es verstand. Wie er sich in dieser prekären Lage zu helfen wusste, beschreibt, was wir in diesem Buch meinen, wenn wir von »Lernen« sprechen: Für uns bedeutet Lernen, dass man sich Wissen und Kenntnisse aneignet, die das Gedächtnis bereitwillig wieder abspult, um künftig auftretende Probleme oder Möglichkeiten zu verstehen.

Auf gewisse unveränderliche Aspekte des Lernens können wir uns vermutlich alle verständigen:

Erstens ist Lernen nur von Nutzen, wenn wir das Gelernte so abspeichern, dass es bei Bedarf abrufbar ist.

Zweitens müssen wir unser Leben lang weiterlernen und uns erinnern. Ohne ein gewisses Grundwissen in Sprachen, Musik, Kunst, Mathematik, den Naturwissenschaften und den Gesellschaftswissenschaften kommen wir in der Mittelstufe nicht weiter. Um beruflich voranzukommen, gilt es, die Anforderungen des eigenen Jobs zu bewältigen und mit Konflikten im Kollegenkreis fertigzuwerden. Im Ruhestand wenden wir uns neuen Interessensgebieten zu. Auf die alten Tage ziehen viele in eine seniorengerechte Umgebung um, solange sie noch anpassungsfähig genug sind. Lernfähigkeit zahlt sich somit lebenslang aus.

Und drittens ist Lernen eine erworbene Fähigkeit, und die optimalen Lernstrategien sind vielfach kontraintuitiv.

Unsere Grundthesen in diesem Buch

Mit dem eben genannten dritten Punkt sind Sie vielleicht spontan nicht einverstanden, doch wir hoffen, dass wir Sie noch überzeugen können. An dieser Stelle möchten wir kurz und knapp einige grundlegende Thesen auflisten, auf die sich diese Aussage stützt und auf die wir in den nachfolgenden Kapiteln ausführlicher eingehen werden.

Der Lernprozess verläuft gründlicher und nachhaltiger, wenn er *Mühe* macht. Müheloses Lernen ist, wie in den Sand zu schreiben – heute ist es da, morgen verschwunden.

Wir können *schlecht beurteilen*, wann wir gut lernen und wann nicht. Wenn es schwieriger und langsamer wird und wir das Gefühl haben, nicht voranzukommen, fühlen wir uns zu Strategien hingezogen, die uns ergiebiger erscheinen, ohne zu ahnen, dass sie häufig nur vorübergehend von Nutzen sind.

Wiederholtes Lesen und intensives Trainieren von bestimmten Fähigkeiten oder neuem Wissen zählen bei Lernenden aller Couleur zu den bevorzugten Lernstrategien, sind aber leider auch ausgesprochen *unproduktiv*. Unter intensivem Üben verstehen wir das schnelle, sture Wiederholen von etwas, das man sich unbedingt einprägen möchte, also der klassische Grundsatz »Üben, Üben, Üben«. Ein Beispiel dafür ist das klassische Pauken vor einer Prüfung. Wenn man etwas immer wieder liest und übt, erscheint einem der Stoff bald geläufig, und das wird leicht mit Können verwechselt. Doch für echtes, dauerhaftes Wissen sind solche Strategien weitgehend Zeitverschwendung.

Effektiver als nochmaliges Durchlesen ist *bewusstes Abrufen*, mit dem wir Fakten, Konzepte oder Ereignisse aus dem Gedächtnis kramen. Ein gutes Beispiel hierfür sind Lernkarten. Bewusstes Abrufen unterstützt das Gedächtnis und unterbricht das Vergessen. Schon ein einziges einfaches Lernquiz nach dem Lesen eines Textes oder dem Anhören eines Vortrags verstärkt den Lernerfolg und die Erinnerung mehr, als den Text noch einmal zu lesen oder die eigenen Notizen durchzugehen. Unser Gehirn ist zwar kein Muskel, der durch Üben mehr Kraft aufbaut, aber die neuronalen Verknüpfungen, in denen die Lernerfahrung gespeichert ist, werden stabiler, wenn die Erinnerung angezapft und das Gelernte angewendet wird. Regelmäßiges Abrufen stärkt die Signalwege für diese Erinnerung, und das ist entscheidend, um das gewünschte Wissen langfristig zu behalten.

Durch *zeitlich verteilte Übungseinheiten* gerät das Gelernte etwas in Vergessenheit, und wenn man zwei oder mehr Fächer abwechselnd übt, fällt das Abrufen schwerer und erscheint weniger produktiv, aber am Ende sitzt der Stoff auf Dauer und lässt sich später vielseitiger umsetzen.

Die Suche nach eigenen Lösungsansätzen, *bevor einem die Lösung erklärt wird,* erleichtert das Lernen, selbst wenn einem beim eigenständigen Vorgehen Fehler unterlaufen.

Die verbreitete Vorstellung, dass wir besser lernen, wenn die Präsentation des Stoffs unserem bevorzugten *Lernstil* entspricht – zum Beispiel dem auditiven oder visuellen Lerntyp –, ist *empirisch nicht belegt.* Vielmehr greifen Menschen beim Lernen auf unterschiedliche Intelligenzformen zu, und man lernt am besten, wenn man in einem breiten Ansatz alle eigenen Fähigkeiten und Stärken einbezieht, statt sich nur in der Form unterweisen zu lassen, die einem am angenehmsten erscheint.

Wenn Sie in der Lage sind, die *Grundprinzipien oder »Regeln«* unterschiedlicher Problemstellungen zu erfassen, können Sie in ungewohnten Situationen erfolgreicher die passende Lösung wählen. Diese Fähigkeit lässt sich durch Themenwechsel leichter erwerben als durch intensives Pauken. Zum Beispiel unterstützen abwechselnde Übungen zur Volumenberechnung unterschiedlicher geometrischer Körper die Fähigkeit, später bei einem beliebigen Körper den passenden Lösungsansatz zu wählen. Abwechselnd verschiedene Vogelarten oder die Werke verschiedener Maler zu identifizieren, verbessert nicht nur die Fähigkeit, gleiche Eigenschaften innerhalb einer Art zu erfassen und unterschiedliche Arten zu unterscheiden, sondern auch die Fähigkeit, später neue Exemplare zu kategorisieren.

Menschen sind *anfällig für Illusionen,* die unser Urteilsvermögen über das, was wir wissen oder wozu wir in der Lage sind, trüben können. Tests tragen dazu bei, das tatsächlich Gelernte genauer einzuschätzen. Ein Pilot, der im Flugsimulator auf einen Fehler im hydraulischen System reagieren muss, merkt schnell, ob er die entsprechenden Maßnahmen beherrscht oder nicht. Bei praktisch allen Lernprozessen werden wir besser, wenn wir anhand von Probedurchläufen unsere Schwächen ermitteln und beheben können.

Neue Lernerfahrungen fußen immer auf *vorhandenem Grundwissen.* Man lernt zuerst, wie man eine zweimotorige Maschine regulär auf den Boden bringt, ehe man lernt, wie das auch mit nur einem Motor klappt. Um Trigonometrie zu lernen, brauchen wir gewisse Grundlagen aus Algebra und Geometrie. Wer einen Schrank bauen will, muss die Eigenschaften von Holz und Holzleim kennen und wissen, wie man Bretter zusammenfügt, Leisten setzt, Kanten abschmirgelt und mit Gehrungen umgeht.

In einem Cartoon des *Far-Side*-Zeichners Gary Larson fragt ein Junge mit hervorquellenden Augen seinen Lehrer: »Mister Osborne, darf ich kurz raus? Mein Hirn ist voll!« Bei rein mechanischem Pauken stößt das Gehirn tatsächlich schnell an die Grenze seines Fassungsvermögens. Wenn man jedoch die Methode der *Elaboration* wählt, gibt es für das Lernen praktisch kein Limit. Elaboration bedeutet, dass man neuem Stoff Bedeutung zuweist, indem man ihn mit eigenen Worten ausdrückt und mit dem verknüpft, was man bereits weiß. Je besser Sie den Zusammenhang zwischen dem neu Gelernten und dem vorhandenen Wissen erklären können, desto klarer begreifen Sie den neuen Stoff, und je mehr Querverbindungen Sie erkennen, desto leichter können Sie sich später daran erinnern. Warme Luft kann mehr Feuchtigkeit aufnehmen als kalte Luft. Um dies mit der eigenen Erfahrung zu verknüpfen, können Sie daran denken, wie das Wasser aus einer Klimaanlage tropft oder wie ein brütend heißer Sommertag sich nach einem kurzen Gewitter abkühlt. Verdunstung hat eine kühlende Wirkung. Ein schwülwarmer Tag in Atlanta erscheint einem deshalb heißer als die trockene Hitze von Arizona, wo der Schweiß verdampft, noch ehe die Haut feucht wird. Das Prinzip der Wärmeübertragung lässt sich ebenfalls anhand von Erfahrungen nachvollziehen: Wärmeleitung (Diffusion) entspricht der heißen Tasse Kakao, die unsere Hände wärmt; Wärmestrahlung (Radiation) erlebt man, wenn die Sonne im Winter ins Wohnzimmer fällt; Wärmeströmung (Konvektion) stammt aus der lebensrettenden Klimaanlage, wenn unser Gastgeber in Atlanta uns gemächlich durch seine Lieblingsgassen lotst.

Neues Wissen in einen *größeren Zusammenhang* einzubetten unterstützt das Lernen. Je mehr historische Zusammenhänge jemand beispielsweise kennt, desto leichter lassen sich neue Einzelheiten lernen. Und je mehr Bedeutungen wir der einzelnen Geschichte zuordnen, indem wir sie beispielsweise mit unserem Verständnis von menschlichem Ehrgeiz oder den Zufällen des Schicksals verbinden, desto besser können wir sie uns merken. Auch der Versuch, etwas so Abstraktes wie das Prinzip des Drehimpulses zu verstehen, fällt leichter, wenn man es mit etwas Konkretem verbindet, das man bereits kennt, zum Beispiel der Art und Weise, wie eine Eiskunstläuferin sich immer schneller um die eigene Achse dreht, sobald sie die Arme vor die Brust legt.

Menschen, die gelernt haben, *wie man neuem Stoff die Kernpunkte entnimmt und daraus ein mentales Modell erstellt,* das man mit vorhandenem Wissen verknüpft, können beim Lernen leichter komplexe Themen meistern. Ein mentales Modell ist eine mentale Darstellung einer externen Realität.[1] Denken Sie an einen Baseballspieler, der schlagbereit seinen Einsatz erwartet. Ihm bleibt nur ein winziger Moment, um zu erkennen, ob ein Curveball, ein Change-up oder ein anderer Wurf auf ihn zufliegt. Wie macht er das? Es gibt einige hilfreiche Signale, zum Beispiel, wie der Pitcher ausholt, wie er wirft oder wie sich die Nähte des Balls drehen. Ein guter Schlagmann blendet alle Ablenkungen aus, um nur noch diese Variationen wahrzunehmen, und erzeugt durch Üben für jede Art Wurf ein bestimmtes mentales Modell, das auf unterschiedlichen Hinweisreizen basiert. Diese Modelle verknüpft er mit dem, was er über seine Schlaghaltung, die Schlagzone und seine Schlagmöglichkeiten weiß, um den Ball optimal zu erwischen. Parallel dazu bezieht er mentale Modelle bei den Positionen der Spieler ein: Wenn er Teammitglieder auf Base 1 und 2 hat, opfert er den Schlag vielleicht, um seine Spieler weiterzuschicken. Hat er seine Leute auf Base 1 und 3, und dazwischen fehlt jemand, darf er keinen Double Play zulassen, muss aber dennoch so treffen, dass der Läufer punkten kann. Seine mentalen Modelle der Spielerpositionen verbinden sich mit seinen Modellen von der gegnerischen Mannschaft (spielen sie tief oder flach?) und mit den Signalen, die ihn von der Spielerbank aus über die Base Coaches erreichen. Bei einem hervorragenden Schlag fügen sich all diese Elemente nahtlos ineinander: Der Schlagmann trifft den Ball und platziert ihn so geschickt, dass ihm genug Zeit bleibt, die erste Base zu erreichen und seine Läufer vorrücken zu lassen. Ein gewiefter Spieler weiß, an welchen Elementen er die unterschiedlichen Wurfarten erkennt und wie er darauf reagieren muss, hat aus dieser Erfahrung heraus mentale Modelle entwickelt und kann diese Modelle mit seinen sonstigen unverzichtbaren Fähigkeiten für dieses komplexe Spiel verbinden. Das unterscheidet ihn von einem weniger erfahrenen Spieler, der die zahllosen, sich ständig verändernden Informationen, die bei jedem Betreten der Home Plate auf ihn einstürmen, nicht durchschaut.

Viele Menschen glauben, intellektuelle Fähigkeiten stünden von Geburt an fest. Wenn sie beim Lernen an einer Hürde scheitern, sehen sie darin einen Hinweis auf ihre angeborenen Fähigkeiten. Aber *das Gehirn verändert sich,* wann immer wir etwas Neues lernen, und wir speichern das, was wir unseren Erfahrungen entnehmen. Zu Beginn des Lebens müssen wir uns tatsächlich auf unsere Gene verlassen, aber erst das Lernen und die Entwicklung mentaler Modelle, die uns zu Schlussfolgerungen, Lösungsansätzen und neuen Ideen befähigen, machen uns kompetent. Die Elemente, die unsere intellektuellen Fähigkeiten formen, unterliegen somit in erstaunlichem Ausmaß der eigenen Kontrolle. Dies zu begreifen versetzt uns in die Lage, Scheitern als Zeichen für einen ernsthaften Versuch und als

Quelle für nützliche Informationen zu betrachten: Wir müssen entweder tiefer schürfen oder zu einer anderen Strategie übergehen. Das heißt, wir müssen auch verstehen, dass wir wichtige Arbeit leisten, wenn uns das Lernen schwerfällt. Wer sein gegenwärtiges Leistungsniveau ausbauen und übertreffen will, muss erkennen, dass es ohne neue Anläufe und Rückschläge nicht geht – wie es jedes Video-Action-Game und jeder neue BMX-Rad-Stunt beweist. Über Fehler und Fehlerbehebung bauen wir die Brücken zu fortgeschrittenen Lernerfahrungen.

Empirische Daten versus Theorie, Überlieferung und Intuition

Lehre und Training basieren bis heute weitgehend auf tradierten Lerntheorien, die von dem beeinflusst werden, was uns persönlich offenbar geholfen hat, also unseren individuellen Erfahrungen im Unterricht oder im Training oder einfach als Menschen auf dieser Erde. Beim Lernen wie beim Lehren stützen wir uns auf eine Mischung aus Theorie, Überlieferung und Intuition. In den letzten vierzig Jahren hat die kognitive Psychologie jedoch viele Daten zu der Frage gesammelt, was wirklich funktioniert, und Strategien ermittelt, die tatsächlich helfen.

In der kognitiven Psychologie wird mit wissenschaftlichen Methoden erforscht, wie unser Verstand funktioniert, indem Daten zur menschlichen Wahrnehmung, zum

Erinnern und zu Denkprozessen erhoben werden. Doch auch viele andere Sparten arbeiten am Rätsel des Lernens. Die Entwicklungs- und Erziehungspsychologie befasst sich mit Theorien zur menschlichen Entwicklung und der Frage, wie sie zu besseren Bildungsmaßnahmen beitragen kann, ob Testverfahren, Lernorganisation (zum Beispiel Übersichten und Schemata) oder Lernmaterial für bestimmte Schülergruppen wie Förderschüler oder Hochbegabte. Die Neurowissenschaft erweitert über neue Bildgebungsverfahren und andere Werkzeuge unser Verständnis für die Abläufe im Gehirn, die Lernprozessen zugrunde liegen, auch wenn wir noch längst nicht wissen, inwiefern wir durch diese Erkenntnisse die Ausbildung verbessern können.

Wonach sollte man also beurteilen, welche Ratschläge zum optimalen Lernerfolg verhelfen?

Am besten erhalten Sie sich eine gesunde Skepsis. Ratschläge sind immer nur wenige Mausklicks entfernt. Aber bei weitem nicht jeder Rat ist wissenschaftlich belegbar. Und nicht alles, was als Studie durchgeht, entspricht wissenschaftlichen Standards, denen zufolge die Ergebnisse unter entsprechenden Kontrollbedingungen tatsächlich objektiv und verallgemeinerbar sind. Die besten empirischen Studien sind experimenteller Natur: Das Team stellt eine Hypothese auf, die es anhand von Experimenten überprüft, an deren Design und Objektivität strenge Kriterien angelegt werden. In den folgenden Kapiteln haben wir die Ergebnisse einer großen Anzahl Studien zusammengefasst, die vor der Veröffentlichung in Wissenschaftsjournalen der Überprüfung durch andere Wissenschaftler standhalten konnten. An einigen dieser Studien (jedoch bei weitem nicht allen) haben wir mitgearbeitet. Wenn wir keine wissenschaftlich überprüften Ergebnisse anführen, sondern uns auf Theorien berufen, sagen wir dies dazu. Zur Veranschaulichung verwenden wir neben geprüften Daten Anekdoten von Personen wie Matt Brown, die beruflich komplexes Wissen und komplexe Fähigkeiten kombinieren müssen. Diese Geschichten illustrieren die Grundprinzipien unseres Lernens und unseres Erinnerungsvermögens. Diskussionen zu den Studien selbst beschränken wir auf ein Minimum. Viele sind jedoch in den Anmerkungen und Quellen im Anhang aufgeführt – für alle, die weiterlesen möchten.

Lernen wird missverstanden

Offenbar ist vieles von dem, was Menschen beim Lernen und Unterrichten seit jeher tun, keineswegs zweckdienlich, doch mitunter können schon vergleichsweise kleine Änderungen viel bewirken. Die meisten Menschen glauben, dass sich Wissen – also beispielsweise ein Abschnitt aus dem Lehrbuch oder bestimmte Fachbegriffe aus dem Biologieunterricht – in das Gedächtnis einbrennt, wenn man es nur oft genug wiederholt. Aber das stimmt nicht. Viele, die unterrichten, glauben, dass ihre Schüler und Schülerinnen besser lernen, wenn sie den Stoff in einfachen, gut verständlichen Häppchen darbieten. Doch die Forschung stellt diese Überzeugung auf den Kopf: Je mehr wir um das neue Wissen ringen, desto länger und fester bleibt es im Gedächtnis. Lehrer und Trainer sind häufig der Ansicht, dass man eine neue Fertigkeit am effektivsten meistert, indem man sich stur darauf konzentriert, sie so lange zu üben, bis man sie in- und auswendig kann. Diese Überzeugung ist tief in uns verankert, denn in der Lernphase des unablässigen Übens kommen die meisten schnell voran. Studien belegen jedoch, dass Fortschritte, die durch stures Pauken erzielt wurden, vorübergehend sind und rasch verpuffen.

Dass das wiederholte Lesen von Lehrbüchern häufig vergebliche Liebesmüh ist, sollte Ausbilder wie Lernwillige erschauern lassen, denn immerhin greifen die meisten Menschen (Umfragen zufolge über 80 Prozent der College-Studenten) zu dieser Methode. Wer Lernzeit einplant, denkt dabei normalerweise an das Lesen im Lehrbuch. Gegen mehrfaches Lesen sprechen drei Argumente: Es frisst Zeit. Das Gelesene geht nicht ins Langzeitgedächtnis über. Und häufig führt diese Methode zu einer unbewussten Selbsttäuschung, denn da der Text so vertraut klingt, hat man das Gefühl, den Inhalt zu beherrschen. Die Stunden, in denen man sich ins erneute Lesen vertieft, wirken wie wahrer Fleiß, doch die investierte Zeit ist kein Maßstab für echtes Können.[2]

Dabei gibt es längst Trainingsformen, die auf der Überzeugung fußen, dass Lernen unter möglichst realistischen Bedingungen erfolgen sollte. Denken Sie noch einmal an unseren Piloten, Matt Brown. Als Matt von Propellermaschinen zu Businessjets überging, musste er sich ein völlig neues Wissensgebiet und eine erweiterte Pilotenlizenz erarbeiten. Wir baten ihn, uns den Ablauf zu beschreiben. Sein Arbeitgeber schickte ihn auf einen 18-tägigen Intensivkurs mit zehn Stunden Ausbildung pro Tag, bei dem es sofort zur Sache ging. Die ersten sieben Tage wurden den Teilnehmern alle Systeme des neuen Fliegers »eingetrichtert«: Elektrik, Kraftstoff, Pneumatik und so weiter. Sie lernten, wie diese Systeme funktionieren und interagieren, und mussten sich die Sicherheitstoleranzen für Druck, Gewicht, Temperatur und Geschwindigkeit einprägen. In der Luft muss Matt rund 80 verschiedene Handgriffe beherrschen, die ohne Zögern oder Nachdenken automatisch ausgeführt werden müssen, um das Flugzeug zu stabilisieren, sobald eines von diversen denkbaren Ereignissen eintritt, ein plötzlicher Druckabfall, eine unerwartete Schubumkehr während des Fluges, ein Triebwerksausfall oder ein Brand in der Elektrik.

Viele Stunden starrten Matt und die anderen Piloten auf einschläfernde PowerPoint-Präsentationen zu den wichtigsten Systemen ihrer Maschine. Dann geschah etwas Interessantes.

»Ungefähr nach der Hälfte von Tag fünf«, sagte Matt, »blenden sie eine Darstellung des Kraftstoffsystems ein, mit den Drucksensoren, den Abstellventilen, den Wasserstrahlpumpen, den Bypassleitungen und so weiter. Es fällt einem schwer, sich da noch zu konzentrieren. Dann fragt uns der eine Ausbilder: ›Hat bei einem von euch schon einmal im Flug das Warnsignal für den Kraftstofffilter-Bypass aufgeleuchtet?‹ Und ein Pilot auf der anderen Seite hebt die Hand. Der Ausbilder sagt: ›Erzähl uns, was da passiert ist‹, und plötzlich denkst du: Verdammt, was würde ich da tun? Dieser Kerl also war auf 33 000 Fuß oder so und stand kurz davor, beide Triebwerke zu verlieren, weil sein Flugbenzin keinen Frostschutz hatte und seine Filter sich mit Eis zusetzten. Wer so etwas hört, für den erwacht das Schema zum Leben. Glaub mir, das merkt man sich! Flugbenzin kann einen geringen Wasseranteil haben, und wenn es in großer Höhe kalt wird, kondensiert dieses Wasser, kann gefrieren und den Schlauch blockieren. Ab da vergewisserst du dich bei jedem Tankvorgang garantiert, ob das Tankfahrzeug auch wirklich einen Hinweis trägt, dass dieser Treibstoff mit Frostschutz versetzt ist. Und wenn du unterwegs je dieses Signal bemerkst, siehst du zu, dass du schleunigst tiefer gehst und wärmere Luft findest.«[3] Wir lernen besser, wenn der Stoff nicht abstrakt, sondern konkret und persönlich ist.

Danach veränderte sich Matts Lehrgang. Es folgten elf Tage mit ständigem Wechsel zwischen Frontalunterricht und Flugsimulatortraining. Damit beschrieb Matt genau jene aktive Beteiligung, die zu dauerhaftem Lernerfolg führt, denn die Piloten mussten sich mit ihrem Flugzeug auseinandersetzen, um zu beweisen, dass sie die Standardverfahren kannten, auf unerwartete Situationen reagieren konnten sowie die Reihenfolge und Ausführung der verschiedenen Handgriffe im Cockpit beherrschten. Ein Flugsimulator ermöglicht bewusstes Abrufen in gewissen zeitlichen Abständen. Die Lernerfahrung ist abwechslungsreich und bezieht weitestgehend dieselben Denkprozesse ein, die Matt auch oben in der Luft benötigt. In einem Simulator wird abstraktes Wissen konkret und persönlich. Gleichzeitig bietet ein Simulator diverse Tests, anhand derer Matt und seine Ausbilder erkennen können, worauf er sich konzentrieren muss, um seine Fähigkeiten weiter auszubauen.

Für manche Bereiche – wie bei Matt Browns Flugsimulator – haben Ausbilder und Lehrer hocheffektive Lehrmethoden entwickelt, aber auf fast jedem Gebiet sind diese Techniken die Ausnahme, und Pauken ist nach wie vor die Norm.

Was Lernenden geraten wird, ist oftmals schlichtweg falsch. Zum Beispiel empfiehlt eine Website der George Mason University den Studenten unter anderem Folgendes: »Um sich etwas gut einzuprägen, muss man es wiederholen. Je häufiger man den Stoff durchgeht, desto eher bleibt er dauerhaft gespeichert.«[4] Eine andere Website (von einem College in Dartmouth) behauptet: »Wenn man sich etwas unbedingt merken will, klappt das meist.«[5] Ein öffentlich geförderter Spot, der gelegentlich in St. Louis über dem Postschalter läuft, zeigt ein Kind, das sich in ein Buch vergraben hat. »Konzentriere dich«, verlangt der Text. »Konzentriere dich auf genau eine Sache. Wiederholen, wiederholen, wiederholen! Wiederhole, was du dir merken musst, damit es sich in dein Gedächtnis einbrennt.«[6] Der Glaube an diese drei Vorgehensweisen – nachlesen, konzentrieren, wiederholen – ist allgegenwärtig, aber in Wahrheit kann man sich normalerweise nichts allein dadurch merken, dass man es ständig wiederholt. Das funktioniert vielleicht, wenn man eine Nummer nachschlägt und sie vor sich hin murmelt, solange man sie eintippt, aber für dauerhaftes Lernen ist diese Methode ungeeignet.

In einem einfachen Experiment (im Internet über die Suchbegriffe »penny memory test« zu finden) werden den Probanden zwölf verschiedene Bilder eines normalen Pennys vorgelegt. Nur ein Bild ist richtig. Obwohl die Beteiligten einen Penny schon unzählige Male in der Hand gehabt haben, sind sie unsicher, welches Bild das richtige ist. In einem vergleichbaren Experiment wurden Mitarbeiter und Studierende des Fachbereichs Psychologie der University of California (UCLA), Los Angeles, gebeten, den Standort des nächsten Feuerlöschers anzugeben. Die meisten tippten daneben. Ein Professor, der schon 25 Jahre an der UCLA arbeitete, verließ schnurstracks den Lehrgang über Sicherheitsmaßnahmen, um nachzusehen, wo in der Nähe seines Büros der nächste Feuerlöscher hing – es war unmittelbar neben seiner Bürotür, gleich neben dem Türknauf, den er drehte, wann immer er sein Büro betrat. In diesem Fall hatte er trotz jahrelanger Wiederholung nicht gewusst, wo der nächste Feuerlöscher wäre, falls sein Papierkorb einmal in Brand geriete.[7]

Erste Hinweise

Schon Mitte der 1960er Jahre belegte eine Untersuchungsreihe des Psychologen Endel Tulving von der University of Toronto, dass mehrfache Wiederholung nicht unbedingt das Gedächtnis schärft. Dazu legte Tulving seinen Probanden Listen mit ganz normalen Substantiven vor, die sie sich einprägen sollten. In der ersten Phase des Experiments lasen die Teilnehmer sechsmal eine Liste von Begriffspaaren (zum Beispiel »Stuhl – 9«), erwarteten aber keine Lernkontrolle. Der erste Teil jedes Paares war stets ein Hauptwort. Nach sechsmaligem Lesen der Paare sagte man den Teilnehmern, dass sie nun eine Wörterliste bekommen würden, die sie sich einprägen sollten. Bei der einen Hälfte der

Gruppe waren die Wörter dieselben wie in der vorherigen Lesephase; die andere Hälfte erhielt abweichende Wortpaare. Interessanterweise war der Lernerfolg in beiden Gruppen gleich: Die Lernkurven wichen statistisch nicht voneinander ab. Intuitiv hätte man ein anderes Ergebnis erwartet, doch eine vorherige Wahrnehmung unterstützte das spätere Erinnerungsvermögen nicht. Blindes Wiederholen erleichtert nicht das Lernen. In Folgestudien haben sich viele Forscherteams mit der Frage befasst, inwiefern das Langzeitgedächtnis von Wiederholung oder längerer Beschäftigung mit einer Idee profitiert, und konnten bestätigen, dass stures Wiederholen allein langfristig keine guten Erfolge erzielt.[8]

Daraufhin wandte man sich der Frage zu, ob nochmaliges Lesen desselben Textes hilfreich wäre. In einem Artikel in *Contemporary Educational Psychology* berichtete ein Team der Washington University im Jahr 2008 von einer Studienreihe an ihrer eigenen Fakultät und an der University of New Mexico, die untersuchte, ob Lernende einen Prosatext durch mehrfaches Lesen besser verstehen und länger im Gedächtnis behalten. Wie üblich fußten auch diese Studien auf früheren Untersuchungen anderer. Ein Teil konnte zeigen, dass bei mehrfachem Lesen desselben Textes immer dieselben Schlüsse gezogen werden und dieselben Querverbindungen entstehen, wohingegen ein anderer Teil im erneuten Lesen gewisse Vorteile erkannte. Solche Vorteile ergaben sich in zwei unterschiedlichen Situationen. In der einen sollten die Studierenden das ihnen vorgelegte Material lesen und dann sofort ein zweites Mal durchlesen. Die Kontrollgruppe las das Material nur einmal. Beide Gruppen unterzogen sich unmittelbar darauf einem Test, in dem die Gruppe, die zweimal gelesen hatte, etwas besser abschnitt als die Gruppe, die nur einmal gelesen hatte. Bei einem späteren Test hatte sich der Effekt des nochmaligen Lesens allerdings verflüchtigt, und beide Gruppen erzielten vergleichbare Ergebnisse. In einem zweiten Ansatz lasen die Probanden das Material einmal und dann nach einigen Tagen ein zweites Mal. Die Gruppe, die den Stoff in einigem Abstand wiederholte, schnitt beim Test besser ab als die Gruppe, die ihn nicht wiederholt hatte.[9]

Spätere Experimente an der Washington University, die bestimmte Fragen klären sollten, die bei früheren Studien aufgekommen waren, prüften den Lernerfolg durch wiederholtes Lesen bei Lernenden mit unterschiedlichen Fähigkeiten in einer Lernsituation, die eher dem normalen Unterricht glich. Insgesamt 148 Studierende von zwei Universitäten bekamen fünf verschiedene Passagen aus Lehrbüchern und dem Journal *Scientific American* vorgelegt. Einige hatten exzellente Lesefähigkeiten, andere weniger ausgeprägte; manche lasen das Material nur einmal, andere zweimal nacheinander. Danach mussten alle Teilnehmer bestimmte Fragen beantworten, um zu testen, woran sie sich erinnern konnten.

Bei diesen Experimenten erwies sich mehrfaches Lesen in rascher Folge für keine der Gruppen als sinnvolle Studienmethode, unabhängig von der Universität und den sonstigen Testbedingungen. Tatsächlich ergab wiederholtes Durchlesen unter diesen Umständen keinerlei Vorteil.

Was schließen wir daraus? Das erneute Lesen eines Textes ist erst sinnvoll, wenn seit dem ersten Lesen eine längere Pause verstrichen ist. Mehrfaches Lesen in rascher Folge hingegen ist Zeitverschwendung, weil man mit sinnvolleren Strategien bei weniger Zeitaufwand rascher vorankäme. Dennoch bestätigen Umfragen unter College-Studenten, was Professoren schon lange wissen: Unterstreichungen, farbiges Hervorheben und ausgiebiges Brüten über Aufzeichnungen und Texten zählen zu den bei weitem häufigsten Lernstrategien.[10]

Die Illusion des Wissens

Wenn mehrfaches Lesen so ineffektiv ist, warum ist es dann eine so beliebte Lernmethode? Ein möglicher Grund sind falsche Ratschläge seitens der Lehrer. Ein weiterer, subtilerer Faktor, der zu dieser Fehleinschätzung animiert, ist das Phänomen, dass ein bereits vertrauter Text, den wir problemlos lesen können, die Illusion erzeugt, diesen Stoff zu beherrschen. Jeder Professor weiß, dass die Studierenden sich große Mühe geben, die Lehrsätze in der Vorlesung präzise aufzuschreiben, weil sie dem Trugschluss erliegen, sie hätten das Thema begriffen, wenn sie seine Beschreibung genau wiedergeben können. Einen Vortrag oder Text auswendig zu lernen oder das eigentliche Thema zu durchschauen, sind jedoch zwei Paar Schuhe. Mehrmaliges Lesen erzeugt die Illusion, die Inhalte zu beherrschen. Aber täuschen Sie sich nicht! Dass jemand bestimmte Lehrsätze oder die eigenen Notizen auswendig kennt, bedeutet nicht, dass er auch den eigentlichen Inhalt verstanden hat, geschweige denn, wie er das Thema umsetzen oder einen Bezug zu bereits vorhandenem Wissen herstellen kann.

Leider sehr typisch ist die Erfahrung einer College-Professorin in ihrer Sprechstunde: Es klopft, und herein kommt ein verlegener Student, der bei der ersten Klausur im Einführungskurs Psychologie schlecht abgeschnitten hat und hierzu Fragen hat. Denn wie ist das möglich? Er hat alle Vorlesungen besucht und akribisch mitgeschrieben. Er hat auch das gesamte Skript gelesen und die wichtigen Passagen hervorgehoben.

Auf die Frage der Professorin, wie er sich auf die Klausur vorbereitet habe, antwortet er, er sei seine Notizen noch einmal durchgegangen und habe das Wichtigste angestrichen. Dann habe er die markierten Sätze und die Hervorhebungen im Skript noch etliche Male geübt, bis er das Gefühl gehabt habe, alles gut zu beherrschen. Wie könne es also sein, dass er nur mit »Ausreichend« abgeschnitten habe?

Hatte er die Schlüsselbegriffe am Ende jedes Kapitels aufgegriffen und zu erklären versucht? Konnte er ein Konzept wie »konditionierter Reiz« selbst definieren und in einem Abschnitt verwenden? Hatte er beim Lesen zu den wichtigsten Punkten im Text Fragen formuliert und später bei der Vorbereitung versucht, diese zu beantworten? Hatte er beim Lesen zumindest die zentralen Aussagen mit eigenen Worten formuliert? Hatte er versucht, den Stoff mit dem zu verknüpfen, was er bereits wusste? Hatte er nach eigenen Beispielen jenseits des Skripts gesucht? Die Antwort lautete jedes Mal »Nein«.

Dieser junge Mann betrachtet sich als mustergültigen Studenten, gewissenhaft und fleißig, doch er weiß nicht genug über sinnvolle Lernstrategien.

Die Illusion, ein Thema zu beherrschen, ist ein gutes Beispiel für falsche Metakognition, also das Wissen über das, was wir wissen. Um eine kluge Entscheidung zu fällen, müssen wir beurteilen können, was wir wissen und was nicht. Bei einem Pressebriefing über die Erkenntnisse der amerikanischen Geheimdienste zu möglichen Massenvernichtungswaffen im Irak fasste US-Außenminister Donald Rumsfeld dieses Problem im Jahr 2002 in einer berühmt gewordenen (und prophetischen) Aussage zusammen: »Es gibt bekanntes Bekanntes; das heißt, es gibt Dinge, von denen wir wissen, dass wir sie wissen. Es gibt bekanntes Unbekanntes; das heißt, wir wissen, es gibt Dinge, von denen wir bisher nichts wissen. Aber es gibt auch unbekanntes Unbekanntes – *Dinge also, von denen wir nicht wissen, dass wir sie nicht wissen.*«

Die Hervorhebung stammt von uns Autoren, denn wir wollen unterstreichen, dass Studenten, die ihren Lernerfolg nicht hinterfragen (was die wenigsten tun), in Bezug auf die Stoffbeherrschung zur Selbstüberschätzung neigen. Wie kommt das? Wenn sie eine Vorlesung hören oder einen wunderbar klar formulierten Text lesen, können sie der Argumentation mit Leichtigkeit folgen. Das vermittelt ihnen das Gefühl, das Thema bereits zu beherrschen und sich nicht weiter damit befassen zu müssen. Das bedeutet, dass sie tendenziell nicht wissen, was sie nicht wissen. In der Prüfung können sie sich dann an die Kernpunkte nicht mehr erinnern oder sie nicht in einem neuen Kontext anwenden. Ähnlich ergeht es ihnen, wenn sie ihre Aufzeichnungen und Texte mehrfach lesen. Das läuft so gut, dass sie irrigerweise davon ausgehen, auch das zugrunde liegende

Prinzip, den eigentlichen Inhalt und seine Bedeutung zu verstehen, und sicher sind, ihn bei Bedarf abrufen zu können. Letztendlich stellen sich damit auch die fleißigsten Studierenden oft gleich doppelt ein Bein: Sie erkennen nicht, an welchen Stellen sie mehr lernen müssen – wo sie ihr Wissen aktiv verbessern müssen –, und sie bevorzugen Lernmethoden, die ihnen vorgaukeln, den Stoff zu beherrschen.[11]

Wissen: Unzureichend, aber notwendig

Albert Einstein sagte einst: »Fantasie ist wichtiger als Wissen«, eine Einschätzung, die unter College-Studenten offenbar weit verbreitet ist (zumindest, wenn man ihre T-Shirt-Aufschriften als Anhaltspunkt hinzuzieht). Warum auch nicht? Immerhin liegt der wahre Kern dieser Aussage auf der Hand, denn ohne Fantasie würden wir in Wissenschaft, Gesellschaft und Wirtschaft auf der Stelle treten. Zudem kann der Wissenserwerb sehr mühselig erscheinen, wohingegen Fantasie Spaß verspricht. Allerdings liegt hier gar kein Gegensatz vor. Unsere Neurochirurgin oder der Pilot, der unser Flugzeug über den Pazifik fliegt, sollte so ein T-Shirt nämlich bitte nicht tragen. Als Reaktion auf standardisierte Testverfahren ist dieser Spruch jedoch durchaus aktuell, sobald zu befürchten steht, dass zum Beispiel Multiple-Choice-Prüfungen stures Auswendiglernen fördern und damit dem Erwerb erstklassiger Fähigkeiten eher im Weg stehen. Trotz der Tücken standardisierter Testverfahren sollten wir uns die Frage stellen, wie man Wissenserwerb *und* Kreativität erfolgreicher fördern kann, denn ohne Wissen fehlt uns die Basis für die darauf aufbauenden Fähigkeiten zu Analyse, Synthese und kreativer Problemlösung. Der Psychologe Robert Sternberg und zwei Kolleginnen formulierten dies sehr treffend: »Man kann das eigene Wissen nicht praktisch umsetzen, wenn man gar kein anwendbares Wissen besitzt.«[12]

Ob beim Kochen, beim Schachspielen oder in der Gehirnchirurgie, immer fußt Meisterschaft auf dem allmählichen Anwachsen von Wissen, gedanklicher Durchdringung, Urteilsvermögen und praktischer Umsetzung. Diese Elemente beruhen auf vielfältiger Anwendung neuer Fähigkeiten, aber auch auf Bemühen, Nachdenken und innerlichen Probeläufen. Fakten auswendig zu lernen ist, als würde man eine Baustelle mit dem nötigen Material für den Hausbau beliefern. Um dann jedoch das Haus zu errichten, muss man nicht nur über die unzähligen Materialien Bescheid wissen, sondern auch Aspekte wie zum Beispiel die statischen Eigenschaften eines Trägers oder des Dachstuhls durchschauen und zugleich die Grundprinzipien der Übertragung und Erhaltung der Energie kennen, damit das Haus warm bleibt, aber das Dach kalt, und nicht ein halbes Jahr später Probleme mit der Wärmedämmung auftreten. Ein wahrer Meister kann jederzeit auf seinen Wissensschatz zugreifen und weiß, wie er ihn anwenden kann.

Als Matt Brown vor der Entscheidung stand, das rechte Triebwerk abzustellen oder nicht, musste er ein Problem lösen. Dazu musste er auswendig wissen, wie man mit nur einem Triebwerk weiterfliegt, und er musste die Toleranzen seiner Maschine kennen, um abschätzen zu können, ob er wie ein Stein zu Boden gehen würde oder noch in der Lage wäre, die Maschine für die Landung auszurichten. Die künftige Neurochirurgin muss sich im ersten Studienjahr das komplette Nervensystem, aber auch alles über Skelettsystem, Muskelsystem und Hormonsystem einprägen. Wenn ihr das nicht gelingt, wird sie niemals Neurochirurgin. Somit beruht ihr Erfolg einerseits auf Fleiß, andererseits darauf, ob sie Lernstrategien entwickelt, mit denen sie in begrenzter Zeit große Mengen Lernstoff bewältigen kann.

Lernkontrollen: Lernstand messen, aber wie?

Sobald Lernkontrollen ins Spiel kommen, sträuben sich bei Schülern und Studenten (und Lehrkräften) die Nackenhaare. Insbesondere standardisierte Prüfungen avancieren rasch zum Reizthema, an dem sich der allgemeine Frust über die Frage, wie das jeweilige Lernziel zu erreichen ist, kristallisiert. Onlineforen und Zeitungsartikel werden mit Kommentaren und Leserbriefen bombardiert, welche die Meinung vertreten, dass Tests das Auswendiglernen forcieren, was wiederum auf Kosten von Kontextdurchdringung und Kreativität ginge. Außerdem bedeuteten Prüfungen zusätzlichen Stress für die Lernenden und vermittelten ein falsches Bild ihrer Fähigkeiten. Und so weiter. Sobald wir Prüfungen nicht mehr als Messinstrument für das Gelernte betrachten (mit dem abrufbares Wissen gemessen wird, anstatt die Umsetzung zu prüfen), stehen uns neue Möglichkeiten offen: *Tests können eine Lernmethode darstellen.*

Studien kamen zu dem verblüffenden Ergebnis, dass aktives Erinnern (durch Prüfungen) tatsächlich das Gedächtnis stärkt, und je mehr man sich dabei anstrengt, desto mehr profitiert man davon. Denken Sie an den Flugsimulator oder PowerPoint-Präsentationen. Denken Sie an ein Quiz oder erneutes Durchlesen. Aktiv auf Lerninhalte zuzugreifen hat zwei große Vorteile. Erstens stellen Sie dabei fest, was Sie tatsächlich wissen und was nicht. Damit wissen Sie, wo Ihre Schwächen liegen, und können an diesen Punkten gezielter arbeiten. Zweitens konsolidiert das Gehirn das Gedächtnis, wenn wir das Gelernte abrufen. Das wiederum stärkt die Verbindungen zu vorhandenem Wissen und erleichtert uns die spätere Erinnerung. Abrufen – durch Lernkontrollen – unterbricht den Prozess des Vergessens. Ein gutes Beispiel liefert eine Studie an Achtklässlern. Für diese Studie bekam eine Schulklasse in Columbia, Illinois, zu einem Teil des behandelten Stoffs im Verlauf des Halbjahrs dreimal einen nicht benoteten Test mit Feedback vorgelegt. Ein anderer Teil des Stoffs wurde nie abgefragt, aber dreimal wiederholt. Bei welchem Stoff schnitt die Klasse einen Monat später in der Prüfung besser ab? Nun, bei dem Material mit den Lernkontrollen erzielten die Schüler im Durchschnitt ein sehr erfreuliches A-; bei dem Material, das nur wiederholt, aber nicht abgefragt wurde, lediglich ein C+.[13]

Was Matt Brown angeht, so festigt sein Arbeitgeber sein Können auch nach zehn Jahren Erfahrung mit derselben Maschine alle sechs Monate mit diversen Testverfahren und

Flugsimulatorübungen, die ihn zwingen, sich Informationen und Manöver ins Gedächtnis zu rufen, mit denen er seine Maschine voll beherrscht. Notfälle treten nur sehr selten auf, wie Matt betont. Wenn man also nicht übt, was zu tun ist, lässt sich dieses Wissen nicht frisch halten.

Beide Beispiele – die Studie mit der Klasse wie auch die Erfahrung von Matt Brown bei der Wissensauffrischung – deuten darauf hin, dass Wissen nur dann bei Bedarf zugänglich ist, wenn wir es in regelmäßigen Abständen bewusst abrufen. In Kapitel 2 befassen wir uns mit Methoden zum aktiven Abrufen von Gelerntem.[14]

Fazit

Gewohnheitsmäßig lernen wir meist auf die falsche Weise und geben denen, die von uns lernen, ebenfalls die falschen Ratschläge. Viele Binsenweisheiten über das Lernen beruhen auf dem blinden Festhalten an Traditionen oder auf unserer Intuition, halten der empirischen Forschung jedoch nicht stand. Hartnäckige Trugschlüsse über Wissen verleiten uns dazu, uns mit unproduktiven Strategien abzumühen. In Kapitel 3 schildern wir, wie dies sogar für Menschen gilt, die an empirischen Studien teilgenommen haben und die Ergebnisse aus erster Hand erlebt haben. Illusionen sind sehr überzeugend. Wer etwas lernen möchte, sollte sich regelmäßig selbst abfragen, um zu prüfen, was er tatsächlich schon weiß und was nicht. In Kapitel 8 wird von Second Lieutenant Kiley Hunkler die Rede sein, die 2013 die Militärakademie West Point absolvierte und der ein Rhodes-Stipendium zugesprochen wurde. Die Selbsttests, mit denen sie ihren Lernerfolg überprüft, vergleicht sie mit einer regelmäßigen Kurskorrektur anhand des Azimuts. Bei der Navigation über Land bestimmt man den Azimut, indem man einen hohen Punkt ersteigt, ein Objekt am Horizont als Marschziel festlegt und den Kompass entsprechend einnordet, um sicherzustellen, dass man dem Ziel auch unten im Wald Stück für Stück näher kommt.

Zum Glück kennen wir mittlerweile einfache, praktisch umsetzbare Strategien, mit denen jeder in jeder Lebensphase besser lernen und sich länger an das Gelernte erinnern kann. Hierzu zählen bestimmte Übungsmethoden wie stressarme Quizformen und Selbsttests, Lückentexte, das abwechselnde Üben unterschiedlicher Aspekte oder Fähigkeiten, der Versuch, ein Problem zu lösen, ohne den Lösungsansatz zu kennen, das Formulieren von Grundprinzipien oder Regeln, die bestimmte Probleme voneinander abgrenzen, und so weiter. In den folgenden Kapiteln gehen wir näher auf diese Verfahren ein. Und weil Lernen ein iterativer Vorgang ist, der darauf beruht, dass man regelmäßig auf das zuvor Gelernte zurückkommt, es kontinuierlich auf den neuesten Stand bringt und ausbaut, werden wir diese Aspekte dabei immer wieder ansprechen. In Kapitel 8 fassen wir das alles abschließend mit speziellen Tipps zusammen und erläutern anhand von Beispielen die Umsetzung.

II.

Und … Zugriff!

Ende 2011 wurde Mike Ebersold eines Nachmittags in die Notaufnahme gerufen, um einen Jäger aus Wisconsin zu untersuchen, den man bewusstlos in einem Maisfeld aufgefunden hatte. An seinem Hinterkopf klebte Blut, und die Männer, die ihn gefunden und in die Klinik gebracht hatten, gingen davon aus, dass er vielleicht gestolpert und unglücklich gestürzt war.

Ebersold ist Neurochirurg. Aus der klaffenden Wunde quoll Hirnmasse hervor, und er erkannte, dass sie von einem Schuss herrührte. In der Notaufnahme kam der Jäger wieder zu Bewusstsein, aber auf die Frage, wie es zu seiner Verletzung gekommen war, wusste er keine Antwort.

Später berichtete Ebersold über dieses Ereignis: »Offenbar hat jemand in einiger Entfernung eine Schrotflinte mit Kaliber 12 abgefeuert. Ein solches Geschoss muss den Jäger über eine Mordsdistanz in den Hinterkopf getroffen haben, durchschlug den Schädel und blieb in etwa einem Fingerbreit Tiefe in seinem Gehirn stecken. Es dürfte schon ziemlich am Ende seiner Reichweite gewesen sein, sonst wäre es tiefer eingedrungen.«[1]

Ebersold ist ein schlanker, hochgewachsener Mann. Unter seinen Vorfahren finden sich die Dakota-Häuptlinge Wapasha und die französische Pelzhändlerfamilie Rocque, die alle in jenem Teil des Mississippi-Tals lebten, wo später die Mayo-Brüder ihre berühmte Klinik gründeten. Seine Ausbildung umfasste vier Jahre College, vier Jahre an der Medical School und sieben Jahre Ausbildung zum Neurochirurgen. So konnte er ein umfassendes Wissen und Fähigkeiten aufbauen, die er über ständige Weiterbildung, das Hinzuziehen von Kollegen und seine praktische Erfahrung an der Mayo Clinic und anderswo weiter vertiefte. Sein bescheidenes Auftreten als Mann des Mittleren Westens lässt auf den ersten Blick nicht vermuten, wie viele bedeutende Patienten er schon behandelt hat. Als Präsident Ronald Reagan einst nach einem Sturz vom Pferd Hilfe brauchte, war Ebersold an der Operation wie auch an der anschließenden Nachsorge beteiligt. Als der Präsident der Vereinigten Arabischen Emirate, Scheich Zayid bin Sultan Al Nahyan, eine schwierige Rückenoperation benötigte, rückte er mit gefühlt der Hälfte seiner Minister und Sicherheitskräfte in Rochester an, wo Mike Ebersold ihn operierte und die Genesung überwachte. Nach einer langen Karriere an der Mayo Clinic war Mike zurückgekehrt, um in Wisconsin zu helfen, weil er sich seiner frühen Ausbildungsstätte verpflichtet fühlte. Der Jäger, der zu seinem Pech von einem irregeleiteten 12-Kaliber-Geschoss getroffen worden war, hatte unglaubliches Glück, dass Mike an diesem Tag Dienst hatte.

Denn das Geschoss war in einen Bereich des Schädels eingedrungen, unter dem ein großer venöser Blutleiter liegt, ein Bindegewebskanal, auch als Sinus bezeichnet, in dem sich das Blut aus der Schädelhöhle sammelt. Schon bei der Untersuchung des Jägers wusste Ebersold aus Erfahrung, dass er beim Öffnen der Wunde sehr wahrscheinlich einen zerrissenen Sinus vorfinden würde. Mit seinen Worten:

Du sagst dir: »Dieser Patient muss operiert werden. Aus der Wunde dringt Hirnmasse hervor. Wir müssen die Verletzung säubern und so gut wie möglich reparieren, aber dabei geraten wir vielleicht in diese große Vene, und das könnte sehr, sehr kritisch ausgehen.« Also gehst du deine innere Checkliste durch. Du sagst dir: »Für diesen Patienten brauche ich vielleicht eine Bluttransfusion«, und lässt Blutkonserven bereitlegen. Du führst dir die verschiedenen Schritte vor Augen, A, B, C und D. Du lässt den OP-Saal vorbereiten und erklärst dem Team vorab, womit zu rechnen sein mag. Das alles läuft nach einem bestimmten Schema ab, ganz ähnlich, wie wenn ein Polizist ein Auto herauswinkt. Du kennst das Standardverfahren und gehst deine Schritte noch einmal durch.

Dann kommst du in den OP-Saal, hast aber immer noch Zeit zum Überlegen. Du sagst dir: »Hm, wenn eine größere Blutung auftreten könnte, sollte ich nicht einfach nur das Geschoss rausholen. Ich arbeite mich lieber von der Seite heran und lege alles frei, damit ich auf alles reagieren kann, was schiefgehen könnte. Erst dann ziehe ich es raus.«

Wie sich herausstellte, steckten Geschoss und Knochen wie ein Pfropfen in dem Gefäß. Auch damit hatte der Jäger Glück gehabt. Wäre die Wunde in diesem Bereich nicht »verkorkt« gewesen, so wäre der Mann innerhalb von zwei bis drei Minuten gestorben. Als Ebersold das Geschoss entfernte, lösten sich auch die Knochensplitter, und sofort strömte das Blut heraus. »Innerhalb von fünf Minuten verlierst du locker zwei Einheiten Blut, und dabei schaltest du vom Nachdenkmodus in deine aktuellen Handlungsoptionen um. Ab jetzt läuft alles reflexartig und mechanisch. Du weißt, es wird sehr stark bluten. Also hast du sehr wenig Zeit. Du denkst nur noch: ›Ich muss eine Naht um die Stelle setzen, das habe ich schon einmal gemacht, also weiß ich, dass ich auf eine ganz bestimmte Weise vorgehen muss.‹«

Das fragliche Gefäß war so dick wie der kleine Finger eines Erwachsenen und über etwa vier Zentimeter hinweg mehrfach zerrissen. Man hätte es oberhalb und unterhalb der Verletzung abbinden müssen, aber es handelte sich um eine flache Gewebsstruktur, die Ebersold gut kannte: Hier darf man nicht einfach einen Faden drum herumziehen, denn wenn man diesen festzieht, reißt das Gewebe und der abgebundene Bereich leckt. Unter Hochdruck griff er automatisch zu einer Technik, die er bei früheren Eingriffen im Bereich dieser Vene aus der Not heraus entwickelt hatte. Aus dem Bereich, wo die Haut des Patienten für die Operation geöffnet worden war, trennte er zwei kleine Muskelfasern heraus, versetzte sie an die verletzte Stelle und nähte die Enden der zerrissenen Vene daran fest. Dieser Muskelpfropf diente als Verschluss, ohne die natürliche Form des

Gefäßes zu verändern oder das Gewebe zu zerreißen. Diese Lösung hatte Mike selbst ausgetüftelt. Sie ist nirgendwo schriftlich beschrieben, war aber in diesem Moment sehr hilfreich. In der Minute, die er dafür brauchte, verlor der Patient zwar weitere 200 Milliliter Blut, aber sobald der Pfropfen saß, war die Blutung gestoppt. »Manche Menschen kommen mit einem solchen Sinusverschluss nicht zurecht. Bei ihnen steigt der Blutdruck an, weil das Blut nicht richtig abläuft. Aber dieser Patient zählte zu den Glückspilzen, bei denen es funktionierte.« Eine Woche später wurde der Jäger aus der Klinik entlassen. Er hat einen Teil seines peripheren Sehens eingebüßt, doch letztlich war er dem Tod um Haaresbreite entgangen.

Auch Reflexion ist Üben

Welche Schlussfolgerungen können wir aus dieser Geschichte bezüglich der Frage, wie wir lernen und uns erinnern, ziehen? In der Neurochirurgie (und vermutlich ab dem Augenblick der Geburt in jedem Lebensbereich) ist das Reflektieren persönlicher Erfahrungen ein unverzichtbarer Teil des Lernprozesses. Ebersold beschrieb dies folgendermaßen:

> *Bei meinen Operationen kommt es immer wieder zu schwierigen Situationen. Auf dem Heimweg denke ich dann darüber nach, was da geschehen ist und was ich zum Beispiel tun könnte, um eine Nahtmethode künftig zu verbessern. Wie kann ich mit der*

> *Nadel mehr oder weniger Gewebe erfassen? Oder sollten die Stiche vielleicht enger beieinandersitzen? Was wäre, wenn ich mein Vorgehen auf diese oder jene Weise anpasse? Am nächsten Tag probiere ich das dann aus und prüfe, ob es besser funktioniert hat. Vielleicht auch nicht gleich am nächsten Tag – aber immerhin habe ich darüber nachgedacht, und bei diesem Nachdenken bin ich nicht nur die Schritte durchgegangen, die ich aus Vorlesungen kenne oder mir als Assistent bei anderen abgeschaut habe, sondern ich habe sie um eine eigene Komponente erweitert, die mir während meiner Ausbildung nicht begegnet ist.*

Reflexion kann diverse kognitive Schritte umfassen, die den Lernerfolg verstärken: Wissen und Ausbildungsinhalte aus dem Gedächtnis abrufen, das Gelernte mit neuen Erfahrungen verknüpfen, visualisieren, was man beim nächsten Mal anders machen könnte, und dies innerlich mehrfach durchspielen.

Dank dieser Vorgehensweise hatte Ebersold eine neue Technik entwickelt, um den Sinus am Hinterkopf zu reparieren, eine Technik, die er innerlich und im OP geübt hatte, bis sie für ihn so selbstverständlich geworden war, dass er sich in einem Moment, wo sein Patient minütlich 200 Milliliter Blut verlor, auf seine Kunst verlassen konnte.

Um sicherzustellen, dass neues Wissen bei Bedarf auch abrufbar ist, muss man laut Ebersold »die Punkte auswendig herbeten können, um die es jeweils geht: Schritt A, B, C und D«, und diese immer wieder üben. Irgendwann kommt der Zeitpunkt, wo es eng wird und man keine Zeit mehr hat, die einzelnen Schritte im Geiste durchzugehen. Jetzt muss man sie automatisch richtig machen. »Wenn man sich so ein Vorgehen nicht regelmäßig ins Bewusstsein ruft, läuft es nicht reflexartig ab. Wie bei einem Rennfahrer in einer gefährlichen Situation oder wie bei einem ausweichenden Quarterback muss die Handlung zum Reflex werden, über den man gar nicht mehr nachdenkt. Regelmäßig bewusst abrufen, regelmäßig üben. Das ist unerlässlich.«

Der Testing-Effekt

Wenn ein Kind Perlen auffädelt und dann die Schnur hochhebt, stellt es schnell fest, dass die Perlen am anderen Ende herunterrutschen. Ohne Knoten hält die Perlenschnur nicht. Ohne Knoten gibt es keine Kette, kein Armband, keine Perlenstickerei. Abrufen knüpft den Knoten im Gedächtnis. Wiederholtes Abrufen festigt das Gelernte und fügt zusätzliche Schlaufen hinzu, die es festzurren.

Schon 1885 entwarfen Psychologen »Vergessenskurven«, die grafisch darstellen, wie schnell unsere Perlen von der Schnur gleiten. Binnen kurzem sind rund 70 Prozent von dem, was wir kurz zuvor gehört oder gelesen haben, wieder vergessen. Danach verlangsamt sich die Kurve, fällt für die verbliebenen 30 Prozent weniger rasant, aber das Fazit ist eindeutig: Um besser zu lernen, kommt es in erster Linie darauf an, den Vergessensprozess zu unterbrechen.[2]

Die Macht des Abrufens als Lerninstrument wird von Psychologen »Testing-Effekt« genannt. Normalerweise werden mit Tests Lernfortschritte gemessen und Schulnoten ermittelt. Andererseits wissen wir seit langem, dass das Abrufen von Wissen aus dem Gedächtnis dazu führt, dass dieses Wissen in Zukunft leichter abrufbar sein wird. Aristoteles schrieb einst in seiner Abhandlung über das Gedächtnis: »Die Übungen des Gedächtnisses wirken rettend auf die Erinnerung.« Auch Francis Bacon schrieb über dieses Phänomen, ebenso der Psychologe William James. Aus der empirischen Forschung wissen wir heute, dass das, was wir aktiv abrufen müssen, weit besser hängenbleibt, als wenn man immer wieder das Originalmaterial durchgeht. Das ist der Testing-Effekt, der durch das Abfragen selbst entsteht.[3]

Im Optimalfall ruft man das vorhandene Wissen in gewissen Zeitabständen ab, damit die Wiederholung kein gedankenloses Abspulen ist, sondern einer gewissen kognitiven Anstrengung bedarf. Offenbar bildet sich im Gehirn leichter ein zusammenhängendes Bild heraus, wenn man sich etwas erneut ins Gedächtnis ruft und damit die neuronalen Verknüpfungen, über die das Wissen später abgerufen werden kann, stärkt und mehrt. In den letzten Jahrzehnten haben Studien bestätigt, was Mike Ebersold und jeder erfahrene Quarterback, Jetpilot oder Messenger-Benutzer aus Erfahrung wissen: Wiederholtes Abrufen kann Wissen und Fähigkeiten automatisieren, bis das Gehirn handelt, ehe der Kopf Zeit zum Nachdenken findet.

Doch trotz allem, was Wissenschaft und persönliche Erfahrung uns über die Macht von Tests als Lerninstrument verraten, werden Tests in traditionellen Lernumgebungen selten in diesem Sinne verwendet, sodass diese Technik von Lehrkräften und Lernwilligen nach wie vor missverstanden oder zu wenig als Lernhilfe genutzt wird.

2010 berichtete die *New York Times* von einer wissenschaftlichen Studie, der zufolge Studierende, die eine Textpassage gelesen hatten und anschließend in einem Test das Gelernte wiederholen sollten, eine Woche später 50 Prozent mehr Informationen behalten hatten als nicht getestete Studierende. Das klingt vielversprechend, aber viele Online-Kommentare lauteten eher wie folgt:

»Und wieder einmal verwechselt ein Autor Lernen mit Informationsabruf.«

»Ich persönlich würde um Tests einen großen Bogen machen, besonders wenn ich sowieso schon versetzungsgefährdet wäre. In einer stressbesetzten Umgebung zu lernen trägt nicht dazu bei, sich Dinge langfristig zu merken.«

»Was spielt es für eine Rolle, ob Auswendiglernen durch Übungstests verbessert wird oder nicht? Unsere Kinder können doch ohnehin kaum noch etwas umsetzen.«[4]

Vergesst das Auswendiglernen, verlangten viele Kommentarschreiber. Bildung sollte lieber wertvollere Fähigkeiten fördern. Hmmm. Auswendiglernen trägt nichts zum Lösen komplexer Probleme bei? Verraten Sie das Ihrem Neurochirurgen lieber nicht! Viele Menschen sind von standardisierten Testverfahren, die einzig und allein den Lernerfolg messen und bewerten sollen, verständlicherweise frustriert. Damit entgeht ihnen jedoch eines der wertvollsten verfügbaren Lerninstrumente. Der Erwerb von Grundwissen und die Schulung in kreativem Denken ist keineswegs ein

Gegensatz. Beides muss sorgsam genährt werden. Je mehr jemand über ein bestimmtes Thema weiß, desto nuancierter kann die eigene Kreativität ein neues Problem angehen. Ohne Erfindergeist und Fantasie hilft Wissen nur wenig, aber ohne ein stabiles Wissensfundament kann die schönste Kreativität nur ein wackliges Haus bauen.

Der Testing-Effekt unter Laborbedingungen

In der empirischen Forschung wurde dem Testing-Effekt gründlich nachgegangen. Die erste groß angelegte Studie erschien 1917. Damals legte man Kindern der Klassenstufe 3, 5, 6 und 8 kurze Biografien aus *Who's Who in America* vor. Einige wurden dazu angehalten, nach unterschiedlichen Zeitspannen aufzusehen und stumm für sich selbst den Inhalt zu wiederholen. Diejenigen, die dies nicht taten, lasen einfach immer wieder ihren Text. Am Ende mussten alle Kinder aufschreiben, woran sie sich erinnern konnten. Dieser Übungstest wurde nach drei bis vier Stunden wiederholt. Alle Gruppen, die zu den kurzen Rezitationspausen aufgefordert worden waren, konnten sich mehr merken als diejenigen, die nur gründlich gelesen hatten. Die besten Ergebnisse erzielten diejenigen, die rund 60 Prozent der Lernzeit auf das stumme Wiederholen verwendet hatten.

Eine zweite wegweisende Studie aus dem Jahr 1939 umfasste über 3000 Sechstklässler aus Iowa. Die Kinder lasen zwei bis drei Seiten Text, absolvierten dann zu unterschiedlichen Zeitpunkten Tests und schließlich nach zwei Monaten einen Abschlusstest. Dieses Experiment kam zu verschiedenen interessanten Erkenntnissen: Je länger man den ersten Test hinauszögerte, desto mehr hatten die Schüler vergessen. Sobald ein Schüler jedoch einen Test absolviert hatte, stoppte die Vergessenskurve praktisch vollständig, und er schnitt auch in späteren Tests etwa gleich gut ab.[5]

Um 1940 galt das Interesse dann eher dem Erforschen des Vergessens, und das Potenzial von Lernkontrollen zum Üben und Wiederholen geriet aus dem Blickfeld. Ebenso erging es dem Einsatz von Tests als Forschungsmethode: Da Testen das Vergessen unterbricht, kann man diese Methode nicht verwenden, um das Vergessen zu messen, denn damit wäre das Ergebnis »kontaminiert«.

1967 wurde der Testing-Effekt dann mit der Publikation einer Studie wieder hochgespült, der zufolge Probanden, denen Listen mit 36 Wörtern vorgelegt wurden, durch wiederholtes Testen nach dem ersten Lesen genauso viel lernten wie durch wiederholtes Lesen. Diese Ergebnisse – dass Testen denselben Lerneffekt hatte wie das Üben selbst – stellten herkömmliche Überzeugungen infrage und lenkten die Aufmerksamkeit der Forschung wieder auf das Potenzial von Tests als Lernmethode. Bald boomte die Testforschung.

1978 wurde nachgewiesen, dass kurzfristiges intensives Büffeln zwar bei einer unmittelbar bevorstehenden Prüfung besser abschneiden lässt, dieses Wissen jedoch im Vergleich zu bewusstem Abrufen schneller wieder vergessen wird. Bei einem zweiten Test zwei Tage später hatten die Intensivlerner etwa die Hälfte von dem vergessen, was sie beim ersten Test noch gewusst hatten, wohingegen diejenigen, die auf aktives Abrufen gesetzt hatten (und genauso lange lernten wie die anderen!), nur 13 Prozent weniger wussten als zu Beginn.

Eine Folgestudie sollte ermitteln, welche Wirkung mehrfaches Testen auf das Langzeitgedächtnis der Teilnehmenden hat. In diesem Fall wurde eine Geschichte mit 60 konkreten Objekten vorgelesen. Diejenigen, die unmittelbar nach der Geschichte einen Test absolvierten, konnten in diesem Moment 53 Prozent der erwähnten Dinge abrufen. Eine Woche später waren noch 39 Prozent dieser Einzelheiten übrig. Eine zweite Gruppe, die dasselbe gehört hatte, aber erst eine Woche später erstmals einen Test dazu schrieb, erinnerte sich nur noch an 28 Prozent. Schon ein einziger Test hatte das Langzeitgedächtnis über sieben Tage hinweg also um elf Prozent verbessert.

Doch welche Wirkung würden drei prompte Tests statt einem haben? Eine weitere Gruppe wurde nach dem ersten Hören dreimal getestet und konnte sich eine Woche später noch an 53 Prozent der Objekte erinnern – dieselbe Menge wie bei der ursprünglichen Gruppe beim ersten Test. Offenbar war die dreifach getestete Gruppe im Vergleich zu der einmal getesteten Gruppe gegen das Vergessen »geimpft«, und die einmal Getesteten erinnerten sich immer noch besser als diejenigen, die unmittelbar nach dem Hören gar nicht getestet worden waren. Das heißt – und spätere Studien konnten dies bestätigen –, mehrere Übungstests sind besser als nur einer, besonders wenn die eigentliche Prüfung erst später erfolgt.[6]

Eine andere Untersuchung belegt, dass bereits die Aufforderung, ein Wort um fehlende Buchstaben zu ergänzen, dazu führte, dass die Probanden sich dieses Wort besser einprägten. Stellen Sie sich bitte eine Liste aus Wortpaaren vor. Bei einem Paar wie »Fuß – Schuh« konnten diejenigen, die das vollständige Paar vor Augen hatten, sich später schlechter daran erinnern als diejenigen, die das Paar anhand eines so offensichtlichen Hinweises wie »Fuß – Sch_h« herleiten mussten. Dieses Experiment verdeutlichte ein Prinzip, das in der Forschung als »Generierungseffekt« bezeichnet wird. Schon die bescheidene Anstrengung, die angedeutete Antwort herzuleiten, während man die Wortpaare betrachtet, verankert das gewünschte Wort *(Schuh)* länger im Gedächtnis. Interessanterweise ergab diese Studie auch, dass das Wortpaar in späteren Tests leichter abrufbar war, wenn der Übungstest erst nach 20 weiteren Wortpaaren kam, als wenn er unmittelbar danach erfolgte.[7] Wie kann das sein? Eine These besagte, dass die erhöhte Anstrengung durch den verzögerten Abruf das Gedächtnis besser konsolidiert. Damit stellte sich die Frage, ob das Testintervall eine Rolle spielt.

Die Antwort lautet: Ja. Bei Übungstests in gewissen Abständen geht zwar in der Zwischenzeit ein gewisser Teil des Stoffs verloren, aber insgesamt bleibt das Gelernte länger haften als bei kurzfristigem, intensivem Pauken.

Nun wurde überlegt, wie man diese Erkenntnisse aus dem Testlabor in die Schule übertragen könnte, und zwar auf genau den Stoff, der in der Schule normalerweise vermittelt wird.

Der Testing-Effekt unter Realbedingungen

2005 unterbreitete unser Team dem Rektor einer Mittelschule in Columbia, Illinois, Roger Chamberlain, einen Vorschlag. Zu diesem Zeitpunkt waren die positiven Auswirkungen von Übungstests unter kontrollierten Laborbedingungen bereits etliche Male nachgewiesen worden. Ob dies auch für normale Schulklassen galt, wusste man jedoch nicht. Würden Rektor, Kollegium, Schülerschaft und Eltern der Columbia Middle School sich zu einer Studie bereiterklären, um herauszufinden, ob der Testing-Effekt auch unter normalen Bedingungen eintritt?

Chamberlain hatte Bedenken. Sofern es nur um abrufbares Wissen ging, war er nicht sonderlich interessiert. Sein Ziel war schließlich, seinen Schülern höhere Formen des Lernens nahezubringen: Analyse, Synthese und Anwendung. Zudem sorgte er sich um sein Kollegium, dessen Engagement bei der Umsetzung der Lehrpläne und diverser Lehrmethoden er ungern stören wollte. Andererseits würden die Ergebnisse der Studie möglicherweise aufschlussreich sein, und die dafür erforderliche Ausstattung in den Klassenräumen der teilnehmenden Lehrer – Smartboards und »Klicker« für automatisierte Auswertungen – waren eine echte Verlockung. Das Budget für moderne Technik ist an Schulen immer knapp.

Eine Sozialkundelehrerin für die Stufe Sechs, Patrice Bain, zeigte sich sehr aufgeschlossen. Das Forschungsteam stimmte sofort zu und akzeptierte die Vorgaben der Schule: Die Studie sollte möglichst unaufdringlich ablaufen und musste sich bestehenden Curricula, Stundenplänen, Prüfungsformaten und Lehrmethoden unterordnen. Nur die normalen Lehrbücher durften verwendet werden. Der einzige Unterschied sollten gelegentliche kurze Quizeinheiten sein. Als Studienzeitraum wurden drei aufeinanderfolgende Halbjahre angesetzt, in denen diverse Kapitel aus dem Sozialkundebuch behandelt werden sollten, darunter das Alte Ägypten, Mesopotamien, Indien und China. 2006 fiel der Startschuss für das Projekt. Es sollte sich als gute Entscheidung erweisen.

Für die sechs Sozialkundegruppen entwarf Pooja Agarwal verschiedene Tests mit Quizfragen, die etwa ein Drittel des Unterrichtsstoffs abfragen sollten. Bei diesen Quizeinheiten stand nichts auf dem Spiel; das Ergebnis hatte keinen Einfluss auf die Note. Die Lehrerin verließ für das Quiz jeweils das Klassenzimmer, bekam also nicht mit, was abgefragt wurde. Ein Quiz fand zu Beginn des Unterrichts statt, zu Stoff, den die Schüler hatten lesen sollen, der aber noch nicht besprochen war. Ein zweiter folgte am Ende der Stunde, nachdem die Tageslektion behandelt worden war. Und einen Tag vor der jeweiligen Klassenarbeit erhielten die Schüler ein Wiederholungsquiz.

Jetzt stellte sich eine neue Frage: Hatten die Schüler, die in der Abschlussprüfung bei dem zwischendurch getesteten Stoff besser abschnitten, einfach davon profitiert, dass sie dieses Material noch einmal gesehen hatten? Lag ihr besseres Abschneiden womöglich nur an der erneuten Wahrnehmung und gar nicht an den Tests? Um diesen denkbaren Effekt auszuschließen, wurden zwischen die Quizfragen einfache Aussagen eingestreut, die nicht abgefragt wurden, zum Beispiel: »Der Nil hat zwei Hauptzuflüsse, den Weißen Nil und den Blauen Nil.« Einige Klassen erhielten Quizfragen, andere wiederholten lediglich die Fakten.

Das Quiz beanspruchte jeweils nur wenige Minuten Unterrichtszeit. Wenn die Lehrerin hinausging, projizierte Agarwal verschiedene Folien auf das Board im Klassenzimmer und las sie den Schülern vor. Jede Folie enthielt entweder eine Multiple-Choice-Frage oder eine Feststellung. Bei den Fragen durften die Schüler auf handyartigen Fernbedienungen (Klickern) eine Antwort auswählen: A, B, C oder D. Sobald alle geantwortet hatten, wurde die richtige Antwort hervorgehoben, um Feedback zu geben und Fehler zu korrigieren. (Lehrer waren in dieser Zeit nicht anwesend, würden unter normalen Umständen aber bei einem solchen Test sofort erkennen, wie gut ihre Schüler den Stoff verstanden haben, und den Unterrichtsverlauf diesen Ergebnissen anpassen.)

Nach der jeweiligen Unterrichtseinheit wurden die ganz normalen Klassenarbeiten geschrieben. Zusätzlich erfolgten am Halbjahres- und Jahresende die üblichen Prüfungen. Dafür hatten die Schüler und Schülerinnen alle normalen Unterrichtsstunden, Hausaufgaben, Arbeitsblätter und so weiter erhalten, waren aber zu einem Drittel des Stoffs dreimal im Quiz abgefragt worden und hatten ein weiteres Drittel dreimal als zusätzliche Vertiefung gesehen. Der Rest des Stoffs war abgesehen von der ursprünglichen Lektion und eventuellem eigenständigem Nachlesen weder abgefragt noch zusätzlich im Unterricht wiederholt worden.

Die Ergebnisse waren frappierend: Bei dem Stoff, der im

Quiz abgefragt worden war, schnitten die Kinder eine volle Note besser ab als bei dem Stoff, der nicht abgefragt worden war. Hinzu kam, dass die Ergebnisse für die Punkte, die lediglich als faktische Aussagen wiederholt, aber nicht getestet worden waren, nicht besser waren als für den nicht wiederholten Stoff. Das bestätigt erneut, dass nochmaliges Lesen nicht viel hilft.

2007 wurde die Studie auf den Biologieunterricht der Stufe Acht ausgeweitet, wo Themen wie Genetik, Evolution und Anatomie behandelt wurden. Das Vorgehen war identisch, die Ergebnisse ähnlich beeindruckend. Am Ende der drei Halbjahre wussten die Achtklässler in der Prüfung von dem Stoff ohne Quiz im Durchschnitt 79 Prozent (Note C+), von dem Stoff mit Quiz hingegen 92 Prozent (Note A-).

Der Testing-Effekt hielt bis zur Prüfung am Jahresende an (acht Monate später!) und bestätigt somit, was viele Laborstudien über die Auswirkungen von Übungstests auf das Langzeitgedächtnis gezeigt hatten. Die Wirkung wäre zweifellos noch ausgeprägter gewesen, wenn die Übungen zum aktiven Erinnern sich fortgesetzt hätten und vielleicht im Monatsabstand durchgeführt worden wären.[8]

Viele Lehrer der Columbia Middle School beherzigen heute die Essenz dieser Untersuchungen. Obwohl die Studie längst vorüber ist, absolvieren Patrice Bains Sechstklässler bis heute regelmäßig Quizfragen zu Beginn und nach ihren Stunden und bekommen kurz vor der Klassenarbeit ein Wiederholungsquiz. Jon Wehrenberg, der in Stufe Acht Geschichte unterrichtet und nicht an dem Projekt teilnahm, hat diverse Lernkontrollen in seinen Unterricht eingebaut, auch Quizfragen, und bietet auf seiner Website weitere Online-Hilfen wie Lernkarten und Spiele an. Wenn seine Schüler beispielsweise Texte über die Geschichte der Sklaverei lesen, sollen sie anschließend zehn Punkte über Sklaverei aufschreiben, die sie vorher nicht wussten. Man braucht zum Abrufen von Wissen also nicht zwingend moderne Technik.

Vor nicht allzu langer Zeit hatte die Englischlehrerin Michelle Spivey sieben Sechst- und Siebtklässler, die anhand einer lustigen Geschichte an ihren Lesefertigkeiten und dem Leseverständnis arbeiten sollten. Jeder Schüler musste einen Abschnitt laut lesen. Wenn er stockte, ließ Spivey es ihn noch einmal probieren. Sobald es ihm gelungen war, bat sie die anderen, die Bedeutung des Abschnitts zu erklären und zu erläutern, was wohl in den Protagonisten vorgegangen war. Abrufen und Elaboration – auch hier ganz ohne Technik.

Ein Quiz an der Columbia Middle School ist nie öde. Nach Abschluss der Studien folgte eine Umfrage unter den Schülern zu dieser Fragestellung. 64 Prozent sagten, sie hätten dank der Quizfragen weniger Angst vor den Klassenarbeiten gehabt, und 89 Prozent fanden, sie hätten damit besser gelernt. An den Tagen, wo sie nicht mit den Klickern arbeiten durften, reagierten die Kinder enttäuscht, weil diese Aktivität die Stunde auflockerte und Spaß machte.

Auf die Frage, was die Studienergebnisse in seinen Augen besagten, antwortete Schulleiter Chamberlain: »Übungstests haben signifikanten Einfluss auf die Lernleistung. Das sagt uns, dass sie wertvoll sind und dass Lehrer gut beraten sind, sie in ihr Vorgehen einzubeziehen.«[9] Sind ähnliche Effekte auch in höheren Altersstufen nachweisbar?

An der Washington University in St. Louis bringt Andrew Sobel regelmäßig 160 bis 170 Studierenden der ersten Semester die internationale Wirtschaftspolitik nahe. Im Laufe der Jahre fiel ihm auf, dass seine Studenten immer seltener in seiner Vorlesung auftauchten. Mitte des Semesters fehlten im Durchschnitt 25 bis 35 Prozent, wohingegen zu Beginn nur rund zehn Prozent fernblieben. Dieses Problem habe keineswegs nur ihn allein betroffen, sagt er. Viele Professoren spulen lediglich ihre PowerPoint-Folien ab, sodass die Studierenden irgendwann nicht mehr kommen. Zunächst behielt Sobel seine Folien einfach für sich, aber gegen Ende des Semesters fehlten dennoch viele. Zum Ablauf gehörten zwei wichtige Klausuren, eine in der Mitte des Semesters und eine am Ende. Um die Anwesenheitsquote zu erhöhen, ersetzte Sobel die großen Klausuren durch neun unangekündigte Tests. Von diesen Tests sollte die Semesternote abhängen, sodass die Studenten gut beraten wären, regelmäßig zu erscheinen.

Das Ergebnis war frustrierend. Im Verlauf des Semesters wählte gut ein Drittel seiner Studenten das Fach ab. »In den Dozentenbeurteilungen wurde ich gründlich abgestraft«, berichtete Sobel uns. »Die Studenten hassten es. Wenn sie bei einem Test schlecht abschnitten, ließen sie lieber den Kurs sausen, als am Ende eine schlechte Note zu bekommen. Bei denen, die blieben, beobachtete ich eine wachsende Kluft zwischen denen, die wirklich kamen und mitarbeiteten, und denen, die es nicht taten. Plötzlich konnte ich A-Plus-Noten vergeben, was früher nie der Fall gewesen war, aber auch mehr C-Noten als je zuvor.«[10]

Angesichts von so viel Gegenwind musste er das Experiment abbrechen und zum alten Format mit zwei Klausuren zurückkehren. Einige Jahre später hörte er jedoch einen Vortrag über die Vorteile von häufigeren Tests und ergänzte eine dritte Klausur im Semesterverlauf, um zu sehen, wie sich dies auf den Lernerfolg auswirkte. Seine Studenten schnitten zwar besser ab, aber nicht so gut wie erhofft, und auch das Anwesenheitsproblem blieb bestehen.

Sobel dachte nach und veränderte sein Konzept noch einmal. Dieses Mal gab er bekannt, dass es im Verlauf des Semesters neun Tests geben würde. Auch die Zeitpunkte wurden angekündigt. Keine Überraschungen, keine zusätzlichen Klausuren, denn so viel wollte er von seiner Vorlesungszeit nicht opfern.

Er hatte befürchtet, dass die Anmeldungen erneut zurückgehen würden, doch diesmal stiegen sie sogar leicht an. »Im Gegensatz zu den verhassten, unangekündigten Tests gab es diesmal eine klare Vorgabe. Wer einen Test verpasste, hatte selber Schuld. Sie fühlten sich nicht mehr von mir überrumpelt oder reingelegt. Damit konnten sie umgehen.« Zufrieden stellte Sobel fest, dass auch die Anwesenheit sich verbesserte. »Wenn kein Test anstand, blieben sie mitunter weg, besonders im Frühling, aber zum Test waren sie da.«

Wie der Stoff waren auch die Tests kumulativ und die Fragestellungen ähnlich wie in seinen bisherigen Klausuren, doch die Qualität der Antworten, die er ab der Hälfte des Semesters bekam, war deutlich besser als das, was er sonst zu diesem Zeitpunkt gesehen hatte. Inzwischen zieht er dieses neue Format seit fünf Jahren durch und ist davon überzeugt. »Die Diskussionen im Unterricht sind deutlich gehaltvoller. Auch die schriftlichen Ausführungen haben sich stark verbessert, nur indem ich von drei Klausuren zu neun Tests übergegangen bin.« Am Ende des Semesters lässt er über die behandelten Themen kurze Abhandlungen schreiben, teilweise eine ganze Seite lang. Die Qualität ist mit dem vergleichbar, was er aus höheren Semestern kennt.

»So ein Konzept kann jeder umsetzen. Mir wurde aber auch klar, wie viel mehr ich meinen Studenten hätte beibringen können, wenn ich schon vor Jahren so vorgegangen wäre! Das Interessante an dieser Strategie ist, dass mir heute bewusst ist, dass ich ein noch so guter Dozent sein mag, und dennoch ist mein eigentlicher Unterricht nur *ein* Bestandteil ihres Lernerfolgs und die von mir vorgegebene Struktur mindestens ebenso wichtig.« Inzwischen sind bei ihm 185 Studenten eingeschrieben, und die Zahl steigt weiter an.

Tests optimal zum Lernen nutzen

Andy Sobels Beispiel ist letztlich eine Anekdote und spiegelt vermutlich eine Vielzahl positiver Faktoren, darunter insbesondere den kumulativen Lerneffekt, der sich wie Zinseszins anhäuft, wenn das Kursmaterial dank etlicher Lernkontrollen über das gesamte Semester hinweg vertieft wird. Dennoch entspricht diese Erfahrung empirischen Untersuchungen, in denen den Auswirkungen unterschiedlicher Testverfahren nachgegangen wurde.

In einem Experiment am College sollten die Studierenden beispielsweise Prosatexte zu bestimmten, collegetypischen wissenschaftlichen Themen lesen und dann entweder sofort einen Wissenstest absolvieren oder den Text noch einmal durchlesen. Nach zwei Tagen konnten sich diejenigen, die gleich den Test gemacht hatten, an mehr Einzelheiten erinnern als diejenigen, die nur noch einmal nachgelesen hatten (68 gegenüber 54 Prozent), und dieser Unterschied war auch eine Woche später noch nachweisbar (56 gegenüber 42 Prozent). Ein anderes Experiment kam zu dem Ergebnis, dass die reine Lesegruppe nach einer Woche am meisten von dem vergessen hatte, was sie anfangs noch gewusst hatte. Im Gegensatz zu einer Gruppe mit wiederholten Übungstests, die nur zehn Prozent vergessen hatte, waren hier 52 Prozent des anfänglichen Wissens verlorengegangen.[11]

Inwiefern beeinflusst Feedback zu falschen Antworten auf Testfragen das Lernen? Studien zufolge kann Feedback das Langzeitgedächtnis besser festigen als das Testen allein, und interessanterweise gibt es Hinweise darauf, dass ein leicht verzögertes Feedback langfristig besser hängenbleibt als eine sofortige Rückmeldung. Das klingt kontraintuitiv, entspricht jedoch Erkenntnissen zum Erlernen motorischer Aufgaben, wie dem Korblegen im Basketball oder dem gezielten Golfschlag in ein entferntes Grün. Beim motorischen Lernen ist Ausprobieren mit verzögerter Rückmeldung zwar der lästigere Weg, aber nichtsdestotrotz effektiver als eine sofortige Korrektur. Promptes Feedback gleicht Stützrädern beim Erlernen des Radfahrens: Man verlässt sich schnell darauf, dass ständig jemand zur Korrektur bereitsteht.

Eine Theorie zum Erlernen motorischer Fähigkeiten besagt, dass unmittelbares Feedback leicht als Teil der Tätigkeit selbst abgespeichert wird. Wenn diese Rückmeldung unter Realbedingungen fehlt, entsteht eine Lücke im gewohnten Ablauf, welche die Leistung beeinträchtigt. Eine andere Theorie geht davon aus, dass zu häufige Korrekturen uns daran hindern, ein stabiles Muster für die Ausführung zu entwickeln, weil die Lektion zu viele Variablen enthält.[12]

Im Unterricht fördert verzögertes Feedback das langfristige Lernen ebenfalls besser als unmittelbare Rückmeldung. Beim Lesen der wissenschaftlichen Prosatexte durfte die eine Gruppe den Text weiter ansehen, während sie Fragen dazu beantworten sollte, was während des Abfragens kontinuierliche Rückmeldung bot – wie ein aufgeschlagenes Lehrbuch bei einer Prüfung. Die andere Gruppe hatte den Text während des Tests nicht zur Hand. Sie erhielt den Abschnitt erst anschließend und wurde angewiesen, die eigenen Antworten zu überprüfen. Die Gruppe mit dem offenen Buch schnitt beim Test selbst natürlich besser ab, aber bei einem späteren Test hatten sich diejenigen, die erst anschließend Feedback bekamen, den Stoff besser eingeprägt. Eine zeitlich verzögerte Rückmeldung kann bei schriftlichen Tests hilfreich sein, weil sie für die Studierenden nach einer gewissen Zeit eine weitere Übung darstellt. Wie zeitversetztes Üben die Vergessenskurve unterbricht, besprechen wir im nächsten Kapitel.[13]

Sind bestimmte Übungstests für den dauerhaften Lernerfolg wirkungsvoller als andere? Tests, die den Lernenden eine

Antwort abverlangen – ein selbst formulierter Text, frei beantwortbare Fragen oder auch das Üben mit Karteikarten –, scheinen effektiver zu sein als simples Wiedererkennen wie in Multiple-Choice-Tests oder Richtig/Falsch-Aufgaben. Doch selbst Multiple-Choice-Tests wie jene aus der Columbia Middle School können sehr hilfreich sein. Einerseits profitiert der Lernprozess also offenbar von jeglichem Abrufen, andererseits scheinen wir uns Gelerntes besser zu merken, wenn wir uns bei der Wiedergabe aktiv bemühen müssen. Übungsmethoden wurden in den letzten Jahren gründlich untersucht. Eine Durchsicht dieser Studien ergab, dass Schüler schon bei einem einzigen Test in den Abschlussarbeiten besser abschneiden und dass mit der Anzahl der Tests auch der Lernerfolg steigt.[14]

Unabhängig davon, welche Theorie zur Gedächtnisstärkung durch wiederholtes Abrufen am Ende wissenschaftlich belegbar ist, zeigt die empirische Forschung, dass der Testing-Effekt ein reales Phänomen ist: Der Zugriff auf das Gedächtnis verändert das Gedächtnis und erleichtert den späteren erneuten Zugriff.

Wie verbreitet sind Lernkontrollen als Lernmethode? In einer Umfrage waren sich Studienanfänger der Wirksamkeit kaum bewusst. In einer zweiten Umfrage sagten nur elf Prozent der befragten College-Studenten, dass sie diesen Ansatz nutzen würden. Und selbst wenn sie angaben, sich selbst zu testen, sagten die meisten, dass sie damit ihre Lücken ausfindig machen wollten, um diesen Stoff gründlicher zu studieren. Das ist natürlich ein guter Grund, aber kaum jemand weiß, dass das Abrufen an sich bereits dazu führt, dass man sich etwas besser merkt.[15]

Fördern wiederholte Lernkontrollen lediglich das mechanische Auswendiglernen? Untersuchungen zufolge erleichtert Testen – im Vergleich zu erneutem Lesen – den Wissenstransfer auf neue Zusammenhänge und Probleme. Zudem verbessert es die Fähigkeit, sich Dinge, die mit dem Thema zusammenhängen, aber nicht abgefragt wurden, zu merken und darauf zuzugreifen. Vorläufig scheinen Lernkontrollen Informationen in unterschiedlichem Kontext leichter zugänglich zu machen, doch dieser Frage sollte weiter nachgegangen werden.

Sträuben sich Lernende gegen Testen als Lerninstrument? Schüler und Studenten halten generell wenig von Lernkontrollen. Der Grund dafür liegt auf der Hand, besonders wenn bei nur zwei Klausuren im Halbjahr viel auf dem Spiel steht und das Ergebnis erhebliche Konsequenzen haben kann. Doch in allen Studien zu Testverfahren, die auch die Einstellung der Studierenden erfassten, beurteilten die häufig Getesteten den Unterricht am Ende des Semesters positiver als die seltener Getesteten. Diejenigen, die häufig abgefragt wurden, beherrschten gegen Semesterende ihren Stoff und mussten für die Prüfung nicht mehr pauken.

Inwiefern beeinflusst eine Lernkontrolle das nachfolgende Lernverhalten? Nach einem Test nehmen sich Lernende mehr Zeit, ihre Lücken zu schließen, und lernen daraus mehr als Vergleichsgruppen, die den Stoff ohne Test noch einmal durchgehen. Diejenigen, die in erster Linie alles noch einmal durchlesen, ohne sich selbst abzufragen, überschätzen ihre Fähigkeiten. Diejenigen, die getestet werden, haben einen doppelten Vorteil: Zum einen ist den Abgefragten besser bewusst, was sie können und was nicht, zum anderen profitieren sie von der Lernverstärkung durch Abfragen.[16]

Haben regelmäßige Tests, bei denen weniger auf dem Spiel steht, weitere, indirekte Vorteile? Neben verbessertem Lern- und Merkerfolg verbessern derartige Testverfahren auch die Anwesenheit. Die Studierenden bereiten sich besser vor (weil sie wissen, dass sie abgefragt werden), sind im Unterricht aufmerksamer (wenn am Ende der Stunde abgefragt wird) und können besser einschätzen, was sie wissen und was sie noch einmal nachholen müssen. Das wirkt dem Trugschluss entgegen, dass man etwas, das man mehrfach gelesen hat, automatisch beherrscht, nur weil es so bekannt klingt. Häufige, weniger relevante Lernkontrollen helfen zudem gegen Prüfungsangst, weil die Folgen über eine viel größere Spanne verteilt sind: Der einzelne Test geht in der Masse unter. Hinzu kommt, dass derartige Tests den Lehrenden helfen, Verständnislücken aufzudecken und ihren Unterricht entsprechend anzupassen. Diese Vorteile vieler verteilter Tests summieren sich sowohl bei Online-Lehrgängen als auch im Klassenzimmer.[17]

Fazit

Regelmäßiges Abrufen neuer Kenntnisse oder Fähigkeiten aus dem Gedächtnis ist ein wichtiges Lerninstrument und trägt zur dauerhaften Festigung des Gelernten bei. Das gilt für jeglichen Stoff, den das Gehirn sich einprägen und künftig bei Bedarf bereitstellen soll, ob Fakten, komplexe Konzepte, Problemlösungsstrategien oder motorische Fähigkeiten.

Anstrengung beim Abrufen sorgt für stärkeren und längeren Lernerfolg. Wir neigen zu der Annahme, dass kinderleichtes Lernen besser wäre. Die Forschung belegt jedoch das Gegenteil: Wenn das Gehirn aktiv werden muss, bleibt das Gelernte besser haften. Wer sich stärker bemüht, das Gelernte abzurufen – und dabei Erfolg hat! –, unterstützt durch diesen Zugriff den Lernerfolg. Nach einem ersten Test unterstützen *zeitverzögerte Übungstests* das Langzeitgedächtnis besser als sofortige Wiederholungstests, weil das Abrufen in einem gewissen zeitlichen Abstand mehr Anstrengung erfordert.

Wiederholtes Abrufen festigt nicht nur die Erinnerung, sondern sorgt auch dafür, dass das Wissen leichter sowie in unterschiedlichen Situationen zugänglich ist und sich auf breiter gefächerte Aufgaben anwenden lässt.

Intensives Wiederholen kann bei einer unmittelbar bevorstehenden Prüfung zwar die Note verbessern, aber dieser Vorteil verblasst schnell, weil erneut gelesener Stoff viel schneller vergessen wird als aktiv abgerufener. Lernkontrollen sind *langfristig* vorteilhaft.

Bereits ein einziger Test (Wissensabruf) im Unterricht verbessert das Abschneiden in der Abschlussprüfung. Dieser Vorteil erhöht sich mit zunehmender Häufigkeit von Tests im Unterricht.

Tests müssen nicht von der Lehrperson ausgehen. Schüler können überall aktiv üben. Es kommt nicht darauf an, dass im Unterrichtsraum abgefragt wird. Eine Lernkartei (mit der schon Zweitklässler ihre Multiplikation üben) kann jeder Altersgruppe erleichtern, sich selbst zu testen, ob in Anatomie, Mathematik oder Jura. Selbsttests erscheinen wenig verlockend, weil sie mehr Aufwand erfordern als nochmaliges Lesen, aber wie gesagt: Je mühsamer der Abruf, desto besser der Lernerfolg.

Studierende, die Übungstests absolvieren, können *die eigenen Fortschritte besser beurteilen* als Vergleichsgruppen, die den Stoff lediglich noch einmal durchlesen. Hinzu kommt, dass Übungstests den Lehrkräften gestatten, Lücken und Missverständnisse zu erkennen und ihren Unterricht entsprechend anzupassen.

Nach einem Test verhindern *korrigierende Rückmeldungen*, dass unzureichend verstandener Stoff falsch hängenbleibt, und tragen zum besseren Verständnis der korrekten Version bei.

Studierende wissen es zu schätzen, wenn in ihren Kursen häufig abgefragt wird, der einzelne Test aber weniger zählt. Häufig getestete Studenten bewerten ihre Kurse positiver.

Und was ist nun mit Rektor Roger Chamberlains anfänglichen Bedenken zu den Lernkontrollen an der Columbia Middle School? Dass sie lediglich noch stärker das sture Auswendiglernen fördern könnten?

Nach Abschluss der Studie stellten wir ihm diese Frage, und nach kurzem Überlegen antwortete er: »Womit ich mich wirklich arrangiert habe: Wenn wir Kinder in die Lage versetzen wollen, ein Konzept unter unterschiedlichen Bedingungen einzuschätzen, die verschiedenen Elemente zusammenzufügen und diese umzusetzen, müssen wir sie deutlich effektiver an den Punkt bringen, wo sie das nötige Grundwissen begreifen und abrufen können, damit sie ihre Zeit nicht darauf verschwenden, erst einmal zu überlegen, was ein bestimmtes Wort bedeuten könnte oder worum es überhaupt gerade geht. So können sie ein höheres Niveau erreichen.«

III.

Wie üben künftige Meister?

Dass Übungstests mehr zum Lernerfolg beitragen als reine Wiederholung und nochmaliges Lesen, klingt widersinnig, doch im Sport halten wir ständige Praxistests für selbstverständlich. In diesem Kontext gilt »Üben, Üben, Üben«. Doch auch hierzu gibt es erstaunliche Erkenntnisse.

Für eine Studie sollten Achtjährige im Sportunterricht Bohnensäckchen in Eimer werfen. Die Hälfte der Kinder zielte auf einen Eimer in 90 Zentimeter Abstand. Die andere Hälfte zielte abwechselnd auf Eimer in 60 und 120 Zentimeter Abstand. Nach zwölf Wochen gab es einen Test, bei dem alle in den 90 Zentimeter entfernten Eimer werfen sollten. Dabei schnitten diejenigen deutlich besser ab, die an den unterschiedlich weit entfernten Eimern geübt hatten und nie an dem mit 90-Zentimeter-Abstand.[1]

Woran liegt das? Wir werden das Bohnensäckchen-Rätsel gleich lüften, aber lassen Sie uns zuvor einen weitverbreiteten Mythos zum Lernen untersuchen.

»Viel hilft viel« gilt beim Üben nicht

Die meisten Menschen sind der Ansicht, dass sture Disziplin das Lernen erleichtert: Nur durch »Üben, Üben, Üben« brennt sich eine Fähigkeit ins Gedächtnis ein. Dass man einen Ablauf konzentriert viele Male wiederholen muss, bis er wie am Schnürchen klappt, ist eine Grundüberzeugung, die Lehrer, Sportler, Coaches und Lernende gleichermaßen vertreten. Der Fachbegriff »Massed Practice« für diese Übungsweise beschreibt das häufige, rein mechanische Wiederholen, und die meisten glauben fest daran, dass dieses Vorgehen sich auszahlt. Aber allem Augenschein zum Trotz ist dieser Glaube nicht gerechtfertigt.

Wenn man Lernen als den Erwerb neuer Kenntnisse oder Fähigkeiten definiert, die später anwendbar sind, ist die Frage, wie *schnell* man etwas erlernt, nur die halbe Miete. Ebenso wichtig ist die Frage, ob etwas *noch da* ist, wenn man es im Alltag benötigt. Einerseits ist Üben für Lernprozess und Gedächtnis entscheidend, andererseits ist das Üben deutlich effektiver, wenn zwischen den Trainingseinheiten ein gewisser zeitlicher Abstand liegt. Was wir zumeist wahrnehmen, sind die schnellen Fortschritte durch sture Wiederholung, nicht aber das anschließende schnelle Vergessen. Mit zeitversetztem Üben, das durch andere Lerninhalte unterbrochen wird, meistern wir neue Lerninhalte besser, behalten sie länger und können sie vielseitiger einsetzen. Doch diese Vorteile haben ihren Preis, denn zeitlicher Abstand, Themenwechsel und unterschiedliche Anforderungen sind anstrengender. Was wir registrieren, ist die verstärkte Anstrengung, nicht aber der erhöhte Nutzen. Bei dieser Vorgehensweise hat man das Gefühl, langsamer voranzukommen, weil die schnellen Fortschritte und Erfolgserlebnisse herkömmlicher Wiederholungspraxis ausbleiben. Selbst in Studien, wo die Teilnehmer durch zeitlich versetztes Üben bessere Ergebnisse erzielten, nehmen sie diese Verbesserung nicht wahr, sondern *glauben*, in reinen Paukeinheiten mehr gelernt zu haben.

Beispiele für intensives Wiederholen sind praktisch allgegenwärtig, ob der Sprachkurs in den Sommerferien, Crashkurse vor Studiumsbeginn, Tutorials vor Prüfungen oder Fortbildungen für Berufstätige, die das Training auf ein einziges Wochenende konzentrieren. Vor einer schriftlichen Arbeit wird zumeist intensiv wiederholt. Das fühlt sich produktiv an und kann für eine Zwischenprüfung durchaus erfolgreich sein, doch bis zur Abschlussprüfung ist ein Großteil des Stoffs meist längst vergessen. Zeitversetztes Wiederholen fühlt sich genau deshalb weniger hilfreich an, weil man in der Zwischenzeit einen Teil vergisst und härter arbeiten muss, um sich an alles zu erinnern. Man hat also immer das Gefühl, nicht alles zu wissen. Was wir in diesem Moment nicht wahrnehmen, ist, dass diese zusätzliche Anstrengung den Lernprozess verbessert.[2]

Zeitlich versetztes Üben

Die Vorteile von zeitlich versetzten Übungseinheiten sind seit langem bekannt. Ein sehr einprägsames Beispiel liefert eine Studie mit 38 angehenden Chirurgen (33 Männern und fünf Frauen), die vier kurze Lektionen zu mikrochirurgischen Eingriffen absolvierten, in denen kleine Gefäße wieder angenäht werden sollten. Jede Lektion begann mit einem theoretischen Teil, dem ein praktischer Teil folgte. Die eine Hälfte der Ärzte bekam alle vier Lektionen am selben Tag, was dem normalen Fortbildungsschema entspricht. Die andere erhielt dieselben Lektionen mit jeweils einer Woche Abstand.[3]

Einen Monat nach der letzten Lerneinheit schnitten diejenigen, deren Lektionen im Wochenabstand erfolgt waren, in allen Aspekten besser ab als ihre Kollegen: bei der Operationszeit insgesamt, bei der Anzahl der Handbewegungen und beim erfolgreichen Wiederansetzen der durchtrennten, pulsierenden Aorten lebender Ratten. Der Leistungsunterschied war beeindruckend. Die Teilnehmer, die alle vier Einheiten am selben Tag durchgenommen hatten, erzielten bei jedem Messwert eine schlechtere Punktzahl, und obendrein beschädigten 16 Prozent von ihnen die Blutgefäße irreparabel und konnten den Eingriff daher nicht abschließen.

Aber warum ist zeitlich versetztes Üben effektiver als intensives Training am Stück? Um dem Langzeitgedächtnis etwas Neues hinzuzufügen, benötigt das Gehirn offenbar eine Konsolidierungsphase, in der sich Erinnerungsspuren (mit denen das Gehirn neues Wissen abbildet) festigen. In dieser Phase wird ihnen eine Bedeutung zugewiesen, und sie werden mit vorhandenem Wissen verknüpft, ein Prozess, der mehrere Stunden bis Tage dauern kann. Schnelles, intensives Wiederholen baut auf das Kurzzeitgedächtnis. Der dauerhafte Lernerfolg hingegen benötigt Zeit, in der wir den Stoff geistig noch einmal durchgehen und andere Konsolidierungsprozesse ablaufen können. Zeitlich versetztes Üben unterstützt diese Abläufe. Die größere Anstrengung beim Abrufen des Gelernten nach einer kurzen Vergessenspause stößt den Konsolidierungsprozess erneut an und stärkt damit das Gedächtnis. Einige Theorien zu diesem Vorgang loten wir in Kapitel 4 aus.

Themenwechsel

Abwechselnd zwei oder mehr Themen oder Fähigkeiten zu üben ist eine weitere hervorragende Alternative zum intensiven Wiederholen, für die wir hier ein kleines Beispiel bringen möchten. Zwei Gruppen am College wurde beigebracht, wie man das Volumen von vier undurchsichtigen geometrischen Körpern ermittelt (Keil, Rotationsellipsoid, Hyperkegel, Kegelstumpf). Danach befasste sich die eine Gruppe mit verschiedenen praktischen Problemen, die nach Problemarten zusammengestellt waren (vier Aufgaben zur Keilberechnung, dann vier Aufgaben zur Berechnung eines Rotationsellipsoids und so weiter). Die andere Gruppe erarbeitete dieselben Aufgabenstellungen, allerdings waren die Problemstellungen hier gemischt (mal dieses, mal jenes Thema), nicht nach Problemart geordnet. Nach allem, was wir bisher präsentiert haben, war das Ergebnis wenig überraschend. Während des Übens waren die Ergebnisse der Studierenden, die mehrere gleichartige Aufgaben bekamen (also intensiv wiederholten), durchschnittlich zu 89 Prozent korrekt, wohingegen diejenigen mit den gemischten Aufgaben nur zu 60 Prozent auf das richtige Ergebnis kamen. Eine Woche später erzielten die Studenten, die sortierte Aufgaben geübt hatten, beim Abschlusstest allerdings nur zu 20 Prozent richtige Lösungen; diejenigen mit thematisch wechselnden Aufgaben hingegen zu 63 Prozent. Tatsächlich hatte das Mischen der Aufgabenstellungen – das am Ende eine um 215 Prozent bessere Leistung erbrachte – während der anfänglichen Arbeitsphase die Leistung beeinträchtigt.[4]

Stellen Sie sich nun bitte vor, Sie müssten den Beschäftigten einer Firma einen komplexen neuen Vorgang beibringen, der zehn Schritte umfasst. Üblicherweise beginnt man mit Schritt 1. Der wird so oft wiederholt, bis die Beschäftigten ihn in- und auswendig beherrschen. Dann geht man zu Schritt 2 über, wiederholt ihn viele Male, verinnerlicht diesen Schritt und so weiter. Auf diese Weise scheint es schnell voranzugehen. Wie könnte hier ein Themenwechsel aussehen? Nun, dabei üben Sie Schritt 1 ein paarmal, gehen dann zu Schritt 4 über, wechseln danach zu 3, dann zu 7 und so weiter. (In Kapitel 8 kommt ein Beispiel, wie die Versicherungsgruppe Farmers Insurance neue Vertreter mittels spiralförmig aufgebauter Übungen trainiert, bei denen Schlüsselkompetenzen nach einem scheinbaren

Zufallsprinzip mit jeder Wiederholung mehr Kontext und Bedeutung erhalten.)

Themenwechsel beim Lernen lässt das Lernen langsamer erscheinen als das wiederholte Üben ein- und derselben Sache. Lehrer wie Schüler spüren den Unterschied. Sie sehen selbst, dass sie jedes einzelne Element langsamer erfassen und dass der kompensierende Langzeitvorteil nicht so offensichtlich ist. Deshalb ist diese Lernmethode unbeliebt und wird nur selten eingesetzt. Lehrer lehnen sie ab, weil es sich so zäh anfühlt. Schüler reagieren irritiert, da sie in dem Moment, wo sie erahnen, wie sie mit dem neuen Stoff umgehen sollen, plötzlich noch mehr Neues lernen sollen, ohne den vorherigen Schritt zu beherrschen. Untersuchungen belegen jedoch eindeutig, dass Themenwechsel in der Übungsphase langfristig bessere und zuverlässigere Ergebnisse erzielt als gründliches Einüben gleich zu Beginn.

Wechselnde Anforderungen

Aber was war nun mit der Bohnensäckchen-Studie? Wieso schnitten ausgerechnet die Kinder am besten ab, die den Wurf aus 90 Zentimeter Abstand kein einziges Mal geübt hatten?

Bei der Bohnensäckchen-Studie ging es um die Meisterung motorischer Fähigkeiten, doch vieles deutet darauf hin, dass das Grundprinzip auch für das kognitive Lernen gilt. Die Grundthese lautet dabei, dass wechselnde Anforderungen – in diesem Fall das Zielen auf Eimer in unterschiedlicher Entfernung – es uns erleichtern, Erlerntes erfolgreich auf eine andere Situation zu übertragen. So wächst das Verständnis für die Zusammenhänge zwischen verschiedenen Ausgangsbedingungen und den Bewegungen, mit denen man diese erfolgreich meistern kann. Gleichzeitig versteht man den Kontext besser und entwickelt ein flexibleres Bewegungsrepertoire, also unterschiedliche Bewegungen für unterschiedliche Situationen. Ob das Variieren (hier: das Werfen aus 60 und 120 Zentimeter Abstand) auch die spätere Hauptaufgabe (den Treffer aus 90 Zentimeter Abstand) umfassen sollte, wurde noch nicht untersucht.

Unterstützt werden die Daten zugunsten wechselnder Anforderungen durch aktuelle Bildgebungsverfahren. Diese lassen vermuten, dass unterschiedliche Übungsansätze unterschiedliche Bereiche des Gehirns ansprechen. Motorische Fähigkeiten, die über wechselnde Übungen erlernt werden – was kognitiv eine größere Herausforderung darstellt als stures Wiederholen –, scheinen in einem Gehirnareal konsolidiert zu werden, das mit dem schwierigeren Prozess des Erlernens höherwertiger motorischer Fähigkeiten assoziiert ist. Das Einüben motorischer Fähigkeiten durch ständiges Wiederholen scheint hingegen ein anderes Hirnareal anzusprechen, das zum Erlernen kognitiv einfacherer, weniger schwieriger motorischer Fähigkeiten dient. Daraus lässt sich ableiten, dass Wissen, welches durch weniger schwieriges ständiges Wiederholen erlangt wurde, einfacher oder in schlichterer Form abgespeichert wird als Dinge, die wir uns über abwechslungsreiche, schwierigere

Übungen erarbeiten. Letzteres erfordert eine größere Gehirnleistung und speichert das Erlernte als flexibleres Bild, das sich wiederum breiter anwenden lässt.[5]

Bei Sportlern sind Wiederholungen die Regel: Im Basketball übt man den Korbleger, das Werfen aus sechs Meter Abstand, den Rückhandwurf und den Pass während des Angriffs wieder und wieder und wieder, bis die Bewegungen ins Muskelgedächtnis übergehen. So weit die Theorie. Doch allmählich erreicht die Erkenntnis, wie gut wechselnde Anforderungen das motorische Lernen unterstützen, auch die Allgemeinheit. Denken Sie auch an das Hockeyspiel. Ein Spieler nimmt den Puck an und leitet ihn mit nur einmaligem Kontakt an einen Kameraden weiter, um die Gegner aus dem Konzept zu bringen. Als Jamie Kompon Co-Trainer bei den Los Angeles Kings war, ließ er seine Mannschaft solche Pässe immer von derselben Feldposition aus üben. Selbst wenn man zwischendurch andere Bewegungsabfolgen übt, ist ein Ablauf, der immer an derselben Stelle beginnt, dasselbe, wie die Bohnensäckchen immer nur aus 90 Zentimeter Abstand zu werfen. Inzwischen kennt Kompon den Unterschied und hat sein Trainingskonzept angepasst. Nach unserem Gespräch wechselte er zu den Chicago Blackhawks. Ursprünglich wollten wir hier schreiben: »Behaltet die Blackhawks auf dem Schirm«, doch bei der letzten Revision vor Drucklegung hatte Kompons Mannschaft bereits den Stanley Cup gewonnen. Was möglicherweise kein Zufall ist.

Die Vorzüge wechselnder Anforderungen für das kognitive und nicht nur das motorische Lernen zeigten sich in einem neueren Experiment, das den Bohnensäckchentest auf verbales Lernen übertrug. In dieser Studie sollten Studenten Anagramme lösen, also aus Buchstabensalat Wörter bilden (zum Beispiel wird TMOKE zu KOMET). Einige Probanden übten immer wieder mit demselben Anagramm, während anderen verschiedene Anagramme vorgelegt wurden. Als man alle mit jenem Ausgangswort prüfte, das die erste Gruppe erhalten hatte, schnitt die zweite Gruppe besser ab! Dasselbe gilt auch für die Bestimmung von Bäumen, juristische Fallbeispiele oder das Erlernen eines neuen Computerprogramms.[6]

Unterscheiden lernen

Zeitversetztes Üben und Abwechslung haben im Vergleich zum sturen Pauken den Vorteil, dass wir dadurch besser lernen, wie man Kontext bewertet und zwischen einzelnen Problemen unterscheidet, um aus verschiedenen Möglichkeiten den passenden Lösungsweg auszuwählen und umzusetzen. Im Mathematikunterricht ist das Üben schon im Lehrbuch angelegt: Jedes Kapitel ist einer bestimmten Problemstellung gewidmet, die man im Unterricht erarbeitet und dann durch diverse Hausaufgaben übt, ehe zum nächsten Thema übergegangen wird. Im nächsten Kapitel geht es dann um eine andere Problemstellung. Auch hier konzentriert man sich nur auf dieses Problem und übt nun diesen Lösungsansatz. Und so verläuft der Unterricht das ganze Jahr. Erst in der Abschlussarbeit werden die Probleme alle gemischt – oh Schreck! Die Schüler starren eine Aufgabe nach der anderen an und fragen sich: *Welche Gleichung brauche ich hier?* Stand die in Kapitel 5, 6 oder 7? Wer immer nur stur beziehungsweise blockweise wiederholt hat, hat in diesem wichtigen Entscheidungsprozess keine Übung. Aber genauso läuft es normalerweise im Leben: Probleme und Chancen sind vielfach nicht vorhersehbar und stellen sich unvermittelt. Damit wir das Gelernte in der Praxis verwerten können, müssen wir auch lernen zu fragen: »Was ist das für ein Problem?« Nur so können wir eine geeignete Lösung auswählen und anwenden.

Dass die Unterscheidungsfähigkeit von wechselnden Anforderungen und Themenwechsel profitiert, wird durch etliche Studien gestützt. In einer davon ging es um die Fähigkeit, Bilder den richtigen Urhebern zuzuschreiben. Eine andere prüfte das Bestimmen und Klassifizieren von Vögeln.

Bei der Studie zu den Malstilen hatte die Ausgangsthese gelautet: Wer erst viele Bilder des einen Malers vorgelegt bekommt und dann viele Bilder des anderen (also jeweils konzentriertes Wiederholen nur eines Themas), könnte leichter erkennen, was für den jeweiligen Künstler typisch ist. Es sei also in der Lernphase hilfreicher, sich immer nur auf einen Künstler zu konzentrieren, als zwischendurch die Werke anderer Künstler gezeigt zu bekommen. Die Forscher gingen davon aus, dass abwechselndes Präsentieren zu schwierig und zu verwirrend wäre; die Studierenden könnten die relevanten Merkmale unmöglich erkennen. Das war ein Irrtum. Die *Gemeinsamkeiten* verschiedener Werke eines Urhebers, die bei intensiven Übungseinheiten erlernt wurden, erwiesen sich als weniger nützlich als die *Unterschiede* zwischen den Arbeiten verschiedener Maler, die abwechselnd gezeigt wurden. Themenwechsel bewirkte eine bessere Diskrimination und später ein besseres Abschneiden bei einem Test, in dem Werke ihren Urhebern zugeordnet werden sollten. Die Gruppe mit dem vielfältigeren Unterrichtsansatz konnte bisher nicht präsentierte Werke zudem leichter dem richtigen Urheber zuordnen. Trotz dieser Ergebnisse bevorzugten die Teilnehmer dieser Experimente ausdrücklich das intensive Üben nur eines Themas, weil sie davon überzeugt waren, dass es ihnen mehr helfen würde. Selbst als sie nach dem Test an der eigenen Leistung hätten ablesen können, dass Abwechseln die sinnvollere Lernstrategie darstellte, blieben sie bei der Überzeugung, dass es besser wäre, die Künstler nacheinander zu behandeln. Der Mythos des sturen Übens ist offenbar auch dann schwer auszutreiben, wenn man das Ergebnis schwarz auf weiß hat.[7]

Dass Themenwechsel beim Üben die Unterscheidungsfähigkeit stärkt, bestätigen auch Studien, in denen es um die Klassifizierung von Vögeln ging. Hier war die Herausforderung komplexer als auf den ersten Blick ersichtlich. In einer Studie bestand die Aufgabe darin, zwanzig verschiedene Vogelfamilien zu unterscheiden (wie Spottdrosseln, Drosseln, Schwalben oder Finken). Innerhalb jeder Familie waren die Teilnehmer mit einem Dutzend Arten konfrontiert (also zum Beispiel Wacholderdrossel, Rotdrossel, Singdrossel und so weiter). Um eine Vogelfamilie zu identifizieren, muss man diverse Merkmale einbeziehen, darunter Größe, Gefieder, Verhalten, Ort der Beobachtung, Schnabelform, Farbe der Iris und vieles mehr. Das Knifflige daran ist, dass die Mitglieder einer Familie viele Merkmale gemeinsam haben, aber eben nicht alle. Zum Beispiel haben viele (aber nicht alle) Spottdrosseln einen langen, leicht gekrümmten Schnabel. Es gibt Merkmale, die zwar *typisch* für eine Familie sind, aber keines, das bei *allen* Vertretern dieser Familie vorkommt und dadurch der eindeutigen Identifikation dienen könnte. Da die Klassifizierungsregeln sich nur auf solche charakteristischen Merkmale stützen und keine festen Definitionen geben können (die für jedes Mitglied zutreffen), geht es bei der Klassifizierung von Vögeln mehr um Lernkonzepte und Urteilsvermögen als um Auswendiglernen. Zum Erlernen der Grundkonzepte, welche die Arten und Familien verbinden oder voneinander abgrenzen, erwiesen sich Themenwechsel und wechselnde Anforderungen als sinnvoller als intensives Pauken.

Eine dieser Studien kam sinngemäß zu dem Ergebnis, dass Erinnern und Wiedererkennen auf »Faktenwissen« (oder deklarativem Wissen) beruhen, das gegenüber »konzeptuellem Wissen« als minderwertig gilt. Konzeptuelles Wissen erfordert ein Verständnis für die wechselseitigen Verbindungen bestimmter Grundelemente innerhalb einer größeren Struktur, dank derer sie zusammenwirken können. Für eine Klassifizierung benötigt man konzeptuelles Wissen. Dieser Logik nach wären Übungen, bei denen anhand von einzelnen Exemplaren Fakten ins Gedächtnis gerufen werden, die falsche Strategie, um allgemeine Merkmale zu erfassen, was für intellektuell anspruchsvollere Lösungen erforderlich wäre. Die Studien zur Vogelklassifizierung deuten auf das Gegenteil hin: Eine Lernstrategie, die das Identifizieren und Unterscheiden komplexer Merkmale ermöglicht (hier: die Ähnlichkeiten innerhalb einer Vogelfamilie), unterstützt das Erfassen von funktionellen und kontextbezogenen Unterschieden. Damit geht das Lernen über den reinen Wissenserwerb hinaus und wird übertragbar.[8]

Komplexe Aufgaben im Medizinstudium meistern

Der Unterschied zwischen abspulbarem Faktenwissen und tieferen Lernprozessen, die eine flexible Anwendung dieses Wissens gestatten, liegt nicht immer auf der Hand, doch Douglas Larsen von der Washington University Medical School in St. Louis hält ihn für einleuchtend. In seinen Augen sind für eine medizinische Diagnose ähnliche Fähigkeiten erforderlich wie für die Vogelbestimmung. »Variationen sind wichtig, weil wir damit mehr Nuancen erkennen, die wir zum Abgleich heranziehen können«, sagt er. »In der Medizin kommt das ständig vor, denn im Grunde genommen ist jede Diagnose ein Test. Die Fähigkeit, Symptome und ihre wechselseitigen Verflechtungen richtig zu erkennen, spricht vielschichtige explizite und implizite Gedächtnisinhalte an.« Implizites Wissen ist der automatische Zugriff auf frühere Erfahrungen beim Interpretieren einer neuen Situation. Nehmen wir an, die Patientin kommt herein und erzählt Ihnen eine Geschichte. Beim Zuhören gehen Sie bewusst Ihr abgespeichertes Wissen durch, um zu prüfen, was davon passt. Gleichzeitig zapfen Sie unbewusst auch Ihren Erfahrungsschatz an, um besser zu interpretieren, was

Sie gerade hören. »Und gleich danach werden Sie an ein Krankenbett gerufen«, sagt Larsen.[9]

Larsen ist Kinderneurologe und betreut seine kleinen Patienten in der Universitätssprechstunde und in der Klinik. Er hat viel zu tun: Neben seiner ärztlichen Tätigkeit überwacht er auch die Arbeit der Assistenzärzte, unterrichtet, und wenn es seine Zeit zulässt, führt er in Zusammenarbeit mit Kognitionspsychologen Untersuchungen zur Medizinerausbildung durch. Jede dieser Rollen lässt er in die Verbesserung der Ausbildung zum Kinderneurologen einfließen.

Wie zu erwarten, verfügt seine Universität über eine Vielzahl an Ausbildungsmethoden. Die Studenten lernen nicht nur in Seminaren und im Labor, sondern sie trainieren auch in drei Simulationszentren an High-Tech-Puppen Wiederbelebungstechniken und andere Verfahren. Jeder »Patient« ist mit Monitoren verkabelt, hat einen Herzschlag, Blutdruck, Pupillen, die sich erweitern und zusammenziehen, und kann – dank einer Person im Hintergrund, welche die Situation beobachtet und die Puppe steuert – zuhören und sprechen. Außerdem beschäftigt die Universität Schauspieler als »Standardpatienten«, die bestimmte Geschichten und Symptome präsentieren, anhand derer die Diagnose gestellt werden kann. Das Ausbildungszentrum gleicht einer normalen Klinik, und die Studenten müssen jeden Aspekt des Patientenkontakts beherrschen, vom Verhalten im Krankenzimmer oder Untersuchungsraum über die körperliche Untersuchung bis hin zum korrekten Abfragen, der Diagnosefindung und der passenden Behandlung.

Aus Studien zu diesen Lehrmethoden hat Larsen interessante Schlussfolgerungen gezogen. Die erste scheint auf der Hand zu liegen: Wer in der Ausbildung bereits gelernt hat, wie er mit Patienten klinisch richtig umgehen muss, schneidet bei einem späteren Praxistest besser ab. Nur Fallbeispiele zu lesen reicht nicht aus. Im Abschlussexamen erzielen Medizinstudenten, die Patienten untersucht haben, und solche, die über schriftliche Tests gelernt haben, gleich gute Ergebnisse. Das liegt daran, dass bei schriftlichen Arbeiten bestimmte Strukturen vorgegeben sind und spezielle Informationen abgefragt werden. Bei der Untersuchung der eigenen Patienten muss man hingegen selbstständig das passende mentale Modell und die dann folgenden Schritte wählen. Das Üben dieser Schritte an echten oder simulierten Patienten verbessert im Vergleich zum reinen Lesen die eigene Leistung. Das heißt, die effektivste Abrufform ist diejenige, die aufzeigt, was man später mit dem eigenen Wissen anstellt. Wie gut das Wissen später einsetzbar ist, hängt nicht nur davon ab, was wir abspeichern, sondern auch davon, wie wir den Wissensabruf üben. Im Sport sagt man hierzu gern: »Wenn du übst, wie du spielst, wirst du später spielen, wie du geübt hast.« Diese Schlussfolgerung entspricht anderen Ergebnissen der Lernforschung und bestimmten, ausgeklügelten Ausbildungsprogrammen aus Wissenschaft und Technik, darunter dem zunehmenden Einsatz von Simulatoren, an denen inzwischen nicht nur Piloten und Mediziner geschult werden, sondern auch Polizisten, Schlepperkapitäne und viele andere, die in Bereichen, wo viel auf dem Spiel steht, komplexe Kenntnisse und Fähigkeiten meistern sollen. Theoretisches Wissen reicht in solchen Fällen nicht aus; gefordert ist die praktische Erfahrung.

Zweitens ist es im Medizinstudium zwar wichtig, ein breites Wissen aufzubauen, indem man unterschiedlichen Patienten mit verschiedenen Erkrankungen begegnet, doch ein zu starkes Augenmerk auf Unterschiedlichkeit beinhaltet das Risiko, zu selten die Grundlagen zu wiederholen, also wie sich eine bestimmte Erkrankung bei den meisten Patienten typischerweise äußert.

»Es gibt bestimmte Krankheitsbilder, die man sehr gut kennen sollte«, betont Larsen. »Deshalb flechten wir diese Standardpatienten immer wieder ein und prüfen die ärztliche Leistung, bis sie wirklich sitzt und die Kandidaten demonstrieren können: ›Das kann ich richtig gut.‹ Es geht also nicht um Entweder-Oder, um Sonderfälle im Gegensatz zu Standarderkrankungen. Wir müssen sicherstellen, dass wir Ärzte unsere Standards kennen, und uns zugleich bewusst machen, dass wir hin und wieder in die Falle des ›Kenne ich!‹ tappen, in das Gefühl: ›Jetzt habe ich schon so viele Patienten mit diesem Problem gesehen, dass ich das nicht mehr üben muss.‹ Denn auf lange Sicht bleiben Fähigkeiten nur erhalten, wenn wir sie immer wieder üben, und das ist ein wichtiger Ausbildungsaspekt.«

Ein dritter entscheidender Punkt ist die praktische Erfahrung. Im Patientenkontakt üben Ärzte ihre Fähigkeiten ganz automatisch zeitlich versetzt, mit Themenwechsel und mit Varianten. »In der Medizin kommt dem Lernen durch Erfahrung ein hoher Wert zu. Deshalb holen wir unsere Studenten schon nach den ersten zwei Jahren aus der Theorieausbildung und setzen sie klinischen Erfahrungen aus. Das zentrale Thema dabei ist die Verzahnung von Theorie und Praxis. Schließlich machen wir viele Erfahrungen, aus denen wir nichts lernen. Was unterscheidet sie von denen, die uns etwas lehren?«

Zu den Übungen, die uns helfen, aus unseren Erfahrungen zu lernen, gehört das bewusste Reflektieren, das der Neurochirurg Mike Ebersold in Kapitel 2 schildert. Manche Menschen setzen stärker auf Reflexion als andere. Darum hat Doug Larsen seine Forschungen erweitert, und zwar um die Frage, wie man Reflexion als integralen Bestandteil der Ausbildung strukturieren könnte, damit angehende Mediziner daraus eine Gewohnheit machen. Er experimentiert mit Vorgaben für seine Studenten, tägliche oder wöchentliche Tätigkeitsberichte zu verfassen: Was haben sie getan, was ist dabei herausgekommen, was könnten sie beim nächsten Mal anders machen, um bessere Ergebnisse zu erzielen? Dabei vertritt er die These, dass tägliche Reflexion als eine Form des zeitversetzten Abrufens für die praktische Ausübung der Medizin vermutlich ebenso wichtig ist wie Abfragen und Tests beim Kompetenzerwerb im Studium.

Und was ist mit Seminaren oder den üblichen Fortbildungskursen, bei denen innerhalb weniger Tage konzentriertes Wissen vermittelt wird? Larsen schätzt, dass seine Ärzte in der praktischen Ausbildungsphase etwa zehn Prozent ihrer Zeit Vorträgen lauschen. Mal geht es dabei um Stoffwechselerkrankungen, mal um bestimmte Infektionskrankheiten, mal um bestimmte Medikamente. Dazu werden diverse PowerPoint-Folien gezeigt und erklärt, die Ärzte bekommen ein Mittagessen, hören zu und gehen.

»Wenn man bedenkt, wie viel danach in Vergessenheit gerät, finde ich es sehr entmutigend, dass wir so viel in eine Vorgehensweise investieren, die in ihrer gegenwärtigen Form gemäß den Erkenntnissen der Lernforschung derart ineffektiv ist. Unsere angehenden Ärzte besuchen diese Konferenzen, ohne dass auf das Wissen anschließend noch einmal zugegriffen wird. Ob sie eines Tages einem Patienten begegnen, dessen Problem etwas mit dem Vortragsthema zu tun hat, ist letztlich reiner Zufall. Ansonsten wird dieser Stoff nie mehr wiederholt und niemals getestet. Sie hören lediglich zu und ziehen dann ab.«

Larsen hätte gern zumindest einen winzigen Ansatz, um die Vergessenskurve zu unterbrechen, zum Beispiel ein Quiz am Ende des Tages und später noch einen zeitlich versetzten Übungstest. »Lernkontrollen sollten Bestandteil des Curriculums sein. Immer. Einmal die Woche bekommt jeder seine zehn Fragen per E-Mail, und die sind abzuarbeiten.«

Ihn beschäftigt die Frage: »Wie können wir Ausbildung und Praxiseinheiten so gestalten, dass wir dem Vergessen vorbeugen oder es zumindest unterbrechen? Wie sorgen wir dafür, dass beides im gesamten Studium systematisch das unterstützt, was wir erreichen wollen? Momentan bestehen für den praktischen Teil der Ausbildung lediglich Vorschriften im Sinne von: Das und das ist zu behandeln, dazu die Konferenzen, und fertig. Wir veranstalten diese großen Konferenzen, bei denen die ganze Fakultät zusammenkommt und Vorträge hält. Aber was wir damit erreichen, ist letztlich verflixt wenig.«[10]

Diese Prinzipien lassen sich gut verallgemeinern

Auf der Suche nach sinnvollen Lehrmethoden denkt man spontan nicht unbedingt an Football, und dennoch erwies sich ein Gespräch mit Vince Dooley, einem Football-Trainer am College der University of Georgia, als sehr aufschlussreich.

Dooley hat zu seinen Trainingsmethoden klare Ansichten. Als Cheftrainer der Bulldogs konnte er seiner Mannschaft von 1964 bis 1988 zu 201 Siegen verhelfen – bei nur 77 Niederlagen und zehn unentschiedenen Spielen. Sie gewannen sechs Meisterschaften und wurden einmal sogar Nationalmeister. Anschließend wurde er Sportdirektor der Universität und baute eine der beeindruckendsten Talentschmieden des Landes auf.

Wir fragten Dooley, wie seine Spieler alle Feinheiten des komplexen Spiels erlernen. Seine Coaching- und Trainingsansätze nutzen den wöchentlichen Rhythmus von einem Samstagsspiel zum nächsten. In diesem kurzen Zeitraum gibt es viel zu lernen: Im Theorieunterricht wird die Spielweise des Gegners untersucht, man diskutiert entsprechende Offensiv- und Defensivstrategien, dann werden die Ergebnisse auf dem Spielfeld umgesetzt und dort auf die Bewegungsabläufe der einzelnen Positionen heruntergebrochen. Diese werden getestet, dann setzt man die Einzelteile wieder zu einem Gesamtbild zusammen und übt das Zusammenspiel, bis es wie ein Uhrwerk läuft.

Parallel dazu müssen die Spieler ihre Grundfertigkeiten auf Topniveau halten: Blocken, Tacklen, Fangen, den Ball ins

Spiel bringen, den Ball tragen. Dooley ist davon überzeugt, dass man einerseits zwischendurch immer wieder die Grundtechniken üben muss, um auf Zack zu bleiben, sonst sei man geliefert, andererseits jedoch beim Training viel Abwechslung braucht, denn zu viel Wiederholung sei langweilig. Die Positionscoaches arbeiten mit den individuellen Spielern an bestimmten Techniken und daran, wie sie sich im Training optimal in die Mannschaft einbringen.

Was noch? Nun, zum Beispiel das Kicking Game üben. Oder die Beherrschung der Laufrouten aus dem Playbook. Und dann sind da noch die speziellen Spielzüge aus dem Mannschaftsrepertoire, die häufig über Sieg oder Niederlage entscheiden. Diese Spielzüge sind typische Beispiele für das zeitlich versetzte Lernen: Sie werden nur donnerstags geübt, also nur einmal pro Woche, und nicht immer in derselben Reihenfolge.

Bei so vielen Aufgaben überrascht es kaum, dass ein Team nur mit einem maßgeschneiderten Plan für das tägliche und wöchentliche Training, bei dem sich individuelle Trainingseinheiten und Mannschaftstraining abwechseln, erfolgreich sein kann. Das tägliche Training beginnt grundsätzlich mit Standardübungen für die jeweilige Spielerposition. Danach trainieren die Spieler in kleinen Gruppen Spielzüge, die unterschiedliche Positionen einbeziehen. Diese Einheiten werden allmählich zusammengezogen, bis die gesamte Mannschaft einbezogen ist. Das Spiel gewinnt an Fahrt, wird wieder langsamer und sowohl geistig als auch körperlich geübt. Mitte der Woche erfolgen Spiele in Echtzeit, bei vollem Tempo.

»Du gehst schnell rein, und du musst schnell reagieren«,

sagt Dooley. »Aber wenn das entscheidende Spiel näher rückt, schaltet man wieder einen Gang zurück. Jetzt geht es eher um Üben ohne Körperkontakt. Das Spiel beginnt im Grunde immer gleich, doch dann verändert es sich durch das Vorgehen des Gegners. Daran muss man sich anpassen können. Man kommt also in Gang und sagt: ›Wenn sie so reagieren, mache ich das und das.‹ Solche Varianten werden trainiert. Wenn man das oft genug in unterschiedlichen Situationen geübt hat, kann man mit so ziemlich allem umgehen, was später auf dem Feld passiert.«[11]

Und wie verinnerlicht ein Spieler sein Playbook? Er nimmt es mit nach Hause und stellt sich die Situationen genau vor. So kann er sie schrittweise durchgehen. Das Training dürfe nicht nur die körperliche Leistung ansprechen, sonst überanstrenge man sich womöglich, sagt Dooley. »Ob man im Spiel erst hierhin und dann dorthin läuft, kann man auch rein geistig trainieren und dabei allenfalls den Körper in die passende Richtung lehnen. Wenn dann etwas geschieht, worauf man sich einstellen muss, passiert auch das mental. Schon durch das Lesen und Imaginieren des Playbooks kann man das Geschehen simulieren. Vielleicht geht man dabei auch ein, zwei Schritte. Diese Form der Wiederholung ergänzt, was im Unterricht und auf dem Feld abläuft.«

Samstag früh erfolgt das Abschlusstreffen mit dem Quarterback, bei dem der Spielplan erneut wiederholt und durchgesprochen wird. Die Offensiv-Coaches können für das imaginäre Spiel so viele Pläne machen, wie sie wollen, doch wenn das Spiel erst einmal läuft, liegt die Ausführung in der Hand des Quarterbacks.

Damit bezieht Coach Dooleys Team alle Elemente ein: bewusstes Abrufen, zeitlich versetztes Üben, nicht zu lange dasselbe trainieren, wechselnde Anforderungen, Reflexion und Elaboration. Ein erfahrener Quarterback, der am Samstag das Feld betritt (und dabei innerlich Spielstrategien, Reaktionen und mögliche Anpassungen durchgeht), tut letztlich dasselbe wie ein erfahrener Neurochirurg, der überlegt, wie die anstehende Operation ablaufen könnte.

Fazit

Fassen wir noch einmal zusammen, was wir derzeit über intensives Pauken und die Alternativen dazu wissen. Die Wissenschaft wird diesen Kenntnisstand zweifellos weiter ausbauen.

Tief in uns verwurzelt ist die Überzeugung, dass wir besser lernen, wenn wir uns auf genau eine Sache konzentrieren und diese stur wiederholen, und diese Einstellung wird regelmäßig durch die erkennbaren Fortschritte untermauert, die sich durch klassisches »Üben, Üben, Üben« einstellen. Wissenschaftler bezeichnen die Leistungssteigerung beim Einüben einer neuen Fertigkeit als »momentane Stärke« und stellen ihr die »grundsätzliche Gewohnheitsstärke« gegenüber. Die Techniken, auf denen die Gewohnheitsstärke fußt – zeitlich versetztes, abwechslungsreiches Training zu unterschiedlichen Themen –, verlangsamen die erkennbaren Fortschritte und lassen uns beim Üben nicht die nötige Verbesserung erkennen, die uns motiviert und anspornt.[12]

Intensives Büffeln oder *Einhämmern* wird gern als Bulimie-Lernen bezeichnet. Ähnlich wie bei einer Fressattacke nimmt man kurzfristig eine Menge Wissen auf, aber das Meiste wird schnell wieder ausgespuckt. Schon wenn sich Theorie und Praxis abwechseln und zwischen den jeweiligen Einheiten etwas Zeit verstreichen darf, festigt dies das Gelernte und das Gedächtnis und baut so Gewohnheitsstärke auf.

Und wie lang sollte so ein Intervall sein? Ganz einfach: So lang, dass das Üben nicht zur gedankenlosen Wiederholung wird. Es muss mindestens so viel Zeit vergehen, dass das Vergessen bereits einsetzt. Zwischen den Übungseinheiten ein wenig zu vergessen kann günstig sein, wenn es anschließend zu mehr Anstrengung beim Üben führt. Allerdings darf man noch nicht so viel vergessen haben, dass man praktisch noch mal von vorne anfangen muss. In den Zeitspannen zwischen den Übungseinheiten kann sich das Gedächtnis konsolidieren. Bei diesem Vorgang scheint unser Schlaf eine wichtige Rolle zu spielen. Es kann also sinnvoll sein, jeweils mindestens einen Tag Pause zu machen.

Karteikarten sind ein gutes Beispiel für *zeitlich versetztes Üben*. Zwischen den Wiederholungen der einzelnen Karte arbeitet man viele andere durch. Hierfür entwickelte der deutsche Publizist Sebastian Leitner das System der klassischen Lernkartei mit einem Karteikasten mit vier Fächern. Ins erste Fach kommt das Lernmaterial (ob Noten, Hockeyspielzüge oder die Spanisch-Vokabeln), das häufig geübt werden muss, weil man dabei häufig Fehler macht. In das zweite Fach kommen die Karten, die man schon ziemlich gut beherrscht. Dieses Fach muss nicht so oft geübt werden wie das erste – vielleicht halb so oft. Die Karten im dritten Fach werden wiederum seltener geübt als die im zweiten und so weiter. Wenn man eine Frage falsch beantwortet, eine Tonfolge nicht mehr beherrscht oder den falschen Pass wählt, wandert dieser Teil in das nächste, häufiger geübte Fach zurück. Dahinter steckt die schlichte Regel: *Je besser du etwas kannst, desto seltener musst du es üben.* Was man langfristig immer wieder braucht, darf jedoch *nie ganz aus dem Blick geraten.*

Vorsicht vor der *Vertrautheitsfalle*, also dem Gefühl, dass man etwas kennt und deshalb nicht mehr üben muss. Derartige Vertrautheit kann einem beim Selbstabfragen einen Streich spielen, wenn man Abkürzungen gewählt hat. Um mit Doug Larsen zu sprechen: »Man muss die Disziplin besitzen, sich zu sagen: ›So, jetzt bete ich mir das alles noch einmal vor, und wenn ich das nicht schaffe, prüfe ich: Was habe ich übersehen und wieso wusste ich das nicht?‹ Ob in der Schule oder bei einem Quiz: Plötzlich musst du dich stellen, es besteht eine Erwartungshaltung, du kannst nicht mogeln, du kannst nicht ausweichen, du musst da einfach durch.«

Die neun Tests, die Andy Sobel bei seinen 26 Kursterminen in Wirtschaftspolitik ansetzt, sind ein einfaches Beispiel für zeitlich versetztes Üben und Themenwechsel, weil er in jeden späteren Test auch Fragen einbaut, die zu Beginn des Semesters behandelt wurden.

Themenwechsel beim Üben (zwischen zwei oder mehr Themen) ist zugleich eine weitere Form zeitlich versetzter Wiederholung. Thematische Abwechslung kann zudem die grundsätzliche *Diskriminationsfähigkeit* zwischen unterschiedlichen Problemstellungen fördern und dazu beitragen, dass man aus dem wachsenden eigenen Werkzeugkasten jeweils das richtige Instrument auswählt.

Beim Wechsel zwischen zwei Themen bewegt man sich nicht von einem kompletten Lösungsansatz zum nächsten. *Das Umschalten erfolgt, bevor ein Ansatz fertig geübt ist.* Ein Freund von uns beschrieb diese Erfahrung mit eigenen Worten: »Wenn ich zum Hockey gehe, lernen wir Skaten, den Umgang mit dem Puck und Schießen. Ich merke, dass es mich frustriert, wenn wir ein bisschen skaten, und gerade wenn ich merke, dass ich besser werde, folgt die Handhabung des Schlägers, und am Ende gehe ich frustriert nach Hause und frage mich, warum wir nicht einfach mal so lange üben dürfen, bis wir den Bogen raus haben.« Dabei hat er einen Trainer erwischt, dem bewusst ist, dass es effektiver ist, jeweils verschiedene Techniken zu üben als immer nur eine. Ein Sportler reagiert zunächst frustriert, weil der Lernerfolg auszubleiben scheint, doch in der Folgewoche ist man in jeder Hinsicht besser und langfristig auch erfolgreicher, als wenn man sich in jeder Einheit nur eine Fertigkeit vornimmt.

Wie das Umschalten auf ein anderes Thema helfen auch *wechselnde Anforderungen* beim Aufbau eines breiteren Schemas und damit der Fähigkeit, veränderte Bedingungen richtig einzuschätzen und die eigenen Reaktionen daran anzupassen. Vermutlich tragen Themenwechsel und Variationen beim Üben dazu bei, dass man etwas nicht nur auswendig lernt, sondern auf konzeptuelles Lernen und Anwendung überträgt, also auf ein höheres Lernniveau. Dieses besser abgerundete, tiefere und dauerhafte Lernen zeigt sich bei motorischen Fähigkeiten in Form der Gewohnheitsstärke.

Das sogenannte *»Zirkeltraining« wird leicht mit wechselnden Anforderungen verwechselt.* Es ähnelt der altmodischen Langspielplatte, die ihre Songs immer in derselben Reihenfolge abspielte, und taucht insbesondere im Sport auf, wo ein bestimmtes Training immer nach dem gleichen Schema abläuft. Die Spieler wechseln von einer Station zur nächsten und führen jeweils unterschiedliche Manöver durch. Auf diese Weise übten die LA Kings ihren One-Touch-Pass, bis sie sich eines Besseren besannen und mehr Abwechslung bevorzugten. Zirkeltraining ist, als ob man Karteikarten immer in derselben Reihenfolge übt. Man muss sie jedoch zwischendurch mischen. Wenn man eine Fähigkeit immer auf dieselbe Weise übt, an derselben Stelle auf dem Eis oder Feld, im Rahmen desselben mathematischen Problems oder im Flugsimulator innerhalb eines bestimmten Ablaufs, fehlt dem Lernerlebnis die Würze der Abwechslung.

Lernpausen, Themenwechsel und Variationen sind *natürliche Merkmale* unseres Lebens. Jede Visite und jedes Football-Spiel ist ein Test und trainiert das aktive Abrufen. Für eine Polizistin ist jede normale Verkehrskontrolle ein Test. Und jede Verkehrskontrolle verläuft anders, ergänzt das explizite und implizite Gedächtnis und ermöglicht in Zukunft eine noch effektivere Vorgehensweise. Gemeinhin wird das so aufgebaute Verhaltensrepertoire als »erfahrungsbasiertes Lernen« bezeichnet. Manche Menschen scheinen lernresistent zu sein. Der Unterschied zwischen denen, die lernfähig sind, und denen, die es offenbar nicht sind, könnte darauf beruhen, dass die einen ihr Vorgehen gewohnheitsmäßig reflektieren und die anderen nicht. Reflexion ist eine *Form des aktiven Wiederholens* (Was ist passiert? Was habe ich getan? Was ist dabei herausgekommen?), die durch Elaboration ergänzt wird (Was würde ich nächstes Mal anders machen?).

Wie Douglas Larsen uns erinnert, sind die neuronalen Verbindungen im Gehirn sehr veränderlich. »Entscheidend ist offenbar die Gehirnbeteiligung: Komplexere Netzwerke anlegen und diese Schaltungen immer wieder aktivieren, damit sie robuster werden.«

IV.

An Schwierigkeiten wachsen

Als die 23-jährige Mia Blundetto, First Lieutenant im amerikanischen Marine Corps, der Logistik in Okinawa zugeteilt wurde, brauchte sie dafür einen Fallschirmspringerlehrgang. Zwei Jahre später erinnert sie sich lebhaft an diesen Moment: »Ich hasse Fallen. Ich hasse dieses Gefühl in der Brust. Ich hatte mir nie gewünscht, aus einem Flugzeug zu springen. Bis zum Ende der Grundschule bin ich nicht mal eine Wasserrutsche hinuntergerutscht. Aber ich befehligte ein Platoon Marines, die Fallschirme anlegten, aus Flugzeugen sprangen und Fracht absetzten. Das ist eine der begehrtesten Positionen als Logistikoffizier. Tja, und dann heißt es: ›Sie übernehmen die Leitung des Air Delivery Platoons. Wenn Sie das nicht wollen, setze ich Sie an anderer Stelle ein, und der Job geht an den Nächsten in der Reihe.‹ Ich konnte eine derart umkämpfte Position unmöglich jemand anders überlassen. Also sah ich ihm ins Gesicht und sagte: ›Ja, Sir, ich werde aus Flugzeugen springen.‹«[1]

Mia ist zierlich, blond und brennt vor Ehrgeiz. Ihr Vater Frank, ein ehemaliger Marine, ist von ihr beeindruckt. »Sie schafft mehr Klimmzüge als die meisten Männer ihrer Einheit. In Maryland State hält sie den Rekord im Bankdrücken und bei der NCAA war sie Sechste im Powerlifting. Ein Mensch der leisen Töne, den man leicht unterschätzt.« Als wir mit Mia unter vier Augen waren, fragten wir, ob Frank uns hochnehmen wolle. Sie lachte nur. »Er übertreibt gern.« Doch auf Nachfrage gab sie zu, dass er recht hätte. Bis vor kurzem reichten für Frauen bei den Marines halbe Klimmzüge statt der vollen Leistung (bei der das Kinn die Ebene der Klimmzugstange übersteigen muss), doch die seit 2014 geltenden, verschärften Regeln verlangen mindestens drei Klimmzüge, dasselbe Minimum wie bei den Männern. Das Ziel sind acht Klimmzüge für Frauen, zwanzig für Männer. Mia schafft dreizehn und peilt zwanzig an. An der Marineakademie qualifizierte sie sich zwei Jahre in Folge für die nationale Meisterschaft im Powerlifting – je drei Sätze Bankdrücken, Kniebeugen und Kreuzheben – und stellte damit einen neuen Rekord auf.

Sie ist also nicht zu unterschätzen. Eine Abwehr gegen das Fallen ist eine instinktive Selbsterhaltungsreaktion, doch ihre Entscheidung, diese Position anzunehmen, war unausweichlich. Für diesen Schneid sind die Marines und die Blundettos bekannt. Mia hat eine Schwester und zwei Brüder. Alle stehen im aktiven Dienst bei den Marines.

Und als Mia sich zum dritten Mal in 1250 Fuß Flughöhe aus einer C130 wirft, landet sie im bereits geöffneten Fallschirm eines Kameraden. Aber wir greifen vor.

Was uns interessiert, ist ihre Ausbildung an der Fallschirmspringerschule, denn die ist ein hervorragendes Beispiel dafür, wie bestimmte Schwierigkeiten, die uns mehr abverlangen und den Lernprozess verlangsamen – zeitlich versetztes Üben, Themenwechsel, Variationen beim Üben und anderes –, das Gelernte besser, präziser und anhaltender festigen und die Mühe daher mehr als wettmachen. Daher werden kurzfristige Hindernisse, die uns intensiver lernen lassen, inzwischen als *wünschenswerte Erschwernisse* bezeichnet, ein Terminus, den die Psychologen Elizabeth und Robert Bjork geprägt haben.[2]

Die Fallschirmspringerschule der Army in Fort Benning, Georgia, hat dafür zu sorgen, dass die Soldaten es richtig machen und ihren Job erledigen. Dafür setzt sie auf Lernen durch wünschenswerte Erschwernisse. Man darf kein Notizbuch mitführen und nichts aufschreiben. Hier heißt es Zuhören, Zusehen, Üben, Ausführen. Die Fallschirmspringerschule ist ein Ort, an dem Tests als wichtigste Lernmethode gelten, und in diesem Fall ist der Test der Sprung. Und wie beim Militär üblich, ist das Verfahren eisern: Mach es richtig, oder du bist raus.

Beim Landefall rollt man beim Auftreffen auf dem Boden seitlich ab, um den Aufprall über die Fußballen und eine ganze Körperseite (Unter- und Oberschenkel, Hüfte und Flanke) zu verteilen. Je nach aktuellen Umständen wie Anflugrichtung, Gelände, Wind oder Oszillationen beim Landeanflug lässt sich der Landefall über die Körperlänge in sechs verschiedenen Richtungen ausführen. Diese elementare Abrolltechnik wird zunächst in einer Kiesgrube erklärt und vorgeführt. Dann sind die Teilnehmer selbst an der Reihe: Sie üben das Fallen entlang verschiedener Körperachsen, bekommen ihr Feedback und üben weiter.

Im Verlauf der Woche steigt der Schwierigkeitsgrad schrittweise an. Die Auszubildenden stehen auf einer 60 Zentimeter hohen Mauer. Beim Befehl »Fertig« richten sie sich auf die Zehenspitzen auf, drücken Füße und Knie aneinander und heben die Arme zum Himmel. Beim Befehl »Landung« springen sie los und führen den Landefall aus.

Aber es wird noch schwieriger. Im nächsten Schritt haken sich die Soldaten in dreieinhalb Meter Höhe in eine Seilrutsche ein, umfassen einen darüber hängenden T-Griff und schweben damit dem Landeplatz entgegen. Dort lassen sie auf Kommando los und rollen ab. Sie üben das Fallen nach rechts und links, nach vorn und hinten, wild durcheinander.

Danach wird die Schwierigkeit erneut erhöht. Diesmal geht es auf eine dreieinhalb Meter hohe Plattform. In dieser Höhe üben sie, das Gurtzeug anzulegen und nach dem Buddy-System gegenseitig die Ausrüstung zu überprüfen, und springen zum Schluss durch eine symbolische Flugzeugtür. Das Gurtzeug hat bereits Haupttragegurte wie bei einem Fallschirm und wird so in die Seilrutsche eingehakt, dass ein langes, bogenförmiges Absinken möglich wird. So entsteht kurzfristig das Gefühl des freien Falls, dem während des Rutschens die Schwingungen beim Schweben folgen, damit man sich mit den Bewegungsabläufen des echten Sprungs vertraut machen kann. Unten ist es jedoch der Ausbilder, nicht der Soldat, der ausklinkt und den Fall über die letzten 60 bis 90 Zentimeter einleitet. Damit erfolgt der

Landefall unvermittelt und aus allen Richtungen. Das simuliert eher, womit zu rechnen ist.

Danach geht es auf einen elf Meter hohen Turm, um alle Elemente des Sprungs sowie das schnelle Verlassen des Flugzeugs als Gruppe zu üben. Hier geht es um die Erfahrung, wie es sich anfühlt, aus der Höhe zu fallen, was bei Fehlfunktionen der Ausrüstung zu tun ist und wie der Sprung mit schwerer Kampfausrüstung funktioniert.

Mittels Vorführung und Simulation sind zunehmend schwierigere Aufgaben zu meistern, um jeweils die nächste Stufe zu erreichen und schließlich als Teil der Fallschirmcrew das Flugzeug zu besteigen und zu üben, wie dreißig Mann sich für den Massensprung über der Landezone bereithalten. Denn am Ende geht es um alles: Korrekt aus der Schwungtür springen, auf eintausend, zweitausend, dreitausend, viertausend zählen, spüren, wie sich der Schirm öffnet, oder bei sechstausend an der Leine für den Reservefallschirm ziehen, mit verdrehten Leinen umgehen, Kollisionen vermeiden, in den Wind lenken, eine verhedderte Steuerleine entwirren, bei anderen Springern keinen Strömungsabriss erzeugen, sich zu helfen wissen, wenn Bäume, Wasser oder Stromleitungen die Landung behindern, Springen bei Tag und Nacht, bei unterschiedlichen Wetterlagen und Windverhältnissen.

Theoretisch wie praktisch gibt es jede Menge zu lernen, und das Üben erfolgt automatisch zeitversetzt und zu unterschiedlichen Themen, während man wartet, bis man selbst an der Reihe ist, ob im simulierten Flugzeug, auf den Plattformen oder beim Anlegen der Ausrüstung. Auf diese Weise werden die diversen Pflichtbestandteile des Trainings alle gemeistert und integriert. Wer in der dritten Woche noch dabei ist, springt am Ende tatsächlich fünfmal aus einer militärischen Transportmaschine. Nach erfolgreichem Abschluss des Lehrgangs und fünf erfolgreichen Sprüngen hat man sich seine Position und das Airborne-Zertifikat verdient.

Bei Mias drittem Sprung stand sie als Erste an der Schwungtür, hinter ihr vierzehn weitere Springer, und hinter dem Mann an der gegenüberliegenden Tür warteten ebenfalls vierzehn andere. »Der Erste – in diesem Fall ich – gibt also dem Sergeant Airborne seine Reißleine. Dann kommt ein Licht, das ist rot oder grün, und du bekommst die Eine-Minute-Warnung, dann die Dreißig-Sekunden-Warnung. Ich stehe ein paar Minuten an dieser Tür, und es ist wunderschön. Es war bestimmt einer der schönsten Ausblicke meines Lebens, aber ich hatte auch schreckliche Angst. Jetzt konnte nichts mehr dazwischenkommen, und ich musste an nichts mehr denken, nur warten. Warten auf mein Kommando. Der Mann auf der anderen Seite springt, dann ich, und ich zähle, eintausend, zweitausend – und plötzlich, bei viertausend, stecke ich in einem grünen Fallschirm. Ich denke noch, das kann unmöglich meiner sein. Ich hatte gespürt, wie mein Schirm sich öffnete, ich hatte seine Kraft gefühlt. Da wurde mir klar, dass ich auf dem ersten Springer saß, also bin ich irgendwie aus seinem Schirm herausgeschwommen und habe von ihm weggelenkt.«

Fallschirmspringer springen gestaffelt ab, doch in den vier turbulenten Sekunden, bis sich der Schirm öffnet, ist einem nicht bewusst, wie nah man anderen Springern ist, und kann dies auch nicht beeinflussen. Dennoch ist dieser

Zwischenfall, der dank ihres Trainings letztlich folgenlos blieb, aufschlussreich. War sie in Panik geraten? Keineswegs, sagte sie. Mia war auf alles vorbereitet, und dieses Selbstvertrauen ließ sie kaltblütig »irgendwie aus seinem Schirm herausschwimmen«.

Auf das eigene Wissen zu vertrauen, ist das eine; es gekonnt *anzuwenden* ist etwas anderes. Testen ist nicht nur eine wirksame Lernstrategie, sondern auch ein ausgezeichneter Abgleich zwischen Selbsteinschätzung und Realität. Wenn Selbstvertrauen auf wiederholten Leistungen in realitätsnahen Simulationen beruht, kann man sich darauf verlassen. Angesichts der offenen Tür könne immer wieder Angst hochkommen, doch sobald sie gesprungen sei, löse sich jegliche Furcht in Luft auf, sagt Mia.

Wie wir lernen

Um besser zu vermitteln, warum Schwierigkeiten wünschenswert sein können, möchten wir an dieser Stelle kurz beschreiben, wie wir lernen.

Enkodierung

Stellen Sie sich vor, Sie wären Mia. Und Sie stehen in der Kiesgrube, während Ihr Ausbilder das Abrollen nach dem Sprung erklärt und vormacht. Diese Wahrnehmungen verwandelt Ihr Gehirn in chemische und elektrische Veränderungen, die aus dem, was Sie gerade beobachten, eine mentale Vorstellung erzeugen. Wie aus Sinneswahrnehmungen mentale Muster werden, denen das Gehirn eine bestimmte Bedeutung beimisst, ist noch nicht abschließend geklärt. Wir sprechen von einer Enkodierung (im Sinne einer Programmierung) und bezeichnen die neuen Bilder im Gehirn als Gedächtnisspuren, vergleichbar einer schnellen Notiz oder Skizze im Kurzzeitgedächtnis.

Im Alltag nehmen wir vor allem flüchtige Sinneseindrücke auf, die das Kurzzeitgedächtnis beschäftigen und (zum Glück) schnell wieder vergessen sind: Wie wir im Sportstudio das defekte Schloss am Schließfach bewältigt haben oder dass wir nach dem Training noch zur Tankstelle mussten. Erfahrungen, auf die wir in Zukunft erneut zugreifen wollen, müssen jedoch stärker und dauerhafter verankert werden. Bei Mia waren das die diversen Bewegungen, die sie in die Lage versetzen sollten, sich beim Landen nicht den Fuß zu brechen.[3]

Konsolidierung

Die Festigung solcher mentalen Bilder für das Langzeitgedächtnis wird als Konsolidierung bezeichnet. Frisch Gelerntes ist so lange labil und damit leicht veränderbar, wie sich seine Bedeutung noch nicht vollständig herausgebildet hat. In der Konsolidierungsphase werden die Gedächtnisspuren neu organisiert und stabilisiert. Dieser Vorgang kann mehrere Stunden oder länger dauern und umfasst eine gründliche Verarbeitung des neuen Materials, in der das Gehirn – wie die Wissenschaft glaubt – die neue Lernerfahrung noch einmal durchspielt und mit früheren Erfahrungen und sonstigem im Langzeitgedächtnis vorhandenen Wissen verknüpft. Um Neues zu begreifen, brauchen wir Vorwissen, und beides zu verbinden ist in der Konsolidierungsphase eine wichtige Aufgabe. Dank ihrer bemerkenswerten sportlichen Fitness, ihrer Körperwahrnehmung und früherer Erfahrungen brachte Mia umfassende Vorkenntnisse mit, an die viele Elemente ihrer Fallschirmspringerausbildung erfolgreich anknüpfen konnten. Wie bereits erwähnt, scheint auch Schlafen die Gedächtniskonsolidierung zu unterstützen. In jedem Fall dauert es eine gewisse Zeit, bis die Konsolidierung und der Übergang neuer Lernerfahrungen in das Langzeitgedächtnis abgeschlossen sind.

Wie das Gehirn neue Erfahrungen konsolidiert, lässt sich gut mit dem Schreiben eines Essays vergleichen. Der erste Entwurf ist noch unscharf. Erst während des Versuchs, etwas zu schreiben, wird uns klar, *was* wir eigentlich ausdrücken wollen. Nach mehreren Revisionen ist das Thema klar herausgearbeitet, und viele Abschweifungen sind gestrichen. Jetzt legen wir den Text beiseite und lassen ihn ruhen. Wenn wir ihn nach ein, zwei Tagen erneut zur Hand nehmen, ist auch uns selbst klarer geworden, worum es geht. Jetzt möchten wir vielleicht drei Hauptpunkte hervorheben. Diese Punkte untermauern wir durch Beispiele und ergänzende Informationen, die dem Publikum vertraut sind. Dann stellen wir die Argumentation noch einmal gezielt um, um sie eleganter und wirkungsvoller zu gestalten.

In ähnlicher Form beginnt auch ein Lernprozess häufig

mit dem Gefühl, vor einem Wust an Informationen zu stehen, in dem die wichtigsten Aspekte nicht immer ins Auge springen. Die Konsolidierung hilft bei der Organisation und Festigung des Gelernten, und in einem gewissen Abstand trägt auch das Abrufen dazu bei, weil bereits der Vorgang des Abrufens einer Erinnerung aus dem Langzeitgedächtnis die Gedächtnisspuren stärkt und sie zugleich wieder formbar macht, damit sie sich beispielsweise mit mehr Anteilen des zuletzt Gelernten verbinden. Dieser Prozess wird als Rekonsolidierung bezeichnet. Auf diese Weise modifiziert und stärkt bewusstes Abrufen das Lernen.

Stellen Sie sich vor, Sie müssten am zweiten Tag im Fallschirmlehrgang den Landefall durchführen. Mit etwas Mühe erinnern Sie sich an die richtige Haltung und nehmen sie ein – Füße und Knie zusammen, Knie leicht gebeugt, Augen zum Horizont. Doch um den Sturz abzufangen, reißen Sie dann reflexartig einen Arm hoch, weil Sie vergessen haben, die Ellbogen fest an den Körper zu ziehen. Unter realen Bedingungen hätten Sie sich dabei den Arm brechen oder die Schulter auskugeln können. Dieser Versuch, das am Vortag Erlernte zu rekonstruieren, war also unvollständig, aber dennoch werden beim Durchführen entscheidende Elemente klarer und prägen sich dem Gedächtnis besser ein. Wenn man etwas schnell nacheinander wieder und wieder übt, ob den Landefall oder das Konjugieren von Verben in der Fremdsprache, beansprucht dies vor allem das Kurzzeitgedächtnis, doch der geistige Aufwand ist minimal. Man kommt angenehm schnell voran, hat aber noch nicht viel unternommen, um die Vorstellung dahinter so weit zu festigen, dass das neue Wissen einsetzbar wäre. Die momentane

Leistung ist kein Indikator für dauerhaftes Lernen. Wenn Sie dem Gedächtnis etwas Zeit lassen, zum Beispiel durch eine Pause oder durch Umschalten auf ein anderes Thema, fällt die Erinnerung schwerer, die Leistung erscheint schlechter, und man fühlt sich verraten. Tatsächlich jedoch sitzt der Stoff besser und bleibt auf längere Sicht leichter zugänglich.[4]

Abrufen

Lernen, Erinnern und Vergessen sind auf interessante Weise miteinander verknüpft. Um etwas dauerhaft und zuverlässig zu erlernen, müssen wir zweierlei tun. Zum einen müssen wir neuen Stoff während der Umschichtung vom Kurzzeit- ins Langzeitgedächtnis (der Konsolidierung) sicher verankern. Und zum anderen müssen wir den Stoff mit verschiedenen Hinweisreizen assoziieren, die uns auf dieses Wissen später prompt zugreifen lassen. Die Erzeugung sinnvoller *Abrufhilfen* ist ein Aspekt, der beim Lernen oft übersehen wird. Diese Aufgabe geht über das reine Einprägen von Wissen hinaus. Schließlich ist es genauso wichtig, bei Bedarf auch darauf zugreifen zu können.

Wenn wir nach dem Unterricht nicht wissen, wie wir das Erlernte wieder herauskramen sollen, liegt das daran, dass wir es nicht genug geübt und angewendet haben. Nehmen wir einmal an, Sie spazieren durch den Park und treffen auf eine Gruppe Pfadfinder, die Knoten vorführen. Spontan gesellen Sie sich dazu und machen eine Weile mit. Binnen kurzem lernen Sie acht bis zehn verschiedene Knoten, hören, wofür sie gut sind, üben ein bisschen und gehen mit einem Stück Schnur und einem Merkblatt nach Hause. Auf dem Heimweg nehmen Sie sich noch vor, diese Knoten gut zu lernen, aber, wie das Leben so spielt, am Ende kommen Sie nicht dazu. Bald geraten die Knoten in Vergessenheit, und damit könnte die Geschichte ohne Lernerfolg enden. Doch im nächsten Frühjahr kaufen Sie ein kleines Fischerboot, und jetzt wollen Sie einen Anker befestigen. Und plötzlich stehen Sie da, halten die Leine in der Hand, kommen sich ziemlich doof vor und denken an jene Lektion zurück – da war doch auch ein Knoten, um am Ende der Leine eine Schlaufe zu erzeugen? In diesem Moment rufen Sie aktiv Ihr Wissen ab. Sie suchen das Merkblatt wieder heraus und sehen noch einmal nach, wie man einen Palstek knüpft. Sie legen die Leine zur Schlaufe, nehmen das kurze Ende und stecken es hindurch, wobei Sie sich im Stillen die Eselsbrücke, die Sie bekommen haben, vorsagen: Die Schlange taucht aus dem Teich, kriecht um den Baum und taucht wieder in den Teich zurück. Nächster Abruf. Ein bisschen Gefummel, und schon haben Sie Ihren Knoten, echte Pfadfinderkunst, die Sie schon immer gern beherrscht hätten. Abends legen Sie ein Stück Leine neben den Fernsehsessel und üben bei jeder Werbepause den Palstek. Das ist zeitlich versetztes Üben. In den darauffolgenden Wochen staunen Sie, wie viele Alltagstätigkeiten leichter fallen, wenn man spontan eine Leine mit Endschlaufe parat hat. Noch mehr zeitlich versetztes Üben. Bis August haben Sie für den Palstek jede erdenkliche Anwendungsmöglichkeit in Ihrem Leben erprobt.

Wissen, Fähigkeiten und lebhafte, bedeutsame Erfahrungen sowie alle Dinge, die wir in gewissen Zeitabständen üben, bleiben erhalten. Wenn mir bewusst ist, dass ich demnächst aus einem Flugzeug springen werden, höre ich sehr genau zu, wenn man mir erklärt, wann und wie ich die Reißleine für den Reservefallschirm betätige, was in zwölfhundert Fuß Höhe so alles schiefgehen kann und wie man »irgendwie da rausschwimmt«. Das Gelernte im Geiste noch einmal durchzugehen, während ich später erschöpft in meiner Koje liege und mir wünsche, der nächste Tag wäre bereits (voller guter Sprünge) vorüber, ist ebenfalls zeitlich versetztes Üben und ein weiterer Baustein.

Lebenslanges Lernen: Abrufhilfen aktualisieren

Menschen können sich im Grunde genommen endlos viel Wissen einprägen, solange sie es mit bereits Bekanntem verknüpfen können. Da neues Wissen immer auf früher Erlerntem basiert, erzeugen wir mit jeder Lernerfahrung mehr Anknüpfungspunkte für späteres Weiterlernen. Doch leider ist unsere Abrufkapazität ziemlich begrenzt. Das Meiste, was wir lernen, ist nicht jederzeit abrufbar. Diese Beschränkung hat durchaus ihren Sinn: Wenn wir jederzeit auf jeglichen Gedächtnisinhalt zugreifen könnten, wäre es ziemlich schwer, die Fülle an Material zu durchsuchen, bis man genau *das* Wissen entdeckt, das man gerade benötigt: Wo habe ich meine Schlüssel hingelegt, wie synchronisiere ich meine Geräte, und was gehört in einen perfekten Brandy Manhattan?

Wissen ist dauerhafter, wenn es tief verankert ist, das heißt, wenn man ein Konzept gründlich verstanden hat, wenn es im eigenen Leben von praktischer oder emotionaler Bedeutung ist und wenn es mit sonstigem Wissen aus unserem Gedächtnis verbunden ist. Wie prompt das Wissen aus den inneren Archiven abrufbar ist, beruht auf dem Kontext, dem letzten Einsatz und der Anzahl und Eindrücklichkeit der Hinweisreize, die mit diesem Wissen verknüpft sind und den Abruf unterstützen können.[5]

Damit beginnt der knifflige Teil. Wir müssen im Leben immer wieder Hinweisreize vergessen, die mit älteren, konkurrierenden Erinnerungen assoziiert sind, und neue Hinweisreize setzen, die aktuelleres Wissen anzapfen. Wer in mittleren Jahren Italienisch lernt, muss dafür eventuell sein Schulfranzösisch vergessen, damit trotz bester Absichten nicht jedes Mal, wenn die italienische Entsprechung »essere« für das Verb »sein« gewünscht ist, das französische »être« aufpoppt. Auf einer Reise durch England muss ein Nicht-Brite alle Hinweisreize unterdrücken, auf der rechten Seite zu fahren, und sich stattdessen an zuverlässige Hinweise für das Linksfahren gewöhnen. Sicher verankertes Wissen wie flüssiges Französisch oder jahrelange Erfahrung im Rechtsfahren kehrt später schnell zurück, auch wenn wir es vorübergehend nicht gebraucht oder durch andere Abrufhilfen überlagert haben. In solchen Situationen ist nicht das Wissen selbst in Vergessenheit geraten, sondern die Hinweisreize, dank derer wir es auffinden und darauf zugreifen können. Hinweisreize auf neu Erlerntes (wie das Linksfahren) ersetzen mit etwas Glück die für das ältere Wissen (hier das Rechtsfahren).

Das Paradoxe daran ist, dass ein gewisses Vergessen oft Voraussetzung dafür ist, etwas Neues zu lernen.[6] Wenn man vom PC auf einen Mac umsteigt oder von einer Windows-Version auf die nächste, muss man eine ganze Menge vergessen, um sich die Architektur des neuen Systems anzueignen und die verschiedenen Befehle so automatisch auszuführen, dass man sich ganz auf die eigene Arbeit konzentriert und nicht mehr auf die Beherrschung der Maschine. Hierfür liefert das Fallschirmspringertraining ein weiteres Beispiel: Nach dem Militärdienst entwickeln viele Fallschirmspringer Interesse an der Waldbrandbekämpfung und melden sich als Feuerspringer. Feuerspringer verwenden allerdings andere Flugzeugtypen, andere Ausrüstung und auch andere Abläufe beim Springen. Eine militärische Fallschirmspringerausbildung gilt für Feuerspringer als echtes Handicap, weil die militärischen Abläufe so gründlich eingeübt sind, dass sie längst zum Reflex wurden, nun aber durch neue Reflexe ersetzt werden müssen. Obwohl beide Lernprozesse dem Uneingeweihten sehr ähnlich vorkommen – immerhin springt man mit einem Fallschirm auf dem Rücken aus einem Flugzeug –, muss man dazu bewusst die Hinweisreize für eine komplexe, fest verankerte Lernerfahrung vergessen, damit stattdessen eine neue erworben werden kann.

Dieses Problem, Gedächtnisinhalten neue Hinweisreize zuzuweisen, kennt jeder aus dem Alltag. Wenn unser Freund Jack sich mit Joan zusammentut, nennen wir das Pärchen mitunter »Jack und Jill«, weil die Kombination »Jack und …« uns an den bekannten Kinderreim »Jack and Jill« erinnert. Irgendwann haben wir dann »Jack und Joan« zuverlässig verknüpft, doch leider macht Joan plötzlich Schluss, und Jack tröstet sich mit Jenny. Zu dumm! Wenn wir jetzt von Jack und Jenny sprechen, erwischen wir uns jedes zweite Mal dabei, dass wir »Jack und Joan« sagen. Einfacher wäre es gewesen, wenn Jack eine Katie gefunden hätte, damit sein Schluss-K uns leichter auf ihren Anfangsbuchstaben bringen könnte, aber leider denkt die Liebe nicht so praktisch. Eine Alliteration kann somit praktisch oder tückisch sein. In dieser ganzen Abfolge vergessen wir weder Jill noch Joan noch Jenny, sondern wir organisieren unsere Abrufhilfen neu, um mit den Szenenwechseln in Jacks Leben Schritt zu halten.[7]

Das Interessante dabei ist, dass wir beim Erlernen von Neuem keineswegs das Meiste des früher Gelernten aus dem Langzeitgedächtnis streichen. Doch durch Nichtgebrauch oder das Zuweisen neuer Hinweisreize »vergessen« wir es in dem Sinne, dass wir weniger leicht darauf zugreifen können. Wer beispielsweise etliche Male umgezogen ist, erinnert sich möglicherweise nicht mehr an eine Adresse von vor 20 Jahren. In einem Multiple-Choice-Test würde er diese Anschrift aber möglicherweise leicht wiedererkennen, weil sie nach wie vor in einem Hinterstübchen des Gedächtnisses schlummert. Haben Sie schon einmal versucht, eine Geschichte über Ihre Vergangenheit zu schreiben? Sobald man sich die Menschen und Orte aus früheren Zeiten vor Augen führt, kommen ganz überraschende Erinnerungen hoch. Dinge, die längst in Vergessenheit geraten waren, tauchen plötzlich wieder auf. Kontext kann Erinnerungen den Weg bahnen, als ob der passende Schlüssel ein altes Schloss geöffnet hätte. In Marcel Prousts Werk »Auf der Suche nach der verlorenen Zeit« betrauert der Erzähler seine Unfähigkeit, sich an die Zeit seiner Jugend zu erinnern, die er bei seiner Tante und seinem Onkel in Frankreich auf dem Land verbrachte – bis eines Tages ein in Lindenblütentee getauchtes Stück Madeleine alles zurückbringt, all die Menschen und Ereignisse, die er für immer verloren geglaubt hatte. Fast jeder kennt Erlebnisse, wie Proust sie beschreibt, wo ein Anblick, ein Geräusch oder ein Duft eine Erinnerung in allen Einzelheiten zurückbringt, obwohl man vielleicht seit Jahren nicht mehr an dieses Ereignis gedacht hatte.[8]

Leichter ist nicht besser

Psychologen haben festgestellt, dass die Leichtigkeit einer Übungsmethode erstaunlicherweise umgekehrt proportional zu ihrem längerfristigen Erfolg steht: Je leichter das Wissen oder die Fähigkeit abrufbar ist, desto weniger bringt erneutes Üben. Umgekehrt bedeutet das allerdings auch: Je mehr wir uns anstrengen müssen, um bei einer Übung auf Wissen oder Fähigkeiten zuzugreifen, desto mehr wird diese Übung dazu beitragen, dass diese hinterher sitzen.

Das Baseballteam der California Polytechnic State University (Cal Poly) aus San Luis Obispo nahm diesbezüglich an einem interessanten Experiment zur Verbesserung der Schlagtechnik teil. Alle Spieler waren sehr erfahren und wussten, wie man seinen Ball sauber trifft. Dennoch willigten sie ein, zweimal pro Woche je eine zusätzliche Trainingseinheit mit zwei unterschiedlichen Ansätzen zu absolvieren, um zu prüfen, welche Strategie bessere Resultate produzierte.

Einen Baseball zu treffen verlangt einem Sportler eine Menge ab. Bis der Ball das Homebase erreicht, verstreicht nicht einmal eine halbe Sekunde. In diesem Moment müssen beim Schlagmann Wahrnehmung, Kognition und Motorik perfekt zusammenspielen: Er muss die Wurftechnik erkennen, begreifen, wie der Ball gleich angeflogen kommt, und so zielen, dass sein Schlag den Ball ganz exakt im Flug erwischt. Diese Abfolge aus Wahrnehmungen und Reaktionen muss so gründlich verankert sein, dass sie automatisch abläuft, weil der Ball schon längst beim Fänger ist, bevor der Schlagmann auch nur anfangen kann, darüber nachzudenken, wie er ihn annehmen sollte.

Die Hälfte des Cal-Poly-Teams trainierte ganz normal weiter. Sie übten ihre 45 Schläge, die in drei gleich große Serien aufgeteilt waren. In jeder Serie wurde der Ball fünfzehnmal auf die gleiche Weise geworfen. Sie begannen also beispielsweise mit fünfzehn Fast-Bällen, dann folgten fünfzehn Curvebälle, dann fünfzehn Change-ups. Im Prinzip war das stures Wiederholen. Während der fünfzehn Würfe wurde der Schlagmann mit der Zeit besser, weil mehr von derselben Art kam. Er konnte die Flugbahn besser vorhersehen, seinen Schlag anpassen und treffen. Das Lernen kam ihm leicht vor.

Der Rest des Teams bekam eine schwierigere Aufgabe: Hier waren die drei Wurfarten per Zufallsprinzip über die 45 Würfe verteilt. Der Schlagmann wusste somit nie, womit er zu rechnen hatte. Am Ende der 45 Schläge fiel es ihm immer noch relativ schwer, den Ball sicher zu treffen. Diese Spieler schienen nicht so gut voranzukommen wie ihre Teamkameraden. Das Umschalten und die zeitlich versetzten Würfe machten das Lernen mühsamer und schienen es zu verzögern.

Die zusätzlichen Übungseinheiten liefen sechs Wochen lang zweimal wöchentlich. Am Ende wurden die Fortschritte der Spieler geprüft, und dabei zeigte sich, dass beide Gruppen unterschiedlich stark von ihrer Strategie profitiert hatten, aber nicht so, wie sie es erwartet hatten. Diesmal trafen diejenigen, bei denen die Würfe nach dem Zufallsprinzip gekommen waren, deutlich besser als diejenigen, die wieder und wieder dieselbe Wurftechnik angenommen hatten. Noch interessanter sind diese Ergebnisse, wenn man bedenkt, dass alle Spieler schon vorher erfahrene Schlagmänner gewesen waren. Eine gute Leistung auf ein noch höheres Niveau zu heben ist ein echter Beweis für die Wirksamkeit einer Trainingsmethode.

Wir erkennen in diesem Beispiel zwei vertraute Prinzipien. Erstens, dass gewisse Schwierigkeiten, die mehr Anstrengung erfordern und ersichtliche Fortschritte hinauszögern, also zeitlich versetztes Üben, Themenwechsel und das Mischen von Übungsformen, sich im aktuellen Moment weniger produktiv anfühlen, sich langfristig aber in Form von besserer, präziserer und zuverlässigerer Leistung mehr als auszahlen. Zweitens, dass unser Urteil, welche Lernstrategie uns am besten hilft, vielfach von der Illusion, ein Thema zu beherrschen, getrübt wird.

Wenn die Baseballspieler der Cal Poly fünfzehnmal Curveball um Curveball übten, fiel es ihnen leichter, sich an die Wahrnehmungen und Reaktionen für diese spezielle Wurfart zu erinnern. Sie sahen, wie der Ball sich drehte, wie er die Richtung wechselte, wie schnell sich diese Richtung änderte und wie lange sie auf den Curve warten mussten. Davon profitierte ihre Leistung, doch der immer leichtere Zugriff auf diese Wahrnehmungen und Reaktionen machte die Lernerfahrung nicht sonderlich dauerhaft. Einen Curveball zu treffen, wenn man weiß, dass ein Curveball kommt, ist etwas anderes, als ihn zu treffen, wenn man vorher nicht weiß, was kommt. Für Baseballspieler ist die zweite Fähigkeit wichtig, aber sie üben häufig nur die erste, sodass die Verbesserung trotz beständigen Übens kaum über das Kurzzeitgedächtnis hinauskommt. Die nötigen Fähigkeiten anhand von willkürlich gemischten Würfen zu entwickeln war für die Spieler der Cal Poly eine größere Herausforderung. Diese Aufgabe machte die Fortschritte unangenehm langsam, aber dafür waren sie von Dauer.

Auf diesem Paradox beruht das Konzept der wünschenswerten Erschwernisse beim Lernen: Je mehr Mühe ein Mensch aufwenden muss, um etwas abzurufen (beziehungsweise noch einmal zu lernen), desto besser lernt er es. Mit anderen Worten: Je mehr man von einem Thema bereits vergessen hat, desto intensiver wird eine Wiederholung dem permanenten Wissen ihren Stempel aufdrücken.[9]

Anstrengung zahlt sich aus, denn …

Mühe prägt sich ein

Schwierigere Aufgaben bei der Wiederholung – zum Beispiel in Form des zeitversetzten Tests – verlangen von uns, die Fähigkeit oder den Stoff in allen Einzelheiten noch einmal aus dem Langzeitgedächtnis aufzurufen oder zusammenzusetzen. Das ist etwas anderes, als ihn gedankenlos aus dem Kurzzeitgedächtnis hervorzukramen.[10] Während dieser konzentrierten, aktiven Wiederholung wird das Gedächtnis wieder formbar, denn die wichtigsten Aspekte treten deutlicher hervor, und die nachfolgende Rekonsolidierung verstärkt die Bedeutsamkeit, festigt Verbindungen zu vorhandenem Wissen, stärkt die Hinweisreize und Abrufwege zur späteren Erinnerung und schwächt die Alternativrouten. Zeitlich versetztes Üben, das zwischen den Einheiten ein gewisses Vergessen zulässt, festigt nicht nur das Gelernte, sondern auch die Hinweisreize und Signalkaskaden für den schnellen Abruf, wenn der Werfer den Schlagmann nach mehreren Fast-Bällen mit einem Curveball überraschen will. Je mehr Mühe wir aufwenden müssen, um eine Erinnerung aufzurufen oder eine Fähigkeit erneut auszuführen, desto mehr profitiert die Lernerfahrung von dieser Wiederholung – sofern die Mühe von Erfolg gekrönt ist.[11]

Eintöniges Üben vermittelt das angenehme Gefühl, eine

Anforderung zu meistern, weil wir Informationen durch das Kurzzeitgedächtnis schleusen, ohne das Gelernte aus dem Langzeitgedächtnis hervorkramen zu müssen. Aber wie beim nochmaligen Lesen des Lehrbuchtextes sind auch flüssige Bewegungsabläufe durch vielmaliges Wiederholen nur vorübergehender Lohn und unser Könnergefühl eine Illusion. Erst das aktive Bemühen, das Wissen zu rekonstruieren, löst die Rekonsolidierung und damit ein vertieftes Lernen aus.

Mühe erzeugt mentale Modelle

Mit ausreichend bewusster Übung verbinden sich komplexe Zusammenhänge oder Bewegungsabläufe im Gehirn zu einer Einheit mit einer bestimmten Bedeutung und bilden ein mentales Modell, das sich mit einer »Gehirn-App« vergleichen ließe. In der Fahrstunde gilt es, gleichzeitig diverse Handlungen zu meistern, für die wir anfangs volle Konzentration und viel Geschicklichkeit benötigen. Mit der Zeit jedoch bilden sich aus diesen kognitiven und motorischen Verschaltungen – zum Beispiel den erforderlichen Wahrnehmungen und Bewegungen beim Einparken oder Schalten – mentale Modelle heraus, die mit dem Fahren assoziiert werden. Mentale Modelle sind gründlich verankerte, hoch effiziente Fähigkeiten (wie das Erkennen und Schlagen eines Curveballs) oder Wissensstrukturen (ein bekanntes Schachmanöver), die sich wie Gewohnheiten je nach Umständen anpassen und anwenden lassen. Expertise entsteht durch viele tausend Übungsstunden im eigenen Spezialfach, während derer man unter wechselnden Bedingungen eine wahre Bibliothek solcher mentaler Modelle anhäuft, die zum korrekten Erkennen der jeweiligen Situation und zur prompten Auswahl und Ausführung der passenden Reaktion befähigen.

Mühe macht den Meister

Durch aktives Abrufen zu unterschiedlichen Zeitpunkten und in unterschiedlichen Zusammenhängen, bei denen sich unterschiedliche Themen abwechseln, können neue Assoziationen entstehen. Das hat den Vorteil, dass sich Wissensnetzwerke verknüpfen und so die Meisterschaft im jeweiligen Gebiet weiter ausbauen. Gleichzeitig steigt damit die Anzahl der Hinweisreize für dieses Wissen, was den Zugriff erleichtert und langfristig eine vielfältigere Anwendung fördert.

Denken Sie an eine erfahrene Köchin, die genau weiß, wie Geschmack und Konsistenz beim jeweiligen Gericht zusammenwirken, wie und wann die Zutaten unter Hitzeeinwirkung ihre Form verändern, welche Effekte sich besser mit dem Topf erreichen lassen und welche mit dem Wok, wann der Kupfertopf angebracht ist und wann die gusseiserne Pfanne. Denken Sie an den Fliegenfischer, der die Anwesenheit der Forelle spürt, die wahrscheinlichste Forellenart für diesen Standort und Zeitpunkt samt dem entsprechenden Köder kennt, der die Windrichtung einbezieht und erkennt, wo und wie die Fliege eintauchen muss, damit die Forelle zuschnappt. Oder denken Sie an

Kinder mit ihren BMX-Rädern, die ihre gewagten Sprünge wie Bunny Hop, Tailwhip oder die 180-Grad-Drehung auch in bisher unbekannten Umgebungen ausführen. Hier erweitern Themenwechsel und Variationen das Üben und die anderen Kenntnisse und Fertigkeiten, mit denen das frisch Gelernte assoziiert wird, und dadurch werden mentale Modelle vielseitiger und ermöglichen es uns, das Gelernte in ganz unterschiedlichen Situationen einzusetzen.

Mühe fördert das konzeptuelle Lernen

Wie lernen Menschen bestimmte Konzepte, zum Beispiel den Unterschied zwischen Hund und Katze? Üblicherweise treffen wir per Zufallsprinzip auf verschiedene Beispiele wie Chihuahuas, Perserkatzen, Deutsche Doggen, den Löwen im Kinderbuch oder den Terrier des Nachbarn. Die meisten Alltagserfahrungen des Menschen erfolgen zeitlich versetzt und thematisch wechselnd. Das ist eine gute Lernmethode, denn solche Erfahrungen stärken die Unterscheidungsfähigkeit, also den Prozess, über den wir bestimmte Einzelheiten wahrnehmen (eine Schildkröte taucht zum Luftholen auf, ein Fisch nicht), Schlüsse ziehen und Regeln aufstellen (Fische atmen im Wasser). In diesen Kontext passt auch der bereits besprochene Themenwechsel beim Einüben von Vogelfamilien oder Malstilen, der einerseits die Unterscheidungsfähigkeit fördert, andererseits aber auch darin schult, die Gemeinsamkeiten innerhalb einer Spezies oder eines künstlerischen Gesamtwerks zu erkennen. Als die so Geschulten nach ihren Vorlieben und ihrer Meinung gefragt wurden, glaubten sie, dass es sinnvoller wäre, erst diverse Exemplare einer einzelnen Vogelart zu sehen und dann zur nächsten Art überzugehen. Tatsächlich jedoch profitierten sie mehr von der Strategie des Umschaltens, die sich schwieriger und unangenehmer anfühlte. Hinterher konnten sie verschiedene Arten besser unterscheiden und die Gemeinsamkeiten innerhalb der jeweiligen Art gleich gut erkennen. Genau wie bei der Schlagschulung der Baseballspieler war es bei ständigem Themenwechsel mühsamer, sich an bereits erkannte Beispiele einer bestimmten Art zu erinnern, doch dadurch festigte sich das Wissen, welche Vögel für diese Art typisch sind.

Die Erschwernis durch das Umschalten fördert das Lernen so noch einmal zusätzlich. Abwechslung beim Üben miteinander verwandter, aber unterschiedlicher geometrischer Körper bewirkt, dass man die Ähnlichkeiten und Unterschiede wahrnimmt und daraufhin die richtige Formel zur Volumenberechnung wählt. Diese erhöhte Sensibilität für Ähnlichkeiten und Unterschiede beim Themenwechsel führt dazu, dass im Gehirn komplexere, nuancenreichere Abbilder des Stoffs enkodiert werden. So wächst ein besseres Verständnis für unterschiedliche Problemstellungen, die eine unterschiedliche Herangehensweise erfordern. Und plötzlich versteht man auch, warum ein Hecht spontan nach Spoon oder Crankbait schnappt, wohingegen ein wählerischer Barsch sich erst rührt, wenn man ihm einen Grub oder Popper vorsetzt.[12]

Mühe macht vielseitiger

Die zusätzliche Erschwernis beim Abrufen durch zeitlich versetztes Üben mit Themenwechsel und vielen Varianten zahlt sich aus, weil sie dieselben mentalen Prozesse beansprucht, die wir später brauchen, um das Gelernte im Alltag anzuwenden. Solche Lernstrategien spiegeln die Herausforderungen der praktischen Umsetzung und entsprechen daher dem Grundsatz: »Übe, wie du spielst, dann spielst du, wie du geübt hast.« Auf diese Weise verbessert sich die Transferleistung, also die Fähigkeit, das Gelernte auf neue Situationen zu übertragen. Beim Schlagtraining an der Cal Poly entstand durch das Überwinden der Schwierigkeiten bei der zufälligen Wurfabfolge ein breiteres »Vokabular« an mentalen Prozessen, die zur Unterscheidung der jeweiligen Herausforderung (zum Beispiel der Wurfart) sowie zur Auswahl der passenden Reaktion dienen. Damit war diese Gruppe der Vergleichsgruppe überlegen, die im Verlauf der gleichartigen, nicht variierenden Erfahrung einförmigere Reaktionen eingeübt hatte, die nur in diesem engen Kontext besser waren. Wir erinnern hier an die Schüler, die mit unterschiedlichen Abständen geübt hatten und anschließend auf 90 Zentimeter mit ihren Bohnensäckchen besser trafen als die Gruppe, die nur diesen Abstand geübt hatte. Wir erinnern auch an die ansteigende Schwierigkeit und Komplexität beim Simulationstraining der künftigen Fallschirmspringer oder an den Cockpitsimulator von Matt Browns Flugzeugmodell.

Mühe stimmt auf Lernen ein

Wenn man Menschen auffordert, sich erst selbst mit einem Problem zu befassen, bevor man ihnen die Lösung zeigt, lernen sie besser und können sich die Lösung länger merken. Und wenn Sie auf Ihrem neuen Fischerboot stehen und zum ersten Mal eine Ankerleine festmachen wollen, lernen Sie den Palstek wahrscheinlich schneller und solider als im Stadtpark bei den Pfadfindern, auch wenn diese der Meinung sind, dass es jedem guttäte, ein paar schlaue Knoten zu beherrschen.

Weitere Lernstrategien, die wünschenswerte Erschwernisse einbeziehen

Normalerweise halten wir Störungen beim Lernen für hinderlich. Bestimmte Störfaktoren können das Lernen jedoch fördern, mitunter mit überraschenden Ergebnissen. Lesen Sie lieber einen Artikel mit normaler Schrift oder eine etwas ungewöhnliche Darstellung? Fast jeder entscheidet sich für die normale Variante. Wenn der Text auf einer Seite jedoch nicht genau in der Mitte steht oder mit einem nicht ganz so leicht lesbaren Font präsentiert wird, erinnerten sich Versuchspersonen besser an den Inhalt. Sollte eine Unterrichtsstunde sich am Lehrbuch entlanghangeln oder lieber zeitweise von der Vorgabe abweichen? Wie sich gezeigt hat, führt die Anstrengung, bei gewissen Abweichungen die zentralen Aussagen zu erfassen und die Diskrepanzen stimmig zu lösen, dazu, dass man sich später an die Inhalte besser erinnern kann. Und wenn bei Lückentexten einzelne Buchstaben in Wörtern fehlen und beim Lesen ergänzt werden müssen, prägen sich durch das verlangsamte Lesetempo die Inhalte überraschenderweise besser ein. In all diesen Beispielen stellt die Abweichung von der normalen Präsentation eine Erschwernis dar, welche den Fluss stört und beim Lernen mehr Anstrengung erfordert, um das Ergebnis sinnvoll zu interpretieren. Diese zusätzliche Mühe verbessert das Begreifen und das Lernen. (Aber selbstverständlich profitiert niemand davon, wenn die Erschwernis die Bedeutung völlig verschleiert oder unüberwindbar ist.)[13]

Der Versuch, eine Frage zu beantworten oder ein Problem zu lösen, anstatt sich die Information oder die Lösung vorkauen zu lassen, wird als *generatives Lernen* bezeichnet. Selbst bei einem Quiz zu bereits bekanntem Stoff festigt das Ausfüllen des Bogens die Erinnerung an das Gelernte und erleichtert später den erneuten Abruf. Wenn wir beim Abfragen selbst eine Antwort produzieren müssen, anstatt aus Multiple-Choice-Antworten zu wählen, fällt der Lerneffekt häufig stärker aus. Wenn wir einen kurzen Aufsatz über das behandelte Thema schreiben müssen, bleibt der Stoff noch besser haften. Solche geringen Schwierigkeiten zu überwinden, gehört zum aktiven Lernen, bei dem die Lernenden höher angesiedelte Denkaufgaben lösen müssen, anstatt passiv Wissen zu absorbieren, das andere vermitteln.

Wenn Sie aufgefordert werden, eine Antwort oder eine Lösung für etwas zu finden, das Ihnen selbst neu ist, wird noch deutlicher, wie sehr generatives Lernen hilft. Eine mögliche Erklärung für diesen Effekt ist die Vorstellung, dass wir bei der tastenden Suche nach einer Lösung auf verwandtes Wissen aus dem Gedächtnis zurückgreifen und damit den Weg zum Schließen der Lücke bereits vorzeichnen, bevor die erforderliche Antwort vorhanden ist. Wenn die gesuchte Antwort dann auftaucht, ist sie sofort mit dem verwandten Stoff verknüpft, der durch die Anstrengung noch frisch im Gedächtnis ist. Nehmen wir einmal an, Sie stammten aus Bayern und sollten die Hauptstadt von Nordrhein-Westfalen nennen. Prompt beginnen Sie zu überlegen: Köln? Düsseldorf? Dortmund? Essen? Selbst wenn Sie unsicher sind und verschiedene Möglichkeiten durchgehen, wird es Ihnen helfen, hinterher eine Bestätigung oder Korrektur Ihrer Lösung zu bekommen. (Es ist natürlich Düsseldorf.) Während des Ringens um die richtige Lösung durchforsten Sie Ihr Gehirn nach einem Anhaltspunkt. Spontan reagieren Menschen vielfach neugierig, verdutzt oder frustriert, wenn ihnen unerwartet eine Wissenslücke bewusst wird. Sobald wir die Lösung sehen, geht uns ein Licht auf. Erfolglose Bemühungen, ein Problem zu lösen, ermuntern das Gehirn, eine später präsentierte Antwort gründlicher zu verarbeiten, und erzeugen so einen Nährboden für die Enkodierung, der durch das bloße Lesen der Antwort nie entstehen würde. Es ist besser, ein Problem zu lösen, als die Lösung auswendig zu lernen. Es ist besser, einen Lösungsversuch zu wagen und die falsche Antwort zu liefern, als es nicht zu probieren.[14]

Wenn jemand in Ruhe überlegt, was bei einem Erlebnis (oder im Unterricht) abgelaufen ist, und sich dazu Fragen stellt, sprechen wir von *Reflexion*. Nach einer Vorlesung oder einem Lehrbuchkapitel könnten Sie sich zum Beispiel fragen: Was sind die Kernpunkte? Was für Beispiele gibt es dazu? Wie passt das zu dem, was ich bisher wusste? Im Anschluss an eine Erfahrung, bei der Sie neues Wissen oder neue Fähigkeiten eingesetzt haben, könnten die Fragen lauten: Was ist gut gelaufen? Was hätte besser sein können? Wo muss ich noch dazulernen, um besser zu werden? Mit welchen Strategien könnte ich nächstes Mal bessere Ergebnisse erzielen?

Reflexion kann verschiedene, bereits angesprochene kognitive Aktivitäten umfassen, die den Lernprozess unterstützen. Hierzu gehört aktives Abrufen (sich kürzlich gelerntes Wissen wieder ins Gedächtnis rufen), Elaboration (zum Beispiel neues Wissen mit vorhandenen Kenntnissen verknüpfen) und generatives Lernen (zum Beispiel Kernpunkte mit eigenen Worten wiedergeben oder eine Aktion visualisieren und innerlich durchgehen, was man nächstes Mal anders machen will).

In der Schule gewinnt gegenwärtig das »Schreiben als Lernmethode« an Beliebtheit. Dabei geht es darum, ein jüngst behandeltes Thema in einem kurzen Text mit eigenen Worten wiederzugeben und mit anderen behandelten Themen oder auch Geschehnissen außerhalb des Unterrichts zu verknüpfen. (Lesen Sie hierzu in Kapitel 8 ab S. 313 den Abschnitt über die »Lernparagrafen«, zu denen Mary Pat Wenderoth ihre Physiologiestudenten verdonnert.) Dass sich die unterschiedlichen kognitiven Aktivitäten im

Rahmen der Reflexion (Abrufen, Elaboration, Generierung) beim Lernen auszahlen, konnten empirische Studien ausführlich belegen.

Interessant ist in diesem Zusammenhang eine jüngere Studie zum aktiven Schreiben als Lerninstrument. Die Untersuchung umfasste mehr als 800 College-Studenten in diversen Kursen zur Einführung in die Psychologie und lief ein Semester lang. Im Anschluss an die Präsentation eines Schlüsselkonzepts im Rahmen einer Vorlesung wurden die Studenten gebeten, das Thema schriftlich aufzuarbeiten. Hierzu sollten sie eigene Zusammenfassungen von den Kernpunkten verfassen, beispielsweise die Konzepte in eigenen Worten darstellen und durch passende Beispiele erläutern. Andere Schlüsselkonzepte wurden anhand von vorbereiteten Folien erklärt. Die Studierenden bekamen etwas Zeit, die wichtigsten Punkte und Beispiele wortwörtlich abzuschreiben.

Das Ergebnis? Bei Prüfungen im Verlauf des Semesters sollten die Studenten Fragen beantworten, die auf das Verständnis für die erarbeiteten Schlüsselkonzepte abzielten. Bei den Themen, über die sie eigenständig etwas geschrieben hatten, schnitten sie signifikant besser ab (etwa eine halbe Note) als bei den Themen, wo sie nur die Folien abgeschrieben hatten. Das Lernen fand also nicht nur durch Präsentation der Konzepte statt. In Folgetests, die rund zwei Monate später prüften, welches Wissen noch vorhanden war, waren die Vorzüge des eigenen Aufschreibens als Reflexionsform weniger deutlich, aber weiterhin messbar.[15]

Misserfolge und der Mythos vom fehlerfreien Lernen

Mitte des 20. Jahrhunderts propagierte der Psychologe B. F. Skinner Methoden des »fehlerfreien Lernens« im Unterricht. Diese Methoden beruhten auf der Überzeugung, dass Fehler beim Lernen kontraproduktiv seien und auf fehlerhafter Anleitung beruhten. Die Theorie des fehlerfreien Lernens führte zur Entwicklung von Unterrichtsmethoden, in denen die Schüler neuen Stoff häppchenweise vorgesetzt bekamen und so schnell abgefragt wurden, dass ihnen die Antwort quasi noch auf der Zunge lag und frisch aus dem Kurzzeitgedächtnis ausgespuckt werden konnte. Für Fehler blieb also praktisch keine Chance. Inzwischen wissen wir, dass der Zugriff auf das Kurzzeitgedächtnis keine effektive Lernstrategie ist. Fehler gehören dazu, wenn man neuen Stoff gründlich und langfristig verinnerlichen will. Doch in unserer westlichen Kultur, wo Prüfungsergebnisse mit Fähigkeiten gleichgesetzt werden, betrachten viele Schüler Fehler als Zeichen ihres Versagens und bemühen sich nach Kräften, diese zu vermeiden. Diese Abneigung gegenüber Fehlern kann durch Lehrpersonen verstärkt werden, die davon ausgehen, dass Schüler, die beim Lernen Fehler machen dürfen, sich genau diese Fehler einprägen.[16]

Aber das ist ein Trugschluss. Wenn ein Mensch beim Lernen Fehler macht, aber korrigierende Rückmeldungen bekommt, prägt er sich *nicht* das Falsche ein. Selbst Vorgehensweisen, bei denen höchstwahrscheinlich Fehler entstehen – zum Beispiel die Aufforderung, ein Problem zu lösen, bevor gezeigt wird, wie das gehen könnte –, führen dazu, dass die richtige Information besser hängenbleibt als bei passiveren Lernstrategien, sofern es korrigierendes Feedback gab. Hinzu kommt, dass Menschen, die wissen, dass Wissenszuwachs erkämpft sein will und mit Fehlern einhergeht, langfristig eher Lust haben, echte Herausforderungen anzugehen, und einen Misserfolg nicht zwangsläufig als Scheitern betrachten, sondern als Lektion und Wendepunkt auf dem Weg zu wahrer Meisterschaft. Um dies zu durchschauen, brauchen Sie nur Jugendlichen zuzuschauen, die ihren Avatar durch mehrere Level eines Videospiels aufsteigen lassen.

Die Angst vor einem Misserfolg kann das Lernen vergiften, weil dadurch eine Scheu vor den nötigen Experimenten und Risiken entsteht, die für weitere Bemühungen erforderlich sind, oder weil unter dem Druck einer Prüfungssituation gegebenenfalls schlechtere Leistungen erbracht werden. In letzterem Fall schneiden Studenten, die sich sehr vor Fehlern fürchten, in der Prüfung gerade wegen dieser Angst mitunter schlechter ab. Wie kommt das? Offenbar ist ein signifikanter Anteil ihres Arbeitsgedächtnisses mit der Überwachung ihrer Leistung befasst und fragt ständig: »Wie schlage ich mich?« oder »Mache ich Fehler?« Dadurch bleibt weniger Gedächtniskapazität für die eigentliche Problemlösung übrig. Der Begriff »Arbeitsgedächtnis« bezieht sich auf die Informationsmenge, die das Gehirn während der Bearbeitung eines Problems bewältigen kann, und zwar insbesondere bei Ablenkungen. Unser Arbeitsgedächtnis ist eng begrenzt, bei manchen mehr, bei anderen weniger. Ein größeres Arbeitsgedächtnis korreliert mit einem höheren Intelligenzquotienten.

Um die Theorie zu überprüfen, inwiefern Versagensängste die Prüfungsleistung mindern, erhielten französische Sechstklässler komplizierte Anagramme, die keiner von ihnen lösen konnte. Nachdem sie sich erfolglos mit diesen Aufgaben abgemüht hatten, lernte die eine Hälfte der Kinder zehn Minuten lang, dass Schwierigkeiten ein elementarer Bestandteil des Lernens und Fehler normal und zu erwarten seien. Übung sei hilfreich, genau wie beim Erlernen des Radfahrens. Die anderen Kinder wurden lediglich befragt, wie sie bei ihren Lösungsversuchen vorgegangen seien. Danach bekamen beide Gruppen eine andere schwierige Aufgabe, an deren Ergebnissen sich ihr aktuelles Arbeitsgedächtnis messen ließ. Die Kinder, die erfahren hatten, dass Fehler ein natürlicher Teil des Lernprozesses sind, konnten ihr Arbeitsgedächtnis signifikant besser nutzen als die Vergleichsgruppe. Diese Kinder verausgabten die Kapazität des Arbeitsgedächtnisses nämlich nicht mit Panik über die Schwierigkeit der Aufgabe. Die Originalstudie wurde später in diversen Variationen überprüft. Die Ergebnisse unterstützen die Erkenntnis, dass Schwierigkeiten ein Gefühl der Inkompetenz hervorrufen können, welches Angst schürt und das Lernen behindert. Zugleich gilt: »Schüler profitieren von dem Freiraum, sich mit Schwierigkeiten eigenständig auseinanderzusetzen.«[17]

Diese Studien zeigen, dass beim Lernen keineswegs alle Schwierigkeiten erstrebenswert sind. Angst während einer Prüfung ist offensichtlich keine Hilfe. Zudem unterstreichen die Ergebnisse, dass die Beteiligten wissen müssen, dass Probleme beim Erlernen neuer Dinge nicht nur zu erwarten sind, sondern sogar nützlich sein können. Mit dieser Erkenntnis bestätigt die französische Studie viele frühere Untersuchungen, insbesondere die Arbeiten von Carol Dweck und Anders Ericsson, auf die wir in Kapitel 7 beim Thema zunehmender intellektueller Fähigkeiten noch näher eingehen werden. Dwecks Arbeiten zeigen, dass die Überzeugung, der Intellekt stehe von Geburt an fest, weil er genetisch bedingt sei, Menschen vor Herausforderungen zurückscheuen lässt, bei denen sie vielleicht erfolglos bleiben. Ein Misserfolg wäre für diese Personen nämlich ein Hinweis auf geringere angeborene Fähigkeiten. Menschen, denen erklärt wird, dass Anstrengung und Lernen das Gehirn verändern und dass man auf die intellektuellen Fähigkeiten auch selbst großen Einfluss hat, wagen sich eher an schwierige Probleme heran und bleiben auch hartnäckiger dabei. Für sie ist ein Misserfolg ein Zeichen für ihre Anstrengung und ein Wendepunkt, nicht etwa das Urteil, dass sie unfähig sind und in einer Sackgasse stecken. Anders Ericsson befasste sich mit Expertenleistungen und zeigt auf, dass Expertenstatus erst nach mehreren tausend Stunden intensiven Übens erreichbar ist, in denen jemand sich bemüht, sein gegenwärtiges Niveau zu heben. In diesem Rahmen stellen Fehlschläge eine unabdingbare Erfahrung auf dem Weg zur Meisterschaft dar.

Die Studie mit den französischen Sechstklässlern wurde so bekannt, dass sie eine Pariser Schule 2010 zu einem »Festival der Fehler« inspirierte, bei dem Schüler lernen sollten, dass Fehler einen konstruktiven Bestandteil des Lernens darstellen und ein Zeichen für das Bemühen sind, nicht für ein Versagen. Laut den Organisatoren dieses Festivals setzt die moderne Gesellschaft zu sehr auf vorzeigbare Ergebnisse und fördert damit eine Kultur der intellektuellen Feigheit. Damit würden genau jener intellektuelle Gärprozess und die Risikobereitschaft abgewürgt, die in der Geschichte Frankreichs die großen Entdeckungen hervorgebracht hätten.

Vom Pariser *Festival d'erreur* zur FailCon in San Francisco ist der Sprung nicht weit. Dort treffen sich einmal im Jahr technisch orientierte Unternehmer mit Risikokapitalgebern und sprechen über Fehler, denen sie entscheidende Erkenntnisse zur erfolgreicheren Ausrichtung ihrer Geschäftsstrategien verdanken. Thomas Edison bezeichnete Misserfolge als Quelle der Inspiration. Ihm wird die Bemerkung zugeschrieben: »Ich bin nicht gescheitert. Ich habe lediglich 10 000 Ansätze entdeckt, die nicht funktionieren.« In seinen Augen war Beharrlichkeit angesichts von Fehlschlägen der Schlüssel zum Erfolg.

In der Wissenschaft, die unser heutiges Weltverständnis geprägt hat, gehört das Scheitern von Experimenten einfach dazu. Dank Beharrlichkeit und Resilienz können Menschen Misserfolge auch als nützliche Informationen einstufen, die jeglicher erfolgreicher Innovation und fast jeglichem erfolgreichen Lernprozess zugrunde liegen. Ein Misserfolg zeigt an, dass man sich entweder noch mehr anstrengen muss oder aber einen neuen Ansatz benötigt. Das kann auch befreiend sein. Als Steve Jobs 2005 vor Stanford-Absolventen sprach, erzählte er, wie er 1985 im Alter von 30 Jahren von dem von ihm mitgegründeten Unternehmen Apple gefeuert wurde. »Damals sah ich das anders, doch im Nachhinein zählt die Entlassung durch Apple zum Besten, was mir je passieren konnte. Das mühsame Streben nach Erfolg wich der Leichtigkeit, wieder ein Anfänger zu sein, der sich in jeder Hinsicht weniger sicher ist. Diese Freiheit bescherte mir einen ungeheuer kreativen Lebensabschnitt.«

Es ist also nicht etwa der Misserfolg selbst, der wünschenswert ist, sondern vielmehr der unerschrockene Einsatz allen Risiken zum Trotz, die Entdeckung, was funktioniert und was nicht, die mitunter nur durch Fehlschläge eintritt. Es geht um das Vertrauen darauf, dass der Versuch, ein Rätsel selbst zu lösen, uns besser weiterhilft als jede vorgekaute Lösung, auch wenn die erste tastende Suche nach der Lösung holprig verlaufen mag.

Ein Beispiel für generatives Lernen

Generatives Lernen ist der bereits erwähnte Prozess beim Versuch, ohne nähere Anleitung eine eigenständige Lösung für ein Problem zu finden – wir müssen die Antwort selbst generieren, anstatt uns nur daran zu erinnern. Dahinter steckt letztlich das Prinzip von *Trial-and-Error*, also Versuch und Irrtum. Wir alle kennen die Geschichten der schlaksigen Nerds, die in den Garagen von Silicon Valley an ihren Computern herumbasteln und plötzlich Milliardäre sind. Deshalb möchten wir Autoren hier ein ganz anderes Beispiel präsentieren, nämlich Bonnie Blodgett aus Minnesota.

Bonnie ist Autorin und begeisterte Hobbygärtnerin, obwohl eine Stimme in ihrem Kopf ihr unablässig zu verstehen gibt, wieso ihr neuester Einfall zweifellos schiefgehen und sie blamieren wird. Einerseits hat sie einen ausgeprägten Sinn für Ästhetik, andererseits zweifelt sie ständig an sich selbst. Ihr Lernstil ließe sich beschreiben mit »Spring ins Ungewisse, denn wenn du vorher genauer hinsiehst, wird dir das, was du siehst, bestimmt nicht gefallen«. Ihre Gartenkolumne erscheint unter dem Titel »The Blundering Gardener«, was so viel bedeutet wie »Die unbedarfte Gärtnerin«. Mit diesem Namen weist sie ihre Selbstzweifel in die Schranken, denn allem denkbaren Scheitern zum Trotz krempelt sie längst wieder die Ärmel hoch. »Unbedarftheit bedeutet, dass man mit einem Projekt loslegt, ohne sich vorher genau zu informieren, wie das eigentlich geht, und ohne zu wissen, worauf man sich einlässt. Von Anfang an genau zu wissen, worauf ich mich einlasse, wäre für mich womöglich ein so enormes Hindernis, dass ich gar nicht erst anfangen würde.«[18]

Bonnies Erfolg zeigt, wie man durch das Ringen mit einem Problem sehr viel lernt und wie aus beharrlicher Entschlossenheit, auf einem bestimmten Gebiet durch Versuch und Irrtum weiterzukommen, komplexes Fachwissen über vielfältige Zusammenhänge erwachsen kann. Als wir miteinander sprachen, hatte sie sich gerade im Süden von Minnesota mit Farmern getroffen, die zu diversen Themen von Entwurf und Anlage eines Gartens bis hin zu Ungezieferbekämpfung und Bewässerung ihre Expertenmeinung hören wollten. Seit Bonnie vor Jahren ihr erstes Beet umgegraben hat, sind ihre Kolumnen landesweit bekannt geworden und haben ihr weit und breit eine treue Leserschaft beschert. Ihr Garten avancierte zum Reiseziel für andere Gärtner.

Ihre Leidenschaft für Ziergärten keimte erst im mittleren Alter. Sie hatte keinerlei Ausbildung, nur den glühenden Wunsch, höchstpersönlich hübsche Eckchen auf dem Grundstück zu erschaffen, das sie und ihr Mann in einem alten Viertel von St. Paul bewohnen.

»Etwas Schönes zu erschaffen ist für mich beruhigend«, sagt sie, doch im Grunde geht es ihr ums Entdecken. Bonnie hatte immer geschrieben, und einige Jahre nach den ersten tastenden Schritten im Garten brachte sie vierteljährlich einen Gartenrundbrief heraus, in dem sie ihre Vorhaben und Fehlschläge, die Lektionen und Erfolge schildert. Sie schreibt genauso, wie sie gärtnert – kühn und mit dem Humor der Bescheidenheit. So gibt sie auf unterhaltsame Weise weiter, was sie wieder mal verpfuscht hat und welche unerwarteten Einsichten aus diesen Erfahrungen erwachsen sind. Mit ihrer offen zur Schau gestellten Unbedarftheit gibt sie sich und ihren Lesern die Erlaubnis, Fehler zu machen und damit klarzukommen.

Beim Schreiben über ihre Erfahrungen greift Bonnie interessanterweise zwei wichtige Lernmethoden auf, die über das Gärtnern selbst hinausgehen: Sie ruft sich die Einzelheiten und die Geschichte zu ihren Entdeckungen ins Gedächtnis, zum Beispiel ein Experiment, bei dem sie zwei Obstbäume gepfropft hat, und elaboriert ihr Vorgehen, indem sie den Lesern erklärt, was dabei herausgekommen ist. So verbindet sie das Ergebnis mit dem, was sie bisher über dieses Thema wusste oder im Verlauf ihres Vorgehens herausgefunden hat.

Ihre spontane Herangehensweise hat sie längst quer durch das Pflanzenreich geführt und damit auch tief in die lateinische Nomenklatur und die klassischen Gartenratgeber. Sie hat sich aber auch mit der Ästhetik von Raum und Struktur samt den zugehörigen Fertigkeiten auseinandergesetzt und zum Beispiel gelernt, wie man eine Steinmauer baut, wie man Wasserelemente anlegt und verbindet, wie man ein Ziertürmchen auf die Garage setzt, wie man Wege, Treppen und Tore erbaut. Und ganz nebenbei lernte sie noch, wie man einen klassischen Gartenzaun herausreißt und das Holz für eine luftigere Abgrenzung wiederverwendet – um einen horizontaleren Eindruck zu vermitteln und die erdrückende Vertikalität ihrer dreistöckigen viktorianischen Villa abzumildern und diese besser in den Garten einzubetten – oder wie man Außenbereiche luftiger und besser einsehbar gestaltet, ohne dabei das Gefühl von Privatsphäre einzubüßen, die einen Garten zu einem ganz eigenen Raum macht. Die von ihr geschaffenen Oasen sind eigenwillig und asymmetrisch, womit sie die Illusion vermitteln, natürlich gewachsen zu sein, aber indem Bonnie die Oberflächen, Linien und Formen immer wieder aufgreift, fügen diese sich zu einem Ganzen.

Wie sie sich schrittweise immer komplexeres Wissen aneignete, wird sehr schön nachvollziehbar, wenn sie schildert, wie sie sich in die diversen Pflanzenarten und die lateinische Terminologie eingearbeitet hat. »Am Anfang war die Welt der Pflanzen für mich wie eine unbekannte Fremdsprache. Ich las in den Gartenbüchern und verstand kein Wort, denn ich kannte weder die normalen noch die lateinischen Pflanzennamen. Allerdings hatte ich auch nie vor, das alles zu lernen. Ich sage mir eher: Warum solltest du? Warum gehst du nicht einfach raus, gräbst ein Loch und pflanzt etwas ein?« Was sie ansprach, waren Bilder, die sie inspirierten, und Texte, in denen die Gartenarchitekten Ausdrücke wie »mein Prozess« verwendeten, wenn sie beschrieben, wie sie den gewünschten Effekt erreicht hatten. Es war das Possessivpronomen »mein«, das Bonnie darin bestärkte, sich kopfüber in das eigene Experimentieren zu stürzen. Dahinter steckt die Vorstellung, dass Gartenfreunde sich immer auf einen ureigenen Prozess einlassen. Zu Bonnies Vorgehensweise gehörte nicht etwa, sich bei Experten Rat zu holen oder die Linné'sche Taxonomie oder die lateinischen Bezeichnungen all dessen zu lernen, was sie in ihren Garten setzte und wässerte. Doch im Verlauf dieses Herumwerkelns, das aus Erde die magischen Kreationen hervorbringen sollte, die ihr vorschwebten, stieß sie dennoch auf Latein und Linné.

»Irgendwann stellst du fest, dass die lateinischen Namen hilfreich sind. Du kannst damit leichter durchschauen, mit was für einer Pflanze du es zu tun hast, und sie sind eine gute Gedächtnisstütze. *Tardiva,* der Name der Art, kommt nach *Hydrangea,* der Gattungsbezeichnung.« Bonnie hatte in der Schule Latein und Französisch gelernt, und nun kehrten die Hinweisreize für diese Lerninhalte zurück. »*Tardiva* bedeutet ›die Späte‹, passt also zu Spätblühern. Dieser Zusatz taucht bei vielen Pflanzenarten auf, und wenn man die Gattung liest und danach *tardiva* sieht, weiß man auf Anhieb, dass diese spezielle Art eher spät blüht. Damit beginnt die Erkenntnis, dass die lateinischen Namen eine gute Merkhilfe darstellen, und plötzlich benutzt man sie immer häufiger. Außerdem kann man sich an die Pflanzen besser erinnern, wenn man erst einmal weiß, dass *procumbus* ein Hinweis auf einen Bodendecker ist. Ab da wird alles logisch. Damit ist es gar nicht mehr so schwer, einen bestimmten Namen aufzurufen, der zu einer Gattung gehört. Und erst anhand des lateinischen Namens kann man eine Pflanze absolut sicher zuordnen, denn die landläufigen Namen können regional unterschiedlich sein. *Acataea racemosa* wird normalerweise als Trauben-Silberkerze bezeichnet, mitunter aber auch als Schlangenwurzel oder Frauenwurzel. Diese Namen können aber auch für andere Pflanzen gelten. Nur *Acataea racemosa* ist eindeutig.« Trotz ihrer inneren Widerstände eignete sie sich somit allmählich die klassische Taxonomie der Zierpflanzen an und wusste irgendwann zu schätzen, wie Linnés Schema die Familienbeziehungen und Eigenschaften abbildet.

Die Farmer, mit denen Bonnie kurz zuvor gesprochen hatte, hatten sich besonders dafür interessiert, was sie in Bezug auf Nährstoffzufuhr und Bodenbelüftung über die Vorteile von Kompostierung und Regenwürmern im Vergleich zu chemischen Düngemitteln herausgefunden hatte und wie man über eine sparsame Wasserzufuhr durch ein Tröpfchenbewässerungssystem Marke Eigenbau eine kräftige Wurzelbildung anregt. Während sie von dieser Zusammenkunft berichtete, hielt sie inne, um zu überlegen, woher sie eigentlich all dieses Wissen hat. Sie hatte sich nie vorgenommen, all das zu lernen. »Unbedarft loszulegen ist nicht zwangsläufig von Nachteil. Das Gute daran ist, dass man überhaupt etwas zustande bringt. Viele Menschen denken ewig darüber nach, wie ungeheuer groß der Berg ist, erkennen, was alles dazugehört, und schrecken dann entmutigt zurück.«

In gewissen Szenarien – zum Beispiel als künftige Fallschirmspringerin, die mit dem Leben davonkommen will – ist Unbedarftheit natürlich nicht unbedingt die sinnvollste Lernstrategie.

Unerwünschte Erschwernisse

Elizabeth und Robert Bjork, die den Ausdruck der »wünschenswerten Erschwernisse« prägten, begründeten diese Einschätzung damit, dass Schwierigkeiten »Enkodierungs- und Abrufprozesse auslösen, die das Lernen, das Begreifen und das Erinnern unterstützen. Wenn Lernwilligen allerdings das nötige Hintergrundwissen oder die Fähigkeiten für eine erfolgreiche Herangehensweise fehlen, liegen unerwünschte Erschwernisse vor.«[19] Über empirische Untersuchungen hat die Kognitionswissenschaft nachgewiesen, dass Abfragen, zeitlich versetztes Üben, Themenwechsel, Abwechslung, generatives Lernen und bestimmte Formen der Kontextüberlagerung das Lernen und Behalten fördern. Hinzu kommt eine intuitive Ahnung, welche Schwierigkeiten unerwünscht sind, doch mangels entsprechender Studien gibt es hierzu noch keine definitiven Aussagen.

Unüberwindbare Hindernisse sind zumindest nicht wünschenswert. Eine Lektion anders darzustellen, als sie im Lehrbuch geschildert ist, überfordert Schüler, die noch nicht die nötigen Lesekünste oder Sprachkenntnisse haben, um dem Gedankengang lange genug zu folgen und die Diskrepanzen zusammenzusetzen. Wenn Ihr Lehrbuch auf Litauisch verfasst ist, Sie die Sprache aber nicht beherrschen, ist das kaum eine wünschenswerte Erschwernis. Wünschenswert ist vielmehr ein Schwierigkeitsgrad, den man beim Lernen durch vermehrte Anstrengung bewältigen kann.

Intuitiv erscheint es naheliegend, dass Schwierigkeiten, die nicht die benötigten Kenntnisse verbessern oder bei den Herausforderungen helfen, auf die wir in der realen Welt treffen dürften, ebenfalls unerwünscht sind. Dass uns jemand etwas zuflüstert, während wir die Nachrichten lesen, kann für einen Nachrichtenmoderator zur Ausbildung gehören. Im Rollenspiel von aufgebrachten Demonstranten angeschrien zu werden, während man an seiner Wahlkampfrede feilt, kann einen künftigen Politiker zäher machen. Nichts davon bereitet jedoch auf die Präsidentschaft des Rotary Clubs vor oder hilft einer YouTuberin, die an einer besseren Bühnenpräsenz arbeitet. Der Kapitän eines Schubboots auf dem Mississippi muss vielleicht lernen, bei starkem Seitenwind einen Verband leerer Schubleichter in die Schleusenkammer zu bugsieren. Ein Baseballspieler könnte beim Üben seinen Schlagstock beschweren, um mehr Schlagkraft aufzubauen. Footballspieler könnten in Bezug auf Gleichgewicht und Bewegungsabläufe von bestimmten Grundprinzipien aus dem Ballett profitieren, aber nicht unbedingt von der Abschlagtechnik beim Golf oder vom Rückhandtraining im Tennis.

Gibt es demnach eine allgemeingültige Regel, welche Hindernisse den Lernprozess unterstützen? Vielleicht werden weitere Studien darauf eines Tages eine Antwort liefern.

Doch die zuvor von uns geschilderten Erschwernisse, die klar als wünschenswert belegt sind, bieten bereits vielfältige Ansatzpunkte.

Fazit

Lernen ist ein Prozess mit mindestens drei Schritten: Die anfängliche *Enkodierung* legt Informationen im Kurzzeitarbeitsgedächtnis ab, ehe daraus eine zusammenhängende Wisseneinheit für das Langzeitgedächtnis entsteht. Im Rahmen der *Konsolidierung* werden die Gedächtnisspuren umstrukturiert und stabilisiert. In dieser Phase entstehen auch Verknüpfungen zu früheren Erfahrungen und sonstigen Wissensbausteinen aus dem Langzeitgedächtnis. Erneutes *Abrufen* aktualisiert das Gelernte und befähigt uns, es bei Bedarf anzuwenden.

Lernen baut stets auf bereits vorhandenem Vorwissen auf. Wir interpretieren Ereignisse und erinnern uns daran, indem wir sie mit dem verbinden, was wir schon wissen.

Das Langzeitgedächtnis hat eine praktisch unbegrenzte Kapazität: Je mehr jemand weiß, desto mehr mögliche Anknüpfungspunkte bestehen für neues Wissen.

Wegen der enormen Kapazität des Langzeitgedächtnisses ist es sehr wichtig, dass wir Inhalte bei Bedarf auch finden und abrufen können. Maßgeblich für die Abrufbarkeit ist die *wiederholte Nutzung* der Informationen (das stärkt die Signalkaskaden), aber auch die Herausbildung stabiler *Abrufhilfen*, die Erinnerungen reaktivieren können.

Periodisches Abrufen von Lerninhalten trägt zur Stärkung der Verknüpfungen mit dem Gedächtnis und den zugehörigen Hinweisreizen bei und schwächt zugleich die Wege zu konkurrierenden Erinnerungen. Zu leichte Übungsaufgaben tragen wenig zum Lernerfolg bei – je schwieriger die Aufgabe, desto größer der Nutzen.

Beim Wiedergeben von Lernstoff aus dem Kurzzeitgedächtnis (wie beim schnellen Einpauken) ist wenig geistige Anstrengung erforderlich, sodass der Langzeiteffekt eher dürftig ausfällt. Wenn man sich hingegen nach einer gewissen Zeitspanne noch einmal aktiv erinnert und nicht mehr alles ganz genau weiß, kostet die Rekonstruktion mehr Mühe. Diese Anstrengung beim erneuten Abruf stärkt das Gedächtnis nicht nur, sondern macht es auch wieder *formbar,* und das führt zu Rekonsolidierung. Die Rekonsolidierung trägt dazu bei, Erinnerungen anhand von neueren Informationen zu aktualisieren.

Wiederholtes Abrufen oder Üben mit erhöhtem Schwierigkeitsgrad fördert die Integration des Gelernten in *mentale Modelle,* in denen miteinander zusammenhängende Vorstellungen oder eine Bewegungsabfolge zu einer Bedeutungseinheit verbunden werden, die man später anpassen und einsetzen kann. Beispiele hierfür sind die Wahrnehmungen und Handlungen beim Autofahren oder auch, wenn ein Spieler den Curveball ins Außenfeld schlägt.

Wenn die Übungsbedingungen variieren oder zwischendurch von anderem Stoff unterbrochen werden, schärfen wir unsere Fähigkeiten zu *Unterscheidung* und *induktivem Denken* (Regelbildung) und können das Erlernte später unter vielfältigeren Bedingungen anwenden. Themenwechsel und abwechslungsreiches Üben lassen neue Verknüpfungen entstehen, die das Wissen erweitern und fester im Gedächtnis verankern. Zugleich wächst dadurch die Anzahl der Hinweisreize für den Abruf.

Der Versuch, selbst eine Antwort zu finden, anstatt sich etwas zeigen zu lassen, oder aber der Versuch, ein Problem zu lösen, ehe einem die Lösung präsentiert wird, führt dazu, dass man die richtige Antwort oder Lösung besser versteht und sie sich länger merken kann. Das gilt sogar noch, wenn man eine falsche Lösung gefunden hat, sofern man korrigierendes Feedback erhält.

V.

Ich glaube, das weiß ich

Nur wenn wir in der Lage sind, die Welt um uns herum zu erfassen und unsere eigene Leistung korrekt zu beurteilen, können wir effektiv vorgehen. Wir fällen unablässig Urteile darüber, was wir wissen und nicht wissen, ob wir eine Aufgabe bewältigen können oder nicht. Während wir an etwas arbeiten, behalten wir unser Vorgehen im Auge und passen zwischendurch unsere Denkweise oder unser Handeln an.

Die Beobachtung des eigenen Denkens wird in der Psychologie als Metakognition bezeichnet (»meta« ist Griechisch und bedeutet »über«). Korrekte Selbstbeobachtung ist erlernbar und bewahrt uns vor Sackgassen, unterstützt gute Entscheidungen und lässt uns überlegen, was wir beim nächsten Mal besser machen könnten. Hierzu gehört auch, sensibel zu registrieren, wann wir einer Selbsttäuschung auf den Leim gehen. Das eine Problem an Fehleinschätzungen ist, dass wir zumeist nicht wissen, wann unser

Urteilsvermögen getrübt ist. Ein weiteres Problem ist die immense Zahl möglicher Täuschungen.[1]

In diesem Kapitel befassen wir uns mit Wahrnehmungstäuschungen, kognitiver Verzerrung (Bias) und Erinnerungsverfälschungen, also dem, was Menschen häufig in die Irre führt. Danach stellen wir Methoden vor, mit deren Hilfe man das eigene Urteil mit der Realität abgleichen kann.

Welche Folgen Fehleinschätzungen haben können, steht tagtäglich in der Zeitung. Im Sommer 2008 kamen drei Gauner in Minneapolis auf die Idee, telefonisch große Mengen Fastfood zu ordern und dem Lieferanten dann nicht nur seine Ware, sondern auch all sein Bargeld abzunehmen. Es war ein sehr einfaches Geschäftsmodell. Also blieben sie dabei, ohne zu bedenken, dass sie ihre Bestellungen immer von zwei identischen Mobiltelefonen aus aufgaben und lediglich an zwei Adressen liefern ließen.

In jenem Sommer arbeitete der Polizist David Garman in Minneapolis undercover. »Ihr Vorgehen wurde immer aggressiver. Anfangs hieß es noch, sie hätten möglicherweise eine Waffe, dann waren es plötzlich zwei Schusswaffen, und schließlich wurden beim Ausrauben Menschen verletzt.«

Im August wurde Garman eines Abends benachrichtigt, dass in einem Chinarestaurant eine größere telefonische Bestellung eingegangen war. Auf die Schnelle stellte er ein kleines Team zusammen und übernahm selbst die Rolle des Lieferanten. Seine schusssichere Weste verbarg er unter einem lockeren Shirt und steckte auch seine eigene Waffe ein, eine .45 Automatic. Während seine Kollegen in der Nähe der Lieferadresse auf Position gingen, holte Garman die Lieferung ab, fuhr hin und parkte so, dass seine Scheinwerfer die Eingangstür beleuchteten. In den unteren Teil der Liefertasche hatte er einen Schlitz geschnitten und einen .38er Revolver hineingeschoben, der beim Tragen in seiner Hand ruhte. »Der .38er hatte einen verborgenen Hammer, sodass ich damit in der Tasche schießen konnte. Die Automatikwaffe hätte dort blockieren können, dann wäre ich geliefert gewesen.«

Ich komme also mit meinem Zeug und sage: »Guten Abend, haben Sie dieses Essen bestellt?« Er sagt: »Ja«, und ich denke noch, hey, der bezahlt mich jetzt echt, und dann stehe ich mit meinen Leuten hier und bin der Oberdepp. Ich denke, wenn der mir jetzt 40 Dollar in die Hand drückt, weiß ich nicht mal, was es kostet. Aber er sieht sich kurz um, und da tauchen zwei weitere Typen auf, die ihre Kapuzen überwerfen, während sie auf mich zukommen. Da weiß ich, das Spiel geht los. Der erste Kerl zieht blitzschnell eine Pistole aus der Tasche, entsichert und setzt sie mir an den Kopf, alles in derselben Bewegung, und er sagt: »Gib mir alles, was du hast, du Scheißer, oder ich bring dich um.« Worauf ich durch die Tasche auf ihn schieße. Es waren vier Schuss.[2]

Also doch kein so gutes Geschäftsmodell. Der Mann wurde in den Unterleib getroffen und überlebte, auch wenn er jetzt nicht mehr ganz so männlich ist. Wenn die Lieferung nicht so schwer gewesen wäre, hätte Garman höher gezielt. Aus dieser Erfahrung nahm er die Lehre mit, sich nächstes Mal besser vorzubereiten. Auf seine Bitte hin gehen wir auf diese neue Strategie hier nicht näher ein.

Wir reden uns gern ein, dass wir schlauer sind als der Durchschnitt, und selbst wenn das nicht stimmt, fühlen wir uns jedes Jahr in dieser Einschätzung bestätigt, wenn die aktuellen Preisträger des Darwin Awards durch die Medien gehen – die kurze Liste derer, die sich dank spektakulärer Fehleinschätzung selbst aus dem Genpool gekegelt haben (wie jener Anwalt aus Toronto, der die Qualität der Fenster in seinem Büro im 22. Stock demonstrieren wollte, indem er sich mit der Schulter dagegenwarf, durchbrach und dann hinausstürzte). In Wahrheit sind wir alle auf Fehlurteile programmiert. Ein gutes Urteilsvermögen ist eine Kunst, die man erst erwerben muss, indem man die eigene Denkweise und die eigenen Ergebnisse aufmerksam beobachtet. Dabei sind wir zunächst in mehrfacher Hinsicht im Nachteil. Solange wir keine Ahnung haben, neigen wir nämlich dazu, unsere Kompetenz zu überschätzen, und sehen wenig Anlass, uns zu verändern. Hinzu kommt, dass Menschen sich bereitwillig von Illusionen, Vorurteilen und den Geschichten, mit denen wir uns die Welt und unseren Platz darin erklären, in die Irre führen lassen. Um kompetenter (oder gar Experte) zu werden, müssen wir lernen, Kompetenz bei anderen zu erkennen und unser eigenes Wissen und dessen Grenzen genauer zu beurteilen. Wir müssen ergebnisorientierte Lernstrategien entwickeln und objektive Methoden finden, unsere Fortschritte zu messen.

Zwei Wissenssysteme

In seinem Buch »Schnelles Denken, langsames Denken« beschreibt Daniel Kahneman unsere beiden Analysesysteme. Was er als System 1 (das automatische System) bezeichnet, arbeitet unbewusst, intuitiv und prompt. Dieses System nutzt unsere Sinneseindrücke und Erinnerungen, um in Windeseile eine Situation zu erfassen. Das ist der Ballträger im Football, der sich einen Weg durch die Verteidigung bahnt, um in die Endzone zu kommen. Es ist der Polizist, der sich einem Fahrer nähert, den er an einem kalten Tag herausgewinkt hat, und ausweicht, noch ehe ihm bewusst wird, dass seine Augen gerade eine Schweißperle wahrgenommen haben, die dem Mann über die Schläfe rinnt.

System 2 (das bewusste System) ist der langsamere Prozess des bewussten Analysierens und Abwägens. Das ist der Teil des Denkens, der Möglichkeiten erkennt, Entscheidungen trifft und mit Selbstbeherrschung vorgeht. Wir benutzen dieses Denken aber auch, um System 1 darauf zu trainieren, bestimmte Situationen zu erkennen, die eine Reflexreaktion erfordern, und diese dann auszuführen. Solange der Ballträger die Züge in seinem Playbook durchgeht, verwendet er System 2. Der Polizist wählt System 2, wenn er übt, wie man jemanden entwaffnet. Ein Neurochirurg nutzt dieses System, wenn er sich vor Augen führt, wie er den zerrissenen Sinus reparieren will.

System 1 läuft automatisch ab und hat großen Einfluss auf uns. Es ist jedoch anfällig für Illusionen, deshalb benötigen wir System 2 für das Selbstmanagement, denn mit diesem System prüfen wir die eigenen Impulse, planen voraus, identifizieren Wahlmöglichkeiten, durchleuchten ihre Folgen und bleiben Herr unseres Handelns. Wenn ein Mann im Restaurant an einer Mutter mit einem Kleinkind vorbeigeht und das Kind »Papi!« ruft, ist System 1 aktiv. Wenn die Mutter dann rot wird und dem Kind erklärt: »Nein, Süße, das ist nicht Papi, das ist ein *Mann«*, agiert sie ersatzweise als System 2 und hilft der Kleinen, ihr System 1 zu schärfen.

System 1 ist mächtig, weil es sich aus jahrelanger Erfahrung und tief verwurzelten Emotionen speist. In einer Gefahrensituation sorgt es für die nötigen Reflexe zum Überleben. Außerdem ist es verantwortlich für das erstaunliche Geschick, das wir uns in vielen tausend Übungsstunden in einem selbst gewählten Gebiet angeeignet haben. Beim Wechselspiel zwischen System 1 und 2 (das Malcolm Gladwell in seinem Buch »Blink!« genauer beleuchtet) ringt stets die spontane Einschätzung der Situation mit der Fähigkeit zur Skepsis und zur nachdenklichen Analyse. Wenn die Schlussfolgerungen von System 1 allerdings auf einer falschen Wahrnehmung oder Illusion beruhen, können sie irreführend sein. Wer insgesamt kompetenter oder auf irgendeinem Gebiet richtig gut werden will, muss daher lernen, wann er seiner Intuition vertrauen darf und wann er sie hinterfragen sollte. Denn nicht nur Leichtgläubige lassen sich täuschen. In unterschiedlichem Maße sind wir alle anfällig dafür. Piloten zum Beispiel können allen möglichen Wahrnehmungstäuschungen erliegen. Sie werden intensiv geschult, sich davor zu hüten und ihre Instrumente einzusetzen, um sicher zu sein, dass sie die Lage korrekt beurteilen.

Ein erschreckendes Beispiel, das glücklicherweise gerade noch glimpflich endete, war der Flug China Airlines 006 im Winter 1985. Die Boeing 747 war in 41 000 Fuß Höhe auf dem Weg von Taipei nach Los Angeles und noch eine gute Stunde von ihrem Zielflughafen entfernt, als das vierte Triebwerk ausfiel. Die Fluggeschwindigkeit ließ nach. Anstatt zu manueller Kontrolle überzugehen, auf unter 30 000 Fuß abzusinken und das Triebwerk neu zu starten (wie es das Handbuch vorsah), blieb die Crew per Autopilot auf 41 000 Fuß und versuchte dort den Neustart. Wegen des Verlusts eines Triebwerks hatte das Flugzeug inzwischen jedoch asymmetrischen Schub. Das versuchte der Autopilot unter Beibehaltung der Flughöhe zu korrigieren, doch da das Flugzeug dabei weiterhin langsamer wurde, begann es, nach rechts zu rollen. Der Flugkapitän war sich der Drehzahlverminderung bewusst, hatte jedoch nicht registriert, wie stark die Maschine bereits in Schräglage gegangen war. System 1 hätte jetzt den Vestibularreflex beisteuern können, mit dem das Innenohr die räumliche Orientierung wahrnimmt, doch aufgrund der Flugbahn hatte er das Gefühl, horizontal zu fliegen. System 2 hätte durch einen Blick zum Horizont und auf die Instrumente die passenden Hinweise geliefert. Vorschriftsmäßig hätte er jetzt das Seitenruder nach links ausschlagen müssen, um den rechten Flügel wieder anzuheben, doch sein System 2 konzentrierte sich ganz auf die Angaben zu Fluggeschwindigkeit und die Bemühungen seines Ersten Offiziers und des Bordingenieurs, das Triebwerk wieder in Gang zu bringen.

Bei zunehmender Schräglage geriet die Maschine auf 37 000 Fuß in eine hohe Wolkendecke, die den Horizont verhüllte. Der Kapitän schaltete den Autopiloten ab und drückte die Nase herunter, um schneller zu werden, doch das Flugzeug hatte sich bereits über 45 Grad geneigt, kippte und ging in den freien Fall über. Diese Situation verwirrte die Crew. Sie begriffen, dass die Maschine chaotisch reagierte, waren sich aber nicht bewusst, dass sie sich umgedreht hatten und im Sturzflug befanden. Da sie den Schub der anderen drei Triebwerke nicht mehr wahrnahmen, gingen sie davon aus, dass auch diese ausgefallen waren. Das Absinken konnten sie an ihren Messinstrumenten ablesen, doch der Winkel war so unwahrscheinlich, dass sie davon ausgingen, dass die Elektronik versagte. Bei 11 000 Fuß brachen sie aus den Wolken hervor und registrierten verblüfft, dass sie auf die Erde zurasten. Kapitän und Erster Offizier rissen beide das Steuerhorn zurück, womit sie den Flieger gewaltigen Kräften aussetzten, ihn aber auch wieder abfangen konnten. Das Fahrwerk war unwiderruflich ausgefahren, und sie hatten ein Hydrauliksystem eingebüßt, aber alle vier Triebwerke sprangen wieder an, und der Kapitän konnte den Flug fortsetzen und erfolgreich nach San Francisco umleiten. Der Inspektionsbericht schildert die schlimmen Folgen dieses Manövers: Kräfte, welche die Schwerkraft um das Fünffache überstiegen, hatten die Flügel der Maschine dauerhaft aufwärts verbogen, zwei Fahrwerksstreben gebrochen und zwei Fahrwerksklappen sowie erhebliche Teile des Höhenleitwerks weggerissen.

Der Begriff »räumliche Desorientierung« beschreibt in der Luftfahrt die gefährliche Kombination von zwei Elementen: Der Horizont ist nicht mehr zu sehen, und man verlässt sich auf die menschliche Sinneswahrnehmung, die zwar nicht der Realität entspricht, aber so überzeugend ist, dass Piloten davon ausgehen, dass ihre Cockpitinstrumente versagt hätten. Wie Kahneman sagt, kann es sehr schwer sein, sich den instinktiven Reflexen von System 1 zu widersetzen, das Gefahren entdeckt und uns am Leben erhalten will. Der anfängliche Zwischenfall bei Flug 006 – der Verlust eines Triebwerks beim Flug in großer Höhe – gilt nicht als Notfall, wurde jedoch aufgrund des Vorgehens des Flugkapitäns schnell zu einem solchen. Anstatt den Vorschriften zu folgen und durch Beachtung aller Instrumente ganz auf die analytischen Fähigkeiten von System 2 zu setzen, ließ der Pilot zu, sich lediglich auf den Neustart des Triebwerks und einen einzigen Wert zu konzentrieren, die Fluggeschwindigkeit. Und als die Lage außer Kontrolle geriet, vertraute er nicht seinen Instrumenten, sondern seinen Sinnen und strickte sich seine eigene Geschichte zu dem, was gerade mit der Maschine geschah.

Es gibt diverse Illusionen, denen Piloten erliegen können, von der Schräglage-Illusion über das Todesstrudeln bis hin zur Todesspirale, und im Internet gibt es Seiten, auf denen die erschütternden letzten Worte von Piloten zu finden sind, die einfach nicht begreifen, was gerade schiefgegangen ist. Räumliche Desorientierung war vermutlich für den Unfall verantwortlich, bei dem der Gouverneur von Missouri, Mel Carnahan, im Oktober 2000 bei einem Nachtflug durch ein Gewitter ums Leben kam, und wahrscheinlich auch für das Unglück, das in einer verhangenen Julinacht 1999 John F. Kennedy Junior, seine Frau und deren Schwester vor der Küste von Martha's Vineyard das

Leben kostete. Der Zwischenfall mit China Airlines nahm zum Glück ein gutes Ende, aber der Bericht der Untersuchungsbehörde zeigt auf, wie schnell Ausbildung und Berufserfahrung von System-1-Illusionen gekapert werden können und warum wir genau deshalb ein diszipliniertes System 2 kultivieren müssen, das mittels bewusster Analyse und Vernunft stets die Instrumente im Auge behält.[3]

Illusionen und Gedächtnisverfälschungen

In einer Artikelserie in der *New York Times* zu Illusionen zitiert der Filmregisseur Errol Morris den Sozialpsychologen David Dunning zum typisch menschlichen Hang zum Selbstbetrug oder, wie Dunning es ausdrückt, »der schieren Genialität, mit der Menschen sich selbst von ihnen zusagenden Argumenten überzeugen, während sie zugleich die Wahrheit unangenehmer Argumente abstreiten«.[4] (Der britische Premierminister Benjamin Disraeli sagte einst von einem politischen Gegner, sein Gewissen sei nicht seine Richtschnur, sondern sein Komplize.) Die Urteile von System 1 und 2 können auf mannigfache Weise irregeleitet werden. Hierzu gehören Wahrnehmungstäuschungen (wie zum Beispiel bei Piloten), fehlerhafte Narrative, verzerrte Erinnerungen, Nichterkennen, wann ein neues Problem eine neue Lösungsweise erfordert, und diverse kognitive Urteilsverzerrungen, für die der Mensch anfällig ist. In diesem Abschnitt beschreiben wir einige dieser Gefahren, aber auch mögliche Gegenmaßnahmen wie das Prüfen der Cockpitinstrumente, mit denen sich das Denken an der Realität ausrichten lässt.

Unser Verständnis von der Welt gründet auf dem *Hunger nach einem Narrativ*, das darauf beruht, dass wir Unklarheit und die Launen des Schicksals nur schwer ertragen. Angesichts überraschender Ereignisse suchen wir nach sinnstiftenden Erklärungen. Selbst bei Nebensächlichkeiten ist der Wunsch, Unklarheiten aufzulösen, mitunter erstaunlich ausgeprägt. Für eine Studie erklärte man den Teilnehmern, es ginge darin um ihr Leseverständnis und ihre Fähigkeit, Anagramme zu lösen. Im Hintergrund wurde jedoch ein ablenkendes Telefongespräch geführt. Einige Teilnehmer hörten nur die eine Seite des Gesprächs, andere hörten beide Seiten. Da die Teilnehmer der Studie nicht wussten, dass es in Wahrheit um ihren Umgang mit der Ablenkung ging, bemühten sie sich, das Gehörte zu ignorieren und sich ganz auf das Lesen und die Anagramme zu konzentrieren. Die Ergebnisse zeigten, dass das Anhören nur einer Hälfte des Gesprächs eine stärkere Ablenkung darstellte als das Anhören beider Gesprächspartner. Zudem konnten die unfreiwilligen Ohrenzeugen sich später besser an den Inhalt der Teilgespräche erinnern. Wie kam das? Diejenigen, die nur die eine Hälfte des Gesprächs mithörten, verspürten vermutlich einen starken Drang, die fehlende Hälfte so zu ergänzen, dass daraus eine sinnvolle Erzählung wurde. Wie die Autoren aufzeigen, könnte die Studie eine Erklärung dafür liefern, warum wir das mobile Telefonieren in der Öffentlichkeit als so aufdringlich empfinden. Sie demonstriert aber auch, wie wir automatisch dazu neigen, den Ereignissen um uns herum rationale Erklärungen zu geben.

Mindestens genauso unangenehm sind Unklarheiten und Willkür für uns, wenn es um das rationale Verständnis des eigenen Lebens geht. Wir möchten aus dem, was wir erleben, eine logische Geschichte spinnen, die unsere Lebensumstände, das, was uns widerfährt, und unsere Entscheidungen erklärt. Dafür erzeugt jeder Mensch sein ganz eigenes Narrativ, in dem viele Fäden aus dem gemeinsamen kulturellen und menschlichen Erleben verwoben sind, aber eben auch ganz individuelle Fäden, die bestimmte Ereignisse der eigenen Vergangenheit erklären. All diese Erfahrungen beeinflussen nicht nur, was dem Einzelnen in der jeweiligen Situation durch den Kopf geht, sondern auch das Narrativ, mit dem er die Situation deutet: Warum bin ich in meiner Familie die Erste, die studiert? Warum hat mein Vater mit seiner Firma nie viel verdient? Warum würde ich nie freiwillig in einem großen Konzern arbeiten? (Oder: Warum möchte ich auf keinen Fall selbstständig sein?) Wir tendieren zu den Narrativen, die unsere Emotionen am besten erklären. So verschmelzen Narrativ und Erinnerung. Die Erinnerungen, denen wir eine Bedeutung beimessen, werden zu denen, die am leichtesten zugänglich sind. Neben Bedeutung liefert ein Narrativ aber auch den mentalen Rahmen, mit dessen Hilfe wir künftigen Erfahrungen und Informationen einen Sinn zuweisen – womit wir zugleich neue Erinnerungen gestalten, die zu unseren bisherigen Vorstellungen von der Welt und uns selbst passen. Wenn eine Leserin erklären soll, warum eine Romanfigur unter Druck eine bestimmte Wahl getroffen hat, wird ihre Erklärung, was wohl in dieser Person vorgegangen sein mag, unwillkürlich auch die eigene Lebenserfahrung einbeziehen. Wie Romanautoren verlassen sich auch Magier oder Politiker auf die verführerische Macht des Narrativs und darauf, dass das Publikum seine Zweifel bereitwillig aufgibt. Besonders auffällig ist so etwas in der politischen Debatte, wo sich Gleichgesinnte online, in der Gemeinde und in den Medien zusammenfinden, um ein gemeinsames Ziel auszuloten und an der Geschichte zu stricken, die ihre persönliche Weltsicht und die demzufolge nötigen Schritte für die Menschen und die Politik am besten erklärt.

Wie schnell das persönliche Narrativ anspringt, um Emotionen zu erklären, zeigt sich beim Lesen eines einseitigen Onlinebeitrags zu einem beliebigen Thema – zum Beispiel einem Leitartikel, der Tests als ausgezeichnete Lernmethode propagiert. Überfliegen Sie anschließend die Kommentare: Manche Leser jubeln, andere gehen sofort auf die Palme, und jeder steuert eine persönliche Geschichte bei, welche den zentralen Punkt der Kolumne entweder untermauert oder negiert. Die Psychologen Larry Jacoby, Robert Bjork und Colleen Kelley fassten Studien zu Illusionen in Bezug auf Verständnis, Kompetenz und Erinnerung mit den Worten zusammen, dass es kaum möglich sei, in das eigene Urteil keine subjektiven Erfahrungen einfließen zu lassen. Menschen halten einen objektiven Bericht über ein Ereignis aus der Vergangenheit für nicht glaubwürdiger als ihre subjektiven Erinnerungen daran, und wir sind überraschend blind dafür, wie individuell unsere spezielle Interpretation einer Situation ist. Deshalb hat das Narrativ der

Erinnerung entscheidenden Einfluss auf unsere intuitiven Urteile und unser Handeln.[5]

Es ist somit ein verblüffendes Paradox, dass die veränderliche Natur unseres Gedächtnisses nicht nur unsere Wahrnehmung verzerren kann, sondern auch unabdingbar für unsere Lernfähigkeit ist. Wann immer wir uns bewusst an etwas erinnern, verstärken wir die neuronalen Pfade für diese Erinnerung. Diese Fähigkeit, Erinnerungen zu verstärken, zu erweitern und zu verändern, ist entscheidend dafür, wie weit wir das Gelernte vertiefen und durch Verbindungen zu bisherigem Wissen und zu unseren Handlungsoptionen erweitern können. Das Gedächtnis ähnelt gewissermaßen dem Algorithmus einer Suchmaschine: Je mehr wir neues Wissen mit dem verknüpfen, was bereits vorhanden ist, und je mehr Assoziationen eine Erinnerung zugewiesen bekommt (zum Beispiel durch die Verbindung mit einer Abbildung, einem Ort oder einer Geschichte), desto mehr mentale Hinweisreize stehen bereit, über die wir das Gedächtnis später wieder anzapfen können. Diese Fähigkeit erweitert unsere Optionen und unsere Handlungsfähigkeit. Weil das Gedächtnis jedoch in ständigem Wandel begriffen ist, um widerstreitende Impulse, Emotionen, Vorschläge und Narrative zu versöhnen, ist es hilfreich, sich bewusst zu machen, dass wir täuschbar sind. Selbst unsere schönsten Erinnerungen entsprechen möglicherweise nicht genau dem tatsächlichen Geschehen.

Erinnerungen können verzerrt sein, und zwar auf vielerlei Art. Menschen interpretieren ein Geschehen aus ihrem eigenen Wissen heraus und stellen Reihenfolgen her, die es nicht gab, um die Geschichte logischer zu machen. Erinnerung ist Rekonstruktion. Wir können uns nicht an jede Einzelheit eines Vorfalls erinnern, sondern wir erinnern uns an die Elemente, die für uns die größte emotionale Bedeutung haben. Die Lücken füllen wir mit eigenen Details, die zu unserem Narrativ passen, aber falsch sein können.

Menschen erinnern sich auch an Dinge, die zwar angedeutet, aber nicht ausdrücklich genannt wurden. Dafür gibt es viele Beispiele. In einer Studie lasen viele Menschen einen Abschnitt über die Schwierigkeiten eines jungen Mädchens mit Namen Helen Keller und gaben später an, in dem Text hätte die Formulierung »blind, taub und stumm« gestanden. Was nicht stimmte. Bei einer anderen Gruppe, der man denselben Text vorlegte, in dem das Mädchen jedoch Carol Harris hieß, trat dieser Fehler kaum auf.[6]

Pseudoerinnerungen beziehen sich auf das Phänomen, dass Menschen, die man auffordert, sich ein Ereignis auszumalen, bei späterer Nachfrage mitunter glauben, dass dieses Ereignis tatsächlich stattgefunden hat. Erwachsene, die gefragt wurden: »Haben Sie jemals ein Fenster eingeschlagen?«, gingen später in einem biografischen Fragebogen häufiger davon aus, dass so etwas einmal passiert wäre. Offenbar hatten sie sich das Ereignis auf die Frage hin vorgestellt, und bereits diese Vorstellung weckte bei dieser Gruppe eher die Vermutung, dass so etwas wohl einmal passiert war. In einer Vergleichsgruppe, die sich die Situation zuvor nicht ausgemalt hatte, fielen die Antworten anders aus.

Hypothetische Ereignisse, die man sich lebhaft vorstellt, können sich im Gedächtnis ebenso fest verankern wie Erinnerungen an tatsächliche Ereignisse. Das gilt zum Beispiel auch bei dem Verdacht auf sexuellen Missbrauch. Wenn ein Kind zu diesem Thema befragt wird, kann es sich die beschriebenen Erlebnisse ausmalen und sich später daran »erinnern«, als wären sie wirklich geschehen.[7] (Allerdings entsprechen viele Erinnerungen an sexuellen Missbrauch in der Kindheit leider tatsächlich der Wahrheit, insbesondere jene, von denen bald nach dem Vorfall berichtet wird.)

Auch *Suggestionen* sind eine Form der Gedächtnisverfälschung und können bereits durch die Formulierung der Frage entstehen. In einem Experiment sollten die Probanden ein Video von einem Fahrzeug ansehen, das auf eine Kreuzung mit Stoppschild zufuhr und dort mit einem anderen Wagen zusammenstieß. Ein Teil der Gruppe sollte später die Geschwindigkeit der Wagen beim »Kontakt« beurteilen und schätzte diese im Durchschnitt auf etwa 51 km/h. Der andere Teil sollte die Geschwindigkeit der Wagen beim »Zusammenkrachen« beurteilen und schätzte diese auf rund 66 km/h. Angesichts eines Tempolimits von 48 km/h (30 Meilen pro Stunde) hätte die zweite Fragestellung im Gegensatz zur ersten also dazu führen können, dass der Fahrer auch eine Strafe für zu schnelles Fahren erhalten hätte. Die Gefahr, dass Zeugen sich durch Suggestivfragen (die zu einer bestimmten Antwort ermuntern) beeinflussen lassen, ist in der Justiz natürlich bekannt. Aber Suggestivität ist bei Befragungen mitunter schwer zu umgehen. Immerhin sind die Fahrzeuge in dem beschriebenen Beispiel tatsächlich »zusammengekracht«.[8]

Wenn Zeugen eines Verbrechens sich nur mühsam erinnern, werden sie mitunter aufgefordert, einfach frei zu erzählen, was immer ihnen gerade einfällt, selbst wenn es nur geraten ist. Das Raten bezüglich möglicher Ereignisse verleitet Menschen allerdings dazu, eigene Falschinformationen beizusteuern, die sie ohne ausreichende Korrektur später als Erinnerungen einstufen. Das ist einer der Gründe, weshalb Menschen, die vor einer Befragung hypnotisiert wurden, fast überall in den USA und in Kanada bei Gericht nicht mehr aussagen dürfen. Bei einer Befragung unter Hypnose wird in der Regel dazu ermuntert, die Gedanken frei schweifen zu lassen und alles zu sagen, was einem in den Sinn kommt. So hoffen die Ermittler, auf Einzelheiten zu stoßen, die anderweitig vielleicht unter den Tisch fallen würden. Dabei werden jedoch auch viele fehlerhafte Informationen erzeugt. Studien ergaben: Wenn solche Personen später befragt werden (mit der Vorgabe, nur ganz genau das zu berichten, woran sie sich erinnern), überlagern die Vermutungen, die sie unter Hypnose abgegeben haben, die Erinnerung an das tatsächliche Geschehen. Insbesondere glauben sie, dass Ereignisse, die sie sich unter Hypnose zusammengereimt haben, echte Erlebnisse waren, und zwar selbst dann, wenn (im Versuchslabor) bekannt ist, dass die fraglichen Ereignisse nicht stattgefunden haben.[9]

Interferenzen aus anderen Ereignissen können Erinnerungen verzerren. Stellen Sie sich vor, die Polizei befragt kurz nach einem Verbrechen eine Zeugin und legt ihr Bilder von möglichen Verdächtigen vor. Nach einer Weile wird ein Verdächtiger festgenommen, dessen Bild die Zeugin gesehen hat. Wenn sie jetzt anhand einer Aufstellung den Täter identifizieren muss, könnte sie sich fälschlicherweise an einen Verdächtigen »erinnern«, dessen Foto ihr vorgelegt wurde. Ein besonders eindrückliches Beispiel für einen derartigen Vorfall erlebte der australische Psychologe Donald M. Thomson. Eine Frau in Sydney saß mittags vor dem Fernseher, als jemand an ihre Tür klopfte. Sie machte auf, wurde überfallen, vergewaltigt und bewusstlos zurückgelassen. Als sie aufwachte, rief sie die Polizei, die sofort kam und sich auf die Suche nach dem beschriebenen Angreifer machte. Donald Thomson ging eine Straße in Sydney entlang, wo die Polizei ihn bemerkte – die Beschreibung passte. Er wurde sofort festgenommen. Wie sich herausstellte, hatte Thomson ein wasserdichtes Alibi, denn zum Zeitpunkt des Überfalls wurde er gerade live im Fernsehen interviewt. Die Polizei glaubte ihm trotzdem nicht und lachte ihn im Verhör nur aus. Aber es stimmte! Die Frau hatte gerade die Show angesehen, als sie das Klopfen hörte. Und sie hatte der Polizei offenbar nicht den Vergewaltiger beschrieben, sondern den Mann, den sie im Fernsehen gesehen hatte: Donald Thomson. Ihre System-1-Reaktion (prompt, aber mitunter fehlerhaft) hatte die falsche Beschreibung geliefert, was vermutlich an der extremen emotionalen Belastung lag.[10]

Als *Fluch des Wissens* bezeichnen Psychologen die menschliche Neigung, zu unterschätzen, wie lange jemand anders braucht, um etwas Neues zu lernen oder etwas zu tun, was wir bereits beherrschen. Lehrer erliegen häufig dieser Illusion – denken Sie an die Mathelehrerin, die Analysis für so einfach hält, dass sie sich nicht mehr in einen Anfänger hineinversetzen kann, der noch mit den Grundzügen kämpft. Eng verwandt ist der Fluch des Wissens mit dem *Rückschaufehler*, der einem weismacht, man hätte das doch die ganze Zeit gesagt. Bei dieser Reaktion halten wir Ereignisse im Nachhinein für vorhersehbarer, als sie in Wahrheit waren. So können Börsenexperten in den Abendnachrichten im Brustton der Überzeugung erläutern, warum der Aktienmarkt an diesem Tag so und so reagiert hat, obwohl sie diese Bewegungen am selben Morgen noch nicht hätten vorhersagen können.[11]

Was einem irgendwie bekannt vorkommt, kann ein *Bekanntheitsgefühl* erzeugen – das Gefühl, etwas zu kennen oder zu wissen – und zu Unrecht als wahr eingestuft werden. Deshalb könnten politische Parolen oder Werbeslogans, die nicht den Fakten entsprechen, aber ständig wiederholt werden, sich festsetzen, besonders wenn sie ein emotionales Echo erzeugen. Wenn Sie etwas schon einmal gehört haben, entsteht bei erneutem Hören ein angenehmes Gefühl der Vertrautheit, das sich leicht mit einer Erinnerung verwechseln lässt – ein Fetzen von etwas, das Sie schon einmal wussten, nicht recht einordnen können, aber bereitwillig glauben möchten. In der Welt der Propaganda wird das als die »Große-Lüge-Technik« bezeichnet, weil sogar eine große Lüge als Wahrheit akzeptiert werden kann, wenn sie regelmäßig wiederholt wird.

Die *Illusion der Geläufigkeit* beruht auf der Bereitschaft, zu glauben, dass man einen Textinhalt beherrscht, nur weil man den Text gut lesen konnte. Wenn darin ein kniffliges

Konzept ausgesprochen anschaulich dargestellt wird, kommt einem das alles beim Lesen ziemlich einfach vor, und man redet sich leicht ein, das alles längst gewusst zu haben. Wie bereits geschildert, haben Studenten beim erneuten Lesen ihrer Texte leicht den Eindruck, dass sie den Stoff jederzeit abrufen können, nur weil der Text so gut lesbar ist, und überschätzen in der Folge, wie gut sie bei einer Prüfung abschneiden würden.

Unsere Erinnerungen unterliegen auch *sozialen Einflüssen* und passen sich tendenziell an die Erinnerungen der Menschen im eigenen Umfeld an. Wenn man innerhalb einer Gruppe über bestimmte Ereignisse aus der Vergangenheit spricht und jemand ein falsches Detail ergänzt, neigen wir dazu, dieses Detail der eigenen Erinnerung hinzuzufügen und »erinnern« uns später selbst an dieses Detail. Dieser Prozess wird als »Erinnerungskonformität« bezeichnet – so können irrtümliche Erinnerungen nahestehende Personen tatsächlich »anstecken«. Soziale Einflüsse sind natürlich nicht immer schlecht. Wenn jemand sich an Einzelheiten eines gemeinsamen Erlebnisses erinnert, das beim anderen nur noch unscharf vorhanden ist, wird die eigene Erinnerung daraufhin aktualisiert und enthält nun für dieses Ereignis eine genauere Darstellung.[12]

Darüber hinaus gehen Menschen gern davon aus, dass andere ihre Überzeugungen teilen. Das wird als Verzerrung durch falschen Konsens oder *Konsensüberschätzung* bezeichnet. In der Regel ist uns nicht bewusst, wie individuell unsere persönliche Weltsicht oder unsere Interpretation von Ereignissen ist – und dass sie von der Einschätzung anderer Menschen abweicht. Zum Beispiel beklagen Sie mit einem Freund oder einer Freundin, wie schlecht es um die Welt steht, und stellen plötzlich überrascht fest, dass Ihr Gegenüber viele Punkte, die aus der eigenen Sicht selbstverständlich sind, völlig anders sieht: ob Klimawandel, Waffenbesitz, Fracking oder ein lokales Thema wie einen Schulbau oder die Initiative gegen ein großes Einkaufszentrum in der Nachbarschaft.[13]

Das Vertrauen in die eigene Erinnerung ist kein zuverlässiger Indikator für ihre Richtigkeit. Wir können von einer lebhaften, sehr detaillierten Erinnerung fest überzeugt sein, und dennoch stellt sich heraus, dass sie nicht stimmt. Bei Tragödien wie der Ermordung des US-Präsidenten John F. Kennedy oder den Anschlägen auf das World Trade Center entstehen sogenannte »Blitzlichterinnerungen« oder *flashbulb memories:* Wir werden uns stets daran erinnern, wo wir waren, als wir die Nachricht erfuhren, wie wir sie erfuhren, wie es uns dabei ging und was wir taten. Solche Erinnerungen gelten als unauslöschbar, denn sie haben sich unserem Gedächtnis eingebrannt. Tatsächlich können wir uns an die groben Zusammenhänge solcher Katastrophen, über die in den Medien ausführlich berichtet wurde, gut erinnern. Dennoch sind die Erinnerungen an die privaten Begleitumstände nicht immer zuverlässig. Zu diesem Phänomen gibt es zahlreiche Studien, darunter eine Untersuchung von 15 000 amerikanischen Erinnerungen an die Anschläge vom elften September. In dieser speziellen Studie verglich man die Erinnerungen aus Interviews, die eine

Woche nach dem Ereignis stattfanden, mit erneuten Befragungen nach einem Jahr, nach drei Jahren und nach zehn Jahren. Die emotionalsten Erinnerungen an die persönlichen Umstände zu dem Zeitpunkt, in dem die Personen von den Anschlägen erfuhren, sind auch die Erinnerungen, denen diese Menschen am meisten vertrauten – und paradoxerweise zugleich diejenigen, die sich im Vergleich zu ihren sonstigen Erinnerungen an den elften September im Laufe der Jahre am stärksten veränderten.[14]

Mentale Modelle

Wenn wir bestimmte Lebensbereiche zunehmend besser meistern, neigen wir dazu, die einzelnen Schritte zur Lösung unterschiedlicher Probleme zu bündeln. Um eine Analogie aus einem der vorherigen Kapitel aufzugreifen: Man könnte diese Bündelungen mit Smartphone-Apps im Gehirn vergleichen. Diese »Gehirn-Apps« werden als mentale Modelle bezeichnet. Zwei Beispiele aus der Polizeiarbeit wären die Abläufe bei einer Routineverkehrskontrolle und die Bewegungen, mit denen man einen Angreifer im Nahkampf entwaffnet. Beide Abfolgen beinhalten spezifische Wahrnehmungen und Handlungen, die Polizisten ohne langes Nachdenken an die jeweilige Situation anpassen können. Eine Barista hat ihr mentales Modell für die Schritte und Zutaten für einen perfekten koffeinfreien Frappuccino parat. In der Notaufnahme gehören Triage und Anmeldeformalitäten zum mentalen Modell.

Je besser man etwas beherrsche, desto schwieriger werde es, anderen dieses Wissen zu vermitteln, sagt der Physiker Eric Mazur, ein Harvard-Dozent. Wie kommt das? Je mehr Expertenwissen wir uns auf komplexen Gebieten aneignen, desto komplexer werden unsere Modelle für diese Bereiche, und die einzelnen Schritte innerhalb der Modelle treten in den Hintergrund (der Fluch des Wissens). Eine Physikerin legt zum Beispiel im Geiste eine Bibliothek der physikalischen Prinzipien an, die sie zur Lösung der Probleme benötigt, auf die sie bei ihrer Arbeit stößt, ob Newtons Grundgesetze der Bewegung oder der Impulserhaltungssatz. Dank dieser Hilfe sortiert sie Probleme sofort nach deren Grundprinzipien, wohingegen ein Neuling vielleicht erst oberflächliche Ähnlichkeiten erfasst, zum Beispiel, was an dem Versuchsaufbau beteiligt ist (Flaschenzug, schiefe Ebene und so weiter). Eines Tages soll sie einen Kurs »Physik für Anfänger« halten und erklärt prompt, wieso man für ein bestimmtes Problem die Newtonsche Mechanik benötigt, ohne daran zu denken, dass ihre Kursteilnehmer erst einmal die Einzelbausteine meistern müssen, die die Dozentin längst zu einem vollständigen mentalen Modell zusammengefügt hat. Die Annahme, dass ihre Studierenden problemlos ein komplexes Konzept nachvollziehen können, das für die Professorin auf der Hand liegt, ist ein metakognitiver Fehler, eine Fehleinschätzung der Schnittmenge aus ihrem Wissen und dem der Anwesenden. Mazur zufolge weiß nicht etwa die Professorin am besten, womit ein Student gerade bei der Aneignung eines neuen Konzepts zu kämpfen hat, sondern eher ein anderer Student.[15] Dieses Phänomen lässt sich durch ein ganz einfaches Experiment illustrieren, in dem eine Person innerlich eine bekannte Melodie vor sich hinsummt und dazu den Rhythmus klopft, während eine zweite Person aus dem Rhythmus auf die Melodie schließen soll. Jede Melodie stammt aus einer vorgegebenen Sammlung aus 25 Stücken. Die Chance, sie zu erraten, liegt rein statistisch also bei vier Prozent. Interessanterweise schätzen die Teilnehmer, die sich die Melodie vorstellen, dass ihr Gegenüber zu 50 Prozent richtigliegen wird. Tatsächlich betrug die Trefferquote jedoch nur 2,5 Prozent und war damit nicht besser als der Zufall.[16]

So wie Coach Dooleys Footballspieler ihre Playbooks auswendig lernen, erstellt jeder Mensch mentale Bibliotheken mit zahllosen nützlichen Lösungen, auf die er zugreift, um von einem Wochenende zum nächsten zu kommen. Solche Modelle können jedoch auch Stolperfallen sein, wenn wir nicht erkennen, dass ein neues Problem, das uns irgendwie bekannt vorkommt, in Wahrheit etwas ganz anderes ist, und deshalb einen unpassenden Lösungsansatz wählen, der die Sache womöglich noch schlimmer macht. Nicht zu erkennen, wann die eigene Lösung nicht zum Problem passt, ist eine andere Form fehlerhafter Selbstbeobachtung, die uns in die Bredouille bringen kann.

Mike Ebersold, der Neurochirurg, wurde einmal in den OP-Saal gerufen, um bei der Entfernung eines Hirntumors zu assistieren, weil sich eine kritische Situation ergeben hatte. Eine Tumorexzision ist normalerweise zeitraubend, denn man arbeitet zunächst sorgfältig um den Tumor herum, um einen sauberen Rand zu erzeugen, aber dabei die umliegenden Nerven zu schonen. Wenn es bei einem

Hirntumor jedoch dahinter zu einer Blutung kommt, kann der Druck auf das Gehirn tödlich sein. Hier darf man daher nicht langsam und vorsichtig vorgehen, sondern muss im Gegenteil sehr schnell arbeiten, damit das Blut abfließen und man anschließend die Blutung stillen kann. »Zu Beginn ist man vielleicht noch etwas zaghaft«, sagt Mike. »Der große Eingriff ist nicht schön, aber für den Patienten ist es überlebenswichtig, dass du weißt, wann du auf Tempo umschalten musst.« Mike assistierte, und die Operation verlief erfolgreich.

Wie das Kind, das einen Fremden als »Papa« bezeichnet, müssen wir unsere Fähigkeit schulen, zu erkennen, wann unsere mentalen Modelle versagen: Wann eine scheinbar vertraute Situation in Wahrheit anders ist und somit eine andere Lösung erfordert, sodass wir Neuland betreten müssen.

Blind für die eigene Inkompetenz

Inkompetente Menschen können sich nicht verbessern, weil sie nicht zwischen Kompetenz und Inkompetenz unterscheiden können. Dieses Phänomen, das für die Metakognition eine große Rolle spielt, wird als der *Dunning-Kruger-Effekt* bezeichnet (nach den Psychologen David Dunning und Justin Kruger). Ihre Experimente ergaben, dass inkompetente Menschen ihre eigene Kompetenz überschätzen. Da ihnen das Missverhältnis zwischen ihrer Leistung und dem, was wünschenswert ist, nicht bewusst wird, sehen sie keinen Verbesserungsbedarf. Dunning und Kruger konnten aber auch nachweisen, dass man inkompetenten Personen beibringen kann, ihre Kompetenz zu verbessern, indem sie lernen, wie man die eigene Leistung genauer bewertet, also die Metakognition schärft. In einer Untersuchungsreihe zu diesem Thema erhielten Studierende einen Logiktest und sollten ihr eigenes Abschneiden bewerten. Im ersten Experiment bestätigte sich die Erwartung, dass die am wenigsten kompetenten Studenten ihre Leistung am schlechtesten einschätzen konnten: Diejenigen, die nur durchschnittlich 12 Prozent erreichten, stuften ihre allgemeinen logischen Fähigkeiten im Schnitt bei 68 Prozent ein.

In einem zweiten Experiment zeigte man den Teilnehmern nach einem ersten Test und einer eigenen Leistungseinschätzung die Antworten der anderen Teilnehmer sowie ihre eigenen Antworten. Danach sollten sie noch einmal schätzen, wie viele Testfragen sie richtig beantwortet hätten. Die Studenten, deren Leistung im unteren Quartil lag, konnten ihre eigene Leistung *nicht* genauer einschätzen, nachdem sie die kompetenteren Antworten der anderen gesehen hatten, und erhöhten ihre bereits übertriebene Selbsteinschätzung sogar noch.

Ein drittes Experiment prüfte, ob sich das Urteilsvermögen derer, die schlechte Leistungen erbringen, verbessern lässt. Diesmal wurden den Studierenden zehn Aufgaben zum logischen Denken vorgelegt. Nach dem Test sollten sie ihre Fähigkeit zum logischen Denken und ihre Testleistung einstufen. Auch diesmal bewiesen die Studenten im untersten Quartil eine massive Selbstüberschätzung. Danach erhielt eine Hälfte der Teilnehmer eine zehnminütige Schulung in logischem Denken (Wie kann man prüfen, ob eine logische Schlussfolgerung korrekt ist?); die andere Hälfte erhielt eine Aufgabe, die nichts mit dem Testziel zu tun hatte. Anschließend sollten alle noch einmal schätzen, wie gut sie bei dem anfänglichen Test abgeschnitten hatten. Diesmal konnten die Probanden aus dem unteren Quartil, die an dem Logiktraining teilgenommen hatten, die Anzahl der Fragen, die sie richtig hatten, sowie ihre Leistung im Vergleich zu anderen deutlich genauer einschätzen. Diejenigen aus dem unteren Quartil, die keine ergänzende Schulung bekommen hatten, hielten hingegen an ihrer falschen Auffassung fest, sie hätten eine gute Leistung erbracht.

Wie kommt es, dass inkompetente Personen nicht durch Erfahrung lernen, dass sie etwas nicht können? Hierfür stellten Dunning und Kruger verschiedene Theorien auf. Eine Möglichkeit wäre, dass Menschen im Alltag von anderen zu selten negative Rückmeldungen zu ihren Fähigkeiten erhalten, weil kaum jemand gern schlechte Nachrichten überbringt. Und wenn eine Person dann doch einmal negatives Feedback bekommt, muss sie genau verstehen, woran sie gescheitert ist. Damit etwas gelingt, muss zudem alles genau passen, doch ein Misserfolg kann auch auf diversen äußeren Einflüssen beruhen: Dann ist das Werkzeug schuld, nicht die Hand, die es führt. Hinzu kommt, dass manche Menschen laut Dunning und Kruger einfach nicht so genau erkennen können, was andere leisten, und deren Kompetenz somit weniger gut wahrnehmen. Dadurch sind sie schlechter in der Lage, ihre eigene Leistung im Vergleich korrekt zu beurteilen.

In bestimmten Situationen und bei bestimmten Fähigkeiten ist der Dunning-Kruger-Effekt häufiger zu beobachten. In manchen Fächern kann man vor der eigenen Inkompetenz nicht mehr die Augen verschließen. Wir drei Autoren erinnern uns alle an Sportlehrer, die zwei Kameraden aufforderten, ihr Softball-Team auszuwählen. Zuerst wurden die guten Spieler gewählt, zuletzt die schlechtesten. Wenn man derart ungeschminkt erfährt, was andere von den eigenen Softball-Künsten halten, kann der zuletzt gewählte Spieler sich kaum einreden: »In Softball bin ich offenbar richtig gut!« In den meisten Lebensbereichen sind wir jedoch nicht mit derart krassen Rückmeldungen konfrontiert.[17]

Zusammenfassend stützen sich die Instrumente, mit denen wir unser Leben steuern – Daniel Kahnemans Systeme 1 und 2 –, auf unsere Wahrnehmungssysteme, Intuition, Gedächtnis und Kognition, und dies mit all deren Eigenheiten, Macken und Mängeln einschließlich Voreingenommenheit. Jeder Mensch verfügt über erstaunliche perzeptuelle und kognitive Fähigkeiten, doch jeder hat auch das Zeug, sich selbst zum Verhängnis zu werden. Beim Lernen verlassen wir uns bei der Frage, was funktioniert und was nicht, gern auf unser eigenes Urteil, doch das führt leicht in die Irre.

Menschen sind sehr empfänglich für Fehlurteile und Illusionen. Deshalb sollten wir immer wieder innehalten. Ganz besonders gilt dies für die Verfechter des selbstgesteuerten Lernens, einer Theorie, die bei Eltern und Lehrkräften teilweise großen Anklang findet. Dieser Theorie zufolge können Schüler am besten selbst beurteilen, was sie lernen müssen, um ein Thema zu bewältigen, und welches Tempo und welche Methode ihnen dabei am besten helfen. So wirbt beispielsweise die 2008 eröffnete Manhattan Free School in East Harlem damit, dass ihre Schüler »keine Noten erhalten, keine Tests schreiben und nichts tun müssen, was ihnen widerstrebt«. Und die 2004 eröffnete Brooklyn Free School verfolgt im Einklang mit diversen Familien, die ihre Kinder lieber selbst unterrichten, den Ansatz, dass das, was Lernende wirklich interessiert, zum größten Lernerfolg führt.[18]

Die Absicht ist löblich. Wir wissen, dass Lernende mehr Verantwortung für ihre eigenen Lernprozesse übernehmen sollten, und zwar durch Strategien, wie wir sie gerade erläutert haben. Zum Beispiel müssen sie sich selbst überprüfen, um sich den Stoff einerseits besser einzuprägen und andererseits herauszufinden, was sie wissen und was nicht. So können sie ihre Fortschritte genauer einschätzen und feststellen, womit sie sich noch gründlicher auseinandersetzen sollten. Das tut jedoch kaum jemand, und diejenigen, die es probieren, brauchen mehr als Ermunterung, um solche Ansätze effektiv umzusetzen. Denn selbst wenn Schüler verstehen, dass aktives Abrufen eine hervorragende Lernmethode ist, bleiben sie häufig nicht lange genug dabei, um wirklich davon zu profitieren. Gibt man Schülern beispielsweise bestimmte Arbeitsmaterialien (wie Vokabelkärtchen) und lässt sie selbst entscheiden, wann sie eine Karte aus dem Stapel entfernen, weil sie diese beherrschen, so sortieren die meisten eine Karte bereits aus, wenn sie diese ein- oder zweimal richtig hatten. Also viel zu früh. Paradoxerweise überschätzen ausgerechnet die Schüler mit den ungeeignetsten Lernstrategien ihre Fortschritte am meisten und sind aufgrund dieser Fehleinschätzung nicht dazu bereit, ihre Vorgehensweise zu ändern.

Der Football-Spieler, der sich auf das nächste Samstagsspiel vorbereitet, überlässt seine Leistung nicht der Intuition, sondern geht seine Spielzüge durch, mischt sie, um herauszufinden, wo es noch hakt, und übt sie gründlich mit der Mannschaft, ehe er zum Spiel aufläuft. Wenn dieses Verhalten auch beim normalen Lernen an der Universität Standard wäre, wäre das selbstgesteuerte Lernen hocheffektiv. Der Football-Spieler verlässt sich allerdings nicht auf sich selbst, sondern auf seinen Trainer. Und die meisten Studenten haben mehr Erfolg, wenn ihre Dozenten darauf achten, wo sie sich verbessern müssen und die Struktur für das dafür erforderliche Üben vorgeben.[19]

Illusionen und Fehleinschätzungen begegnen wir am besten, wenn wir Entscheidungen nicht mehr aufgrund subjektiver Erfahrung treffen, sondern anhand von objektiven Maßstäben, die nicht wir selbst setzen. So können wir das eigene Urteil mit der Realität abgleichen. Sobald wir zuverlässige Referenzpunkte haben – zum Beispiel die Instrumente im Cockpit – und diese auch regelmäßig zurate ziehen, können wir besser entscheiden, worauf wir unsere Bemühungen konzentrieren sollten, wo wir uns geirrt haben und wann wir gegensteuern müssen. Dafür gibt es gute Beispiele.

So schärfen Sie Ihr Urteilsvermögen

Am wichtigsten ist das häufige Überprüfen des eigenen Wissens durch Abrufen und Tests. Nur so lässt sich feststellen, was man wirklich weiß und was man nur zu wissen glaubt. Im Unterricht zeigen häufige Tests, bei denen wenig auf dem Spiel steht, den Lehrpersonen, ob ihre Schüler wirklich so gut lernen, wie es den Anschein hat, und offenbaren, welche Lücken noch zu schließen sind. Kumulatives Abfragen, wie es Andy Sobel in seinem Kurs zur Wirtschaftspolitik praktiziert, leistet einen großen Beitrag zur Wissenskonsolidierung und kann Konzepte aus früheren Kursabschnitten mit neuem Stoff verknüpfen. Beim Lernen kann man das eigene Wissen mit den verschiedensten Methoden überprüfen, von Lernkarten bis hin zur Erklärung der Schlüsselbegriffe mit eigenen Worten oder zu Peer Instruction (siehe unten).

Dabei wäre es ein Fehler, den Teil des Stoffs, den man einige Male gut beherrschte, danach gar nicht mehr zu üben. Was wichtig ist, muss geübt werden. Immer wieder. Die Bestandsaufnahme sollte auch nicht unmittelbar nach intensivem Büffeln erfolgen. Machen Sie Pausen, wählen Sie unterschiedliche Übungsverfahren und behalten Sie Ihr Ziel im Blick.

Peer Instruction ist ein Lernmodell von Eric Mazur, das viele bereits genannte Prinzipien einbezieht. Hierbei werden die anstehenden Lerninhalte vorab gelesen. Der Unterricht wird dann mit kleinen Tests gespickt, bei denen die Anwesenden sich kurz mit einer Aufgabenstellung befassen. Danach sollen sie sich in Kleingruppen auf die richtige Antwort einigen. Mazurs Erfahrung nach müssen sich die Studenten dadurch mit den eigentlichen Inhalten des Themas auseinandersetzen. Eventuelle Verständnisprobleme treten zutage, und die Studenten bekommen Gelegenheit, zu erklären, wie sie die Sache verstanden haben, erhalten Feedback und können ihren Lernstand im Vergleich zu den anderen besser einschätzen. Zugleich erkennen Dozenten auf diese Weise, wie gut ihre Studenten den Stoff durchdringen und wo mehr oder weniger Einsatz erforderlich ist. Mazur versucht, Paare zu bilden, die anfangs unterschiedliche Antworten gefunden haben, damit sie den jeweils anderen Blickwinkel sehen und versuchen können, einander zu überzeugen.

Zwei weitere Beispiele für diese Vorgehensweise werden wir in Kapitel 8 sehen, wo die Professoren Mary Pat Wenderoth und Michael D. Matthews zu Wort kommen.[20]

Achten Sie bei der Beurteilung Ihrer Lernfortschritte auf die *Hinweisreize*. Dass uns etwas vertraut oder gut verständlich vorkommt, bedeutet nicht immer, dass man es auch gut verinnerlicht hat. Auch dass man bestimmte Fakten oder Leitsätze kurz nach dem Lesen oder nach dem Unterricht beim Abfragen problemlos wiedergeben kann, ist kein zuverlässiges Kriterium. (Ein guter Anhaltspunkt hingegen ist, dass man das Gelernte nach einer größeren Pause noch auf Anhieb parat hat.) Wichtig ist die Entstehung eines passenden mentalen Modells, das die verschiedenen Grundideen zusammenführt, mit eigenem Vorwissen verknüpft und eigene Schlussfolgerungen zulässt. Wie leicht man einen Text erklären kann, zeigt hervorragend, wie gut man ihn verstanden hat, denn dafür muss man die zentralen Punkte aus dem Gedächtnis abrufen, in eigene Worte kleiden und erklären, warum sie wichtig sind – wie sie mit dem größeren Thema zusammenhängen.

Lehrkräfte sollten korrigierendes *Feedback* geben, und Lernende sollten darum bitten. In seinem Interview mit Errol Morris erklärt der Psychologe David Dunning, dass die anderen uns zu Selbsterkenntnis verhelfen. »Deshalb kommt es wirklich darauf an, was für Feedback Sie bekommen. Sind die Rückmeldungen positiv? Erhalten Sie die Anerkennung, die eine kompetente Person erwarten dürfte? Wenn Sie andere beobachten, werden Sie häufig feststellen, dass sie manche Dinge anders anpacken; es gibt bessere Methoden, etwas zu tun. ›Ich bin nicht so gut, wie ich dachte, aber ich habe etwas, woran ich arbeiten kann.‹« Wie war das mit den Schülern, die ins Softball-Team wollen? Würde man Sie auswählen?[21]

Auf vielen Gebieten dient die Einschätzung unserer Peers als externe Messlatte, an der wir die eigene Leistung ablesen können. Die meisten Ärzte nehmen an Qualitätszirkeln teil, und wenn jemand mit einem Patienten nicht weiterkommt – oder ihn verliert –, stellt er den Fall dort vor. Dann können die Kollegen den Fall zerpflücken oder aber sagen: »Du hast getan, was du konntest, es war einfach eine ungünstige Situation.« Mike Ebersold findet, dass Neurochirurgen stets im Team arbeiten sollten. »Von Kollegen umgeben zu sein kann Leben retten. Bei einem inakzeptablen Vorgehen wirst du sofort zurückgepfiffen.«

In vielen Situationen trägt ein erfahrenerer Partner zur Schulung des eigenen Urteilsvermögens bei. Dieses Vorgehen kennen wir von Chefpilot und Copilot, jungen und erfahrenen Polizeikräften, Assistenzärzten und Fach- oder Chefärzten. Das Lehrling-Meister-Modell hat im Handwerk wie an der Universität eine lange Tradition, denn Menschen lernen ihr Metier traditionell von erfahrenen Experten.

Mitunter sind *Teams* aus Menschen mit sich ergänzender Expertise die bessere Alternative. Beim Implantieren eines Herzschrittmachers oder eines Systems zur Nervenstimulation (zum Beispiel gegen Inkontinenz oder bestimmte Symptome der Parkinson-Krankheit) schicken Hersteller ihre Produktmanager teilweise direkt in den Operationssaal. Diese Spezialisten haben schon viele Operationen miterlebt, bei denen das Gerät eingesetzt wurde. Sie wissen, welche Patiententypen davon profitieren, kennen die Kontraindikationen und unerwünschten Ereignisse und haben eine Hotline zu den Technikern und klinischen Experten in ihrer Firma. Sie beobachten den Eingriff sehr genau, um sicherzustellen, dass das Implantat an der richtigen Stelle und in der richtigen Tiefe eingesetzt wird. Das hilft dem gesamten Team. Der Patient kann auf eine fachgerechte, erfolgreiche Operation vertrauen. Die Chirurgin kann jederzeit auf Produktexpertise zurückgreifen, besonders bei unvorhersehbaren Schwierigkeiten. Und das Unternehmen gewährleistet den fachgerechten Einsatz seiner Produkte.

In der Ausbildung sollten die Anforderungen und die unterschiedlichen Bedingungen simuliert werden, die im Ernstfall zu erwarten sind. So können Lernende und Ausbilder den Kenntnisstand einschätzen und sich auf die Bereiche konzentrieren, in denen noch Verständnis oder Können fehlt. Daher gehören bei der Polizeiausbildung diverse Formen der *Simulation* zum Standard. Beim Schießtraining werden gern Videoszenarien eingesetzt: An einem Ende des Raums steht ein großer Bildschirm, zudem gibt es diverse Requisiten, um die Realität zu simulieren. Der Proband, der mit seiner Waffe das Szenario betritt, soll mit dem Video interagieren.

Lieutenant Catherine Johnson aus Minneapolis beschrieb uns derartige Simulationen aus ihrer Polizeiausbildung:

Einmal ging es um eine Verkehrskontrolle. Im Übungsraum lief der Bildschirm, und es gab verschiedene Elemente wie einen großen blauen Briefkasten, einen Hydranten und einen Eingangsbereich, die angesichts der Situation als Deckung dienen konnten. Ich weiß noch, wie ich auf den Bildschirm zuging und das Video mir vorspiegelte, dass ich mich dem Auto näherte. Es war sehr realistisch! Und plötzlich geht die Kofferraumklappe auf, ein Kerl mit einer Knarre springt heraus und feuert auf mich. Deshalb drücke ich bis heute bei jeder Verkehrskontrolle erst einmal fest auf den Kofferraumdeckel, um sicherzugehen, dass er nicht offensteht. Nur wegen dieses einen Szenarios in meiner Ausbildung.

Eine andere Schusswaffensimulation war ein Anruf wegen häuslicher Gewalt. Ich nähere mich also dem Haus, und der Mann steht auf der Veranda. Kaum tauche ich auf, da sehe ich auch schon die Waffe in seiner Hand. Ich rufe ihm zu, er solle sie fallen lassen, aber er dreht sich um und geht von mir weg.

> *An diesem Punkt dachte ich, ich kann ihm ja nicht einfach in den Rücken schießen, und da drüben scheint niemand in Gefahr zu sein. Was also soll ich tun? Während ich noch überlege, ob ich schießen soll oder nicht, dreht der Kerl sich um und feuert auf mich. Weil meine Reaktion langsamer war als seine Aktion. Aktion schlägt immer Reaktion. Dieses Mantra haben sie uns gründlich eingeimpft.*[22]

Ein solches Simulationstraining kann diverse tödliche, aber auch friedliche Verläufe nehmen. Es gibt selten ein klares Richtig oder Falsch in der jeweiligen Situation, weil immer verschiedene Faktoren hineinspielen, zum Beispiel, ob das Gegenüber bereits polizeibekannt ist oder ob die Beamtin es womöglich persönlich kennt. Am Ende wird das eigene Vorgehen mit dem Ausbilder durchgesprochen. Bei dieser Übung geht es weniger um Technik als vielmehr um klares Abwägen und angemessene Reflexe – um visuelle und verbale Hinweise, auf die zu achten ist, denkbare Resultate, klare Maßstäbe, wann ein Schuss mit Todesfolge gerechtfertigt ist, und den Versuch, das eigene Handeln angesichts der konkreten Situation hinterher in Worte zu kleiden.

Simulation ist keineswegs perfekt. Johnson berichtet, wie die Beamten lernen, einen Angreifer im Nahkampf zu entwaffnen. Dieses Manöver üben sie im Rollenspiel mit ihren Kollegen. Man muss dafür schnell und geschickt vorgehen: Mit einer Hand schlägt der Polizist auf das Handgelenk des Angreifers, um seinen Griff zu lösen, mit der anderen entwindet er ihm die Waffe. Diese Bewegungsabfolge übten die Beamten immer wieder, nahmen einander die Waffe ab, gaben sie zurück, nahmen sie wieder ab. Bis einer von ihnen im Einsatz dem Verbrecher die Waffe abnahm und sie ihm prompt wieder in die Hand drückte. Beide waren so verblüfft, dass der Polizist die Pistole noch einmal zu fassen bekam und diesmal festhielt. Der Trainingsablauf hatte die Kardinalregel verletzt: Übe, wie du spielst, weil du später spielst, wie du geübt hast.

Das stärkste Feedback zur Schärfung der eigenen Wahrnehmung, was zu tun ist und was nicht, sind die Fehler, die wir im Ernstfall machen – vorausgesetzt, wir überleben sie und begreifen die Lektion.[23]

VI.

Alles eine Frage des Lernstils?

Lernen ist etwas sehr Individuelles, und wie Sir Francis Bacon einst sagte, erfolgt jeder Aufstieg in große Höhen über eine Wendeltreppe.[1]

Hierzu passt die Geschichte von Bruce Hendry, Jahrgang 1942, der nördlich von Minneapolis am Ufer des Mississippi aufwuchs. Sein Vater war Maschinist, die Mutter Hausfrau und Bruce ein ganz normales Kind, spindeldürr und mit dem brennenden Wunsch, reich zu werden. Die Geschichten erfolgreicher Selfmademen klingen oft ähnlich, aber diese hier verlief anders. Bruce Hendry schaffte seinen Aufstieg aus eigener Kraft, doch hier geht es um die Wendeltreppe, darum, wie er seinen Weg fand, und was wir daraus über unterschiedliches Lernverhalten ablesen können.

Die Vorstellung, dass Menschen unterschiedliche Lernstile bevorzugen, ist so alt, dass sie zu den großen Legenden des Unterrichtens zählt und der individuelle Lernstil häufig sogar ins Selbstbild integriert ist. Dahinter steckt die Idee, dass Menschen neue Informationen unterschiedlich aufgreifen und verarbeiten – die einen lernen besser, wenn etwas visuell aufbereitet ist, andere eher durch Lesen, wieder andere durch Hören. Wenn nun die Stoffpräsentation nicht zum individuellen Lernstil passt, wären manche Menschen dieser Logik nach beim Lernen benachteiligt.

In diesem Kapitel gehen auch wir davon aus, dass Menschen bestimmte Lernstile bevorzugen. Wir sind jedoch nicht davon überzeugt, dass man besser lernt, wenn die Lehrmethode zu diesen Vorlieben passt. Es gibt allerdings andere Unterschiede beim Lerntyp, die durchaus eine Rolle spielen. Beginnen wir zur Verdeutlichung mit Bruce Hendry.

Aktives Lernen von Anfang an

Eines der Erfolgsgeheimnisse von Bruce ist, dass er seit frühester Jugend ganz genau weiß, was er will. Als er zwei war, ermahnte ihn Doris, seine Mutter, er dürfe nicht über die Straße laufen, sonst würde ihn womöglich ein Auto überfahren. Bruce lief jeden Tag über die Straße, und jeden Tag versohlte ihm seine Mutter deswegen den Hintern. »Er war von Anfang an aggressiv«, sagte sie ihren Freundinnen.

Mit acht Jahren kaufte er auf einem privaten Flohmarkt für einen Zehner eine Rolle Bindfaden, schnitt sie in Stücke und verkaufte diese jeweils für einen Fünfer. Mit zehn begann er, Zeitungen auszutragen. Mit elf trug er zusätzlich auch Golfspielern die Taschen. Mit zwölf nahm er die

30 Dollar, die er gespart hatte, stahl sich vor Sonnenaufgang mit einem leeren Koffer aus dem Fenster und trampte 255 Meilen nach Aberdeen in South Dakota. Dort kaufte er diverse Raketen und Feuerwerkskörper, die in Minnesota verboten waren, und trampte bis zum Abendessen wieder zurück. Eine Woche lang wunderte sich Doris, warum ständig andere Zeitungsjungen vorbeikamen, die nach wenigen Minuten wieder gingen. Bruce hatte eine Goldmine aufgetan, aber der Chef der Austräger kam ihm auf die Schliche und machte seinen Vater darauf aufmerksam. Der Vater drohte Bruce für den Wiederholungsfall die schlimmste Tracht Prügel seines Lebens an. Im nächsten Sommer wiederholte Bruce seine Geschäftsreise und erhielt die versprochene Abreibung.

»Das war es wert«, sagt er.[2] Er war dreizehn und hatte seine Lektion über hohe Nachfrage und geringes Angebot gelernt.

In Bruce' Augen waren Reiche nicht schlauer als er, sondern besaßen lediglich Wissen, das ihm fehlte. Wie er sich das ersehnte Wissen verschaffte, illustriert sehr anschaulich verschiedene wirkungsvolle Lernmethoden. Eine davon ist, für den persönlichen Werdegang Eigenverantwortung zu übernehmen – was sich Bruce bereits mit zwei Jahren angewöhnte und über die Jahre erstaunlich hartnäckig beibehielt. Es gibt aber auch weitere typische Verhaltensweisen. Indem er einen Ansatz nach dem anderen ausprobierte, wurde er zielstrebiger und schulte sein Urteilsvermögen. Aus diesen Lektionen bastelte er sich mentale Investitionsmodelle, die er einsetzte, um komplexere Chancen aufzustöbern und weniger Lukratives zu meiden, indem er nur relevante Details aufgriff, um am Ende seinen Reibach zu machen. Solche Verhaltensweisen bezeichnen Psychologen als »Regellernen« und »Strukturbildung«. Wer sich angewöhnt, neue Erfahrungen stets im Hinblick auf mögliche Grundprinzipien oder Regeln zu durchleuchten, lernt erfolgreicher als Menschen, die ihre Erfahrungen einfach akzeptieren, ohne ihnen eine Lektion zu entnehmen, die später auf ähnliche Situationen übertragbar wäre. Erfolgreiches Lernen beruht zudem darauf, dass man in einem Wust von neuen Informationen vielversprechende Konzepte erkennt und diese Kernpunkte zu einer mentalen Struktur verknüpft. Wer weder die Spreu vom Weizen trennen kann, noch begreift, dass aus Weizen Mehl wird, kommt nicht voran.

Noch als Teenager sah Bruce einen Aushang, auf dem an einem See in Minnesota Grundstücke angeboten wurden. Getreu der Regel, dass Grundbesitz nie verkehrt ist, erwarb er ein Stück Land im Wald. Vier Sommer hindurch baute er dort – mit gelegentlicher Unterstützung durch seinen Vater – ein Haus, wobei er schrittweise vorging und sich das Vorgehen teils selbst zurechtlegte, teils zeigen ließ. Für den Aushub des Kellers kaufte er einen Anhänger, den er an seinem 49er Hudson festmachte. Für jede Ladung, die seine Freunde Schaufel für Schaufel aushoben, zahlte er ihnen 50 Cent. Dem Besitzer eines nahegelegenen zweiten Grundstücks, der Erde benötigte, knöpfte er pro Lieferung einen Dollar ab. Das Betonieren lernte er von einem Freund seines Vaters, der im Zementhandel tätig war, und goss dann selbst das Fundament. Der Verkäufer in der Holzhandlung erklärte ihm, wie man Wände errichtet. Genauso verlegte er Rohre und installierte seine Leitungen – ein neugieriger Junge, der sich umhört, wie man so etwas macht. »Die Elektrik wurde nicht abgenommen«, erinnert sich Bruce. »Damals dachte ich, sie wollten halt einen aus der Gewerkschaft dafür, also habe ich mir so einen aus der Stadt gesucht, der noch einmal komplett von vorne anfing. Inzwischen ist mir klar, dass mein eigenes Werk lebensgefährlich gewesen wäre.«

Mit neunzehn studierte er bereits, als er sein Haus als Anzahlung für ein Vierfamilienhaus in Minneapolis verkaufte. Die Rechnung war einfach: Vier Wohnungen bedeuteten vier Schecks pro Monat, ganz regelmäßig. Bald verwaltete er neben seinem Studium sein Mietobjekt, zahlte das Darlehen ab, kümmerte sich mitten in der Nacht um defekte Rohre, erhöhte die Miete und verlor Mieter, versuchte, leerstehende Wohnungen zu vermieten und mehr Geld zu scheffeln. Er hatte gelernt, wie man ein unbebautes Grundstück zu einem Haus vergoldet und wie man ein Haus in ein Mietobjekt verwandelt, doch insgesamt war das eine harte Lektion, die ihm viel Kopfzerbrechen bereitete und sich wenig auszahlte. Also verkaufte er sein Mehrfamilienhaus und ließ die nächsten zwanzig Jahre von Immobilien die Finger.

Nach dem College verkaufte Bruce zunächst Mikrofilme für Kodak. Drei Jahre später zählte er zu den fünf besten Verkäufern des Landes. In diesem Jahr fand er heraus, wie viel sein Manager verdiente, nämlich weniger als Bruce, wenn man Firmenwagen und Spesen in die Rechnung einbezog. Ein guter Verkäufer war somit mehr wert als ein

Manager – wieder eine Lektion und eine weitere Stufe auf Bruce' Wendeltreppe. Er kündigte, verdingte sich als Broker und stieg in den Aktienhandel ein.

Dieser neue Blickwinkel vermittelte ihm weitere Lektionen: »Wenn ich meiner Firma über Kommissionshandel einen Dollar einbrachte, ging die eine Hälfte an die Firma und die andere an das Finanzamt. Um richtig Geld zu machen, musste ich mich mehr darauf konzentrieren, mein eigenes Geld zu investieren, und weniger auf meine Provisionen.« Oha, die nächste Lektion: In Aktien zu investieren ist riskant. Mit eigenen Investitionen verlor er genauso viel, wie er über die Provisionen für den Verkauf von Wertpapieren an seine Kunden verdiente. »Auf die Verluste hast du keinerlei Einfluss. Wenn eine Aktie 50 Prozent an Wert verliert, muss der Kurs sich verdoppeln, damit du wieder an der Gewinnschwelle bist. Hundert Prozent Steigerung zu erzielen ist viel schwieriger, als fünfzig Prozent zu verlieren!« Wieder eine Lektion fürs Leben. Bruce ließ sich Zeit und hielt weiter die Augen offen. Irgendwo musste das ersehnte Wissen stecken.

Und dann kam Sam Leppla.

In Bruce' Erinnerung war Leppla damals in Minneapolis ein Senkrechtstarter, der von einer Vermögensberatung zur nächsten wechselte, Anlagen vermittelte und Ratschläge erteilte. Eines Tages erzählte dieser Mann Bruce von Anleihen für eine Firma in Schieflage, die zu 22 Cent pro Dollar zu haben waren. »Der unbezahlte Zinsrückstand für diese Bonds betrug 22 Punkte«, erinnert sich Bruce, »das heißt, wenn die Firma pleitegeht, bekommt man diese Zinsen – also 100 Prozent der eigenen Investition –, bleibt aber im

Besitz der Anleihe.« Also eine todsichere Anlage. »Ich habe nicht gekauft«, sagt Bruce, »aber ich habe die Sache beobachtet, und es lief genau so, wie Sam es prophezeit hatte. Also rief ich ihn an und sagte: ›Kommst du mal runter und erklärst mir, was du da machst?‹«

Leppla vermittelte Bruce ein komplexeres Verständnis für die Beziehungen zwischen Preis, Angebot, Nachfrage und Wert, als er es einst aus seinem Koffer voller Feuerwerkskörper gelernt hatte. Lepplas Vorgehensweise beruhte auf folgendem Konzept: Wenn eine Firma in Schieflage gerät, stehen für den Konkursverwalter nicht die Anteilseigner an erster Stelle – die Aktionäre –, sondern die Gläubiger, also die Lieferanten und die Inhaber der Anleihen. Bei den Anleihen gibt es zudem eine Hackordnung. Als erstes werden die so genannten Senior Bonds bezahlt. Wenn danach noch Geld übrig ist, werden die Junior Bonds bedient. Junior Bonds für eine angeschlagene Firma sind günstig zu bekommen, sobald die Investoren befürchten, es könnte nicht mehr genug Kapital übrig bleiben, um sie abzulösen, doch die Befürchtungen der Investoren, Faulheit und Unwissenheit können die Preise für solche Papiere weit unter den Wert der eigentlich vorhandenen Sachwerte drücken. Wenn man den tatsächlichen Wert ermitteln kann und die Preise der Bonds kennt, ist das Risiko bei einer derartigen Investition sehr gering.

Das war die Art Wissen, nach der Bruce gesucht hatte.

Zu jenem Zeitpunkt waren Immobilienanleihen aus Florida am Wackeln, also sahen Sam und Bruce sich auf diesem Sektor um und kauften, wenn sie erkannten, dass die Anleihen deutlich unter Wert verramscht wurden. »Wir haben für fünf Dollar gekauft und für 50 verkauft. Alles, was wir kauften, brachte Geld.« Sie hatten einen echten Lauf, aber irgendwann glichen Marktpreis und Wert sich wieder an, sodass eine neue Idee hermusste.

Zu diesem Zeitpunkt gingen einige Eisenbahngesellschaften im Osten pleite, und die amerikanische Regierung kaufte deren Assets auf, um damit Conrail und Amtrak zu gründen. Auch daran erinnert sich Bruce: »Eines Tages sagte Sam: ›Eisenbahngesellschaften gehen alle 50 Jahre pleite, und keiner kennt sich damit aus. Sie sind total kompliziert, und es dauert Jahre, sich da reinzuarbeiten.‹ Also suchten wir uns jemanden, der sich damit auskannte, Barney Donahue. Barney war ehemaliger Steuerfahnder und Profi in Sachen Eisenbahnen. Solche Typen denken Tag und Nacht an Eisenbahnen. Sie wissen, was die Schienen wiegen, und sie können dir die Anzahl der Loks nennen. Barney Donahue war so einer.«

Ihr Investitionsmodell beruhte darauf, die verbliebenen Assets sowie die Reihenfolge, nach der die Anleihen bedient wurden, besser zu kennen als andere Investoren. Dank ihres Fachwissens konnten sie sich aus den unterbewerteten Junior Bonds diejenigen herauspicken, die sich am ehesten auszahlen würden. Donahue prüfte also die verschiedenen Gesellschaften und entschied, dass die Erie Lackawanna das lohnendste Objekt wäre, weil sie im Falle einer Pleite die modernste Ausstattung hätte. Hendry, Leppla und Donahue sahen sich die Sache näher an. Sie fuhren das gesamte Schienennetz von Erie ab, um seinen Zustand zu prüfen. Sie rechneten die vorhandenen Anlagen zusammen, begutachteten ihren Zustand und ermittelten ihren Wert anhand der Moody-Handbücher zum Transportwesen. »Das ist simples Addieren: Was ist eine Lok wert? Was ein Waggon? Und was eine Meile Schienenstrang?« In den 150 Jahren ihres Bestehens hatte die Erie fünfzehn verschiedene Bonds ausgegeben, deren Wert teilweise davon abhängig war, ob sie jünger oder älter waren als andere. Bei seinen Nachforschungen stieß Bruce auf ein kleines Dokument, in dem sich die Finanzinstitute darauf verständigt hatten, in welcher Reihenfolge die Anleihen bei einer Liquidation zu bezahlen wären. Nachdem die drei die Sachwerte, die Verbindlichkeiten und die Bond-Struktur durchschauten, wussten sie, was die einzelnen Anleihearten wert waren. Anleiheeigner, die diese Hausaufgaben nicht erledigt hatten, tappten hingegen im Dunkeln. Die Junior Bonds wurden mit massiven Abschlägen gehandelt, weil sie so weit unten in der Futterkette rangierten, dass die Investoren nicht davon ausgingen, ihr Geld je wiederzusehen. Bruce' Berechnungen besagten jedoch etwas anderes, also kaufte er.

Wir haben nicht genug Platz für die ganze Geschichte. Eine Eisenbahnpleite ist eine unglaublich verzwickte Geschichte. Bruce arbeitete sich so tief in die Materie ein, bis er den gesamten Prozess besser verstand als jeder andere. Dann putzte er Klinken, forderte die herkömmlichen Machtstrukturen mit ihrer Vetternwirtschaft heraus, welche den Vorgang abwickelte, und ließ sich irgendwann von den Gerichten zum Vorsitzenden des Komitees ernennen, das während der Insolvenz die Interessen der Anleiheinhaber vertrat. Als Erie zwei Jahre später wieder Fuß fasste, ernannte man ihn zum Vorstandsvorsitzenden. Bruce übertrug Barney Donahue die Geschäftsführung. Gemeinsam mit dem

Aufsichtsrat lotsten Hendry und Donahue den verbliebenen Firmenanteil durch die restlichen Gerichtsverfahren, und als sich der Staub legte, hatte sich der Nennwert von Bruce' Anleihen verdoppelt und gegenüber einigen der Junior Bonds, die er einst erworben hatte, sogar verzwanzigfacht.

Der Fall Erie Lackawanna war in all seiner Komplexität und mit seinem David-gegen-Goliath-Mythos der Auftakt zu dem, was Bruce Hendry ab diesem Zeitpunkt betrieb: Ein angeschlagenes Unternehmen entdecken, sich in seine Assets und Verbindlichkeiten einarbeiten, das Kleingedruckte der Kreditverträge lesen, das Geschäftsmodell auf Zukunftsfähigkeit prüfen und mit einer relativ klaren Vorstellung vom absehbaren Verlauf einsteigen.

So gewann er weitere bemerkenswerte Schlachten. Er übernahm Kaiser Steel, wehrte die Liquidierung ab, steuerte die Firma als Vorstandschef aus dem Bankrott und wurde mit zwei Prozent Anteilen am neuen Unternehmen beteiligt. Er verhinderte den Zusammenbruch der First Republic Bank of Texas und freute sich hinterher über die 600 Prozent Gewinn, die einige seiner ersten Investitionen in diese Bank erzielt hatten. Als einige Hersteller keine Eisenbahnwaggons mehr produzierten, weil ein Überangebot herrschte, kaufte Bruce 1000 Stück von den letzten neuen Waggons, sicherte sich über Leasing-Verträge, an welche die Eisenbahngesellschaften gebunden waren, 20 Prozent Ertrag, um die Waggons ein Jahr später, als sie auf dem Markt knapp wurden, zu einem anständigen Preis zu verscherbeln. Die Geschichte von Hendrys Aufstieg klingt einerseits vertraut, andererseits besonders. Typisch ist die Aufstiegsgeschichte, etwas Besonderes hingegen die Art und Weise, wie Bruce bei seinen Unternehmungen »eine harte Schule durchlaufen hat«, indem er seine eigenen Investitionsregeln aufstellte, diese zu einer Schablone verband und dann immer neue Wege fand, um die Schablone einzusetzen.

Auf die Frage, wie er sich seinen Erfolg erklärt, nennt er ein paar täuschend einfache Leitsätze: Geh dahin, wo kein großer Wettbewerb herrscht, arbeite dich gründlich ein, stell die richtigen Fragen, sieh das große Bild, riskiere etwas, sei aufrichtig. Aber diese Erklärungen reichen noch nicht. Dahinter steckt eine weitaus interessantere Geschichte, die nur zwischen den Zeilen hindurchschimmert: Wie er herausfand, welches Wissen er brauchte, und sich dann genau dieses Wissen beschaffte, wie die frühen Rückschläge die Saat für klügere Urteile legten, und wie er einen Riecher für wahren Wert entwickelte, wo andere nur Ärger witterten. Er hat eine geradezu unheimliche Gabe, Werte aufzustöbern. Seine Geschichten erinnern an das Kind, das an seinem vierten Geburtstag einen Misthaufen im Hof vorfindet, darum herumspringt und jubelt: »Ich weiß genau, irgendwo steckt hier ein Pony!«

Alle Menschen sind verschieden – diese Wahrheit entdecken wir schon als Kinder, wenn wir uns mit unseren Geschwistern vergleichen. Wir erkennen sie in der Schule, auf dem Sportplatz und in den Führungsetagen. Selbst wenn wir ebenso entschlossen gewesen wären wie Bruce Hendry und uns seine Grundregeln zu Herzen genommen hätten – wie viele von uns hätten die Kunst gemeistert, zu erkennen, welcher Misthaufen auf ein Pony hindeutet? Die Geschichte von Bruce zeigt klar, dass manche Lernunterschiede mehr ausmachen als andere. Aber welche sind das? Mit diesem Thema wollen wir uns jetzt näher befassen.

Ein Unterschied, der eine große Rolle zu spielen scheint, ist die Frage, wie wir uns und unsere Fähigkeiten sehen.

Das Sprichwort dazu lautet: »Du kannst glauben, dass du es kannst, oder glauben, dass du es nicht kannst, in jedem Fall hast du recht.« Die Arbeit von Carol Dweck, auf die wir in Kapitel 7 noch eingehen werden, untermauert diesen Satz sehr schön. Dasselbe gilt für einen *Fortune*-Artikel von 2002, der sich mit dem scheinbaren Widerspruch befasst, dass manche Legastheniker trotz ihrer Lernschwierigkeiten höchst erfolgreich werden. Richard Branson, der Gründer von Virgin Records und Virgin Atlantic Airways, ging mit sechzehn von der Schule ab, um Unternehmen zu gründen, die heute Milliarden wert sind. Diane Swonk zählt zu den Top-Wirtschaftsgurus der Vereinigten Staaten. Craig McCaw wurde zum Pionier in der Mobiltelefonindustrie, und Paul Orfalea gründete den FedEx-Vorläufer Kinko's. Solche und andere erfolgreiche Männer und Frauen berichten gern, wie sie Schwierigkeiten überwunden haben. Sie alle hatten es in der Schule und mit den üblichen Lernmethoden nicht leicht. Manche galten als wenig intelligent, wurden später eingeschult oder in Klassen für Menschen mit geistiger Einschränkung gesteckt, doch fast alle wurden von Eltern, Tutoren oder Mentoren unterstützt, die an sie glaubten. Branson erinnert sich: »Irgendwann war ich der Ansicht, dass eine Leseschwäche besser ist, als dumm zu sein.« Dieser eine Satz formuliert sein persönliches Narrativ, etwas Besonderes zu sein.[3]

Die Geschichten, die wir spinnen, um uns selbst zu verstehen, werden zum Narrativ unseres Lebens, denn sie sollen die Zufälle und Entscheidungen erklären, die uns an den Punkt führten, an dem wir heute stehen: Worin bin ich gut, was ist mir das Wichtigste, wo will ich hin? Wenn Sie zu den Kindern gehören, die regelmäßig als letzte ins Softball-Team gewählt werden, ändert sich Ihre Weltsicht vermutlich ein wenig und formt Ihr Gefühl für die eigenen Fähigkeiten und die Wege, die Sie einschlagen werden.

Was wir uns über die eigenen Fähigkeiten sagen, hat Einfluss darauf, wie wir lernen und was wir leisten – zum Beispiel, wie intensiv wir uns bei etwas einbringen, wie risikobereit wir sind und ob wir angesichts von Schwierigkeiten auf Durchhalten setzen oder nicht. Aber das Ringen um bestimmte Fertigkeiten und die Fähigkeit, neues Wissen in Bausteine für späteres Weiterlernen zu verwandeln, pflastern auch den Weg zum Erfolg. Ob jemand gut in Softball ist, hängt vom Zusammenspiel verschiedener Fähigkeiten ab, wie den Ball zu treffen, zur nächsten Base zu rennen und den Ball zu werfen. Doch dass jemand kein guter Spieler ist, bedeutet keineswegs, dass er nicht trotzdem noch zum Star werden kann. Viele gefragte Manager und Coaches im Profisport waren mittelmäßige bis schlechte Spieler, aber absolute Experten in ihrer Sportart. Tony LaRussa hatte als Baseballspieler nur eine kurze, unspektakuläre Karriere, doch als Manager bewies er bemerkenswertes Talent. Als er sich nach sechs nationalen Meisterschaften und drei World-Series-Titeln zur Ruhe setzte, pries man ihn als einen der besten Manager aller Zeiten.

Jeder Mensch besitzt einen ganzen Strauß an Gaben in

Form von Talent, Vorwissen, Intelligenz, Interessen und einen Sinn für persönliches Wachstum, der Einfluss darauf hat, wie er lernt und wie er seine Schwächen überwindet. Dabei machen gewisse Unterschiede viel aus und entscheiden zum Beispiel darüber, ob jemand die Grundprinzipien neuer Erfahrungen abstrahieren und das neue Wissen in mentale Strukturen verwandeln kann. Andere Unterschiede – wie die Frage, ob jemand ein visueller oder ein verbaler Lerntyp ist – halten wir zwar für wichtig, aber tatsächlich sind sie von untergeordneter Bedeutung.

Sprachbeherrschung und Lesefähigkeit dürften in jeder Auflistung der wichtigsten Einflüsse auf die Lernfähigkeit unter den Spitzenplätzen stehen. Manche Problemstellungen, die eine erhöhte kognitive Anstrengung erforderlich machen, können den Lernprozess tatsächlich verbessern, aber nicht jede Schwierigkeit entfaltet eine solche Wirkung. Wenn der zusätzliche Aufwand zur Überwindung des Defizits nicht zu einem robusteren Lernerfolg beiträgt, ist er nicht wünschenswert. Ein Beispiel dafür ist jemand, der aufgrund von Leseschwierigkeiten beim Entziffern der einzelnen Wörter im Satz den Faden verliert. So etwas passiert bei einer Lese-Rechtschreibschwäche (Dyslexie oder LRS), die zwar nicht die einzige Ursache für eingeschränkte Lese- und Rechtschreibfähigkeiten ist, aber doch die häufigste, die immerhin rund 15 Prozent der Bevölkerung betrifft. Die Ursache sind abweichende neuronale Entwicklungen während der Schwangerschaft, welche die Lesefähigkeit beeinträchtigen, indem sie es dem Gehirn erschweren, Buchstaben mit den ihnen zugeordneten Klängen zu verbinden.

Und das ist eine Grundvoraussetzung für die Worterkennung. Eine Lese-Rechtschreibschwäche bleibt dauerhaft bestehen, doch mit der nötigen Unterstützung können Betroffene lernen, mit der Problematik geschickter umzugehen. Die erfolgreichsten Programme betonen Übungen, welche die Phonembildung, den Wortschatzaufbau, das Verständnis und flüssigeres Lesen trainieren. Neurologen und Psychologen raten zu einer frühzeitigen Diagnose. Die intensive Arbeit mit den Kindern sollte bereits vor der dritten Klasse beginnen, solange das Gehirn noch relativ plastisch ist und somit eher einen Umbau der neuronalen Verschaltungen zulässt.

Unter Gefängnisinsassen ist LRS deutlich stärker verbreitet als in der Allgemeinbevölkerung. Das hat viel damit zu tun, dass Kinder, die nicht lesen können, schon frühzeitig als Schulversager gelten, ein geringes Selbstwertgefühl entwickeln und deshalb leicht falsche Entscheidungen treffen. Manche verlegen sich auf Mobbing oder andere Formen des antisozialen Verhaltens, um ihr Problem zu kompensieren. Ohne geeignete Gegenmaßnahmen kann diese Strategie leicht in die Kriminalität führen.

Für Schüler mit LRS ist es zwar schwieriger, sich unerlässliche Lesekenntnisse anzueignen, und dieser Nachteil kann diverse andere Lernschwierigkeiten nach sich ziehen, doch die erfolgreichen Interviewpartner aus dem *Fortune*-Artikel sagten, dass manche Menschen mit LRS kreativer sind (oder werden) und Probleme besser lösen können. Unklar ist, ob das an ihrer individuellen neuronalen Verschaltung liegt oder an der Notwendigkeit, ihre Schwierigkeiten irgendwie auszugleichen. Etliche der Interviewten gaben an, dass ihr

Erfolg darauf beruhe, dass sie von klein auf gelernt hätten, den Gesamtzusammenhang zu erfassen und sich nicht mit dem Entziffern der Einzelheiten aufzuhalten. Sie lernten, einen anderen Blickwinkel einzunehmen, strategisch vorzugehen und Risiken aufmerksam zu beurteilen – lauter Notwendigkeiten, die ihnen auf die Dauer einen entscheidenden Vorteil verschafften. Manche dieser Fähigkeiten könnten tatsächlich eine neurologische Basis haben. Experimente von Gadi Geiger und Jerome Lettvin am Massachusetts Institute of Technology ergaben, dass Menschen mit LRS die Informationen in dem von ihnen fokussierten visuellen Bereich schlechter interpretieren können als Menschen ohne LRS. Wenn es jedoch darum ging, Informationen aus dem peripheren Blickfeld zu interpretieren, waren sie signifikant überlegen. Das würde bedeuten, dass die bessere Fähigkeit, das große Ganze zu erfassen, auf der Verschaltung der Synapsen im Gehirn beruhen könnte.[4]

Zu LRS gibt es unglaublich viel Literatur, auf die wir an dieser Stelle nicht weiter eingehen möchten. Uns geht es lediglich um die Akzeptanz, dass bestimmte neurologische Unterschiede starken Einfluss darauf haben können, wie Menschen lernen, und dass manche Betroffenen dank einer Kombination aus starker Motivation, gezielter und dauerhafter persönlicher Unterstützung sowie kompensierender Fähigkeiten oder »Intelligenzen« sehr erfolgreich werden können.

Der Glaube an unterschiedliche *Lernstile* ist weit verbreitet. Auf allen Ausbildungsebenen wird empfohlen, die unterschiedlichen Lerntypen zu berücksichtigen und den Stoff so darzubieten, dass jeder ihn so aufnehmen kann, wie er am besten lernt. Die Lernstil-These ist sowohl in der Management-Entwicklung als auch in der beruflichen Aus- und Weiterbildung fest etabliert, ob für Militärpiloten, im Gesundheitswesen, bei der Polizei oder anderswo. 2004 erfasste eine Umfrage für das britische Learning and Skills Research Centre über 70 verschiedene Lernstil-Theorien, die damals auf dem Markt kursierten und jeweils von passenden Tests flankiert wurden, anhand derer der individuelle Lernstil ermittelt werden sollte. Die Autoren beschreiben die Szene der Anbieter als Geschäftszweig, der durch die dahintersteckenden Interessen verzerrt wird, die »einen Wirrwarr widersprüchlicher Behauptungen« aufstellen, und warnen vor einer Klassifizierung von Individuen in diverse Stereotypen. Erwähnt wird unter anderem die Aussage eines Studenten auf einer Konferenz, der aufgrund einer solchen Testbatterie erzählte: »Ich habe gelernt, dass ich ein wenig auditiver, eher kinästhetischer Typ bin. Für mich ist es also sinnlos, ein Buch zu lesen oder anderen länger als wenige Minuten zuzuhören.«[5] Das ist jedoch in mehrfacher Hinsicht ein Trugschluss. Wissenschaftlich gibt es hierfür keine Belege, und es nährt ein ebenso zerstörerisches wie irriges Gefühl des Unvermögens.

Ungeachtet der Vielzahl und Vielfalt der Lernstil-Modelle ist ein konsistenter theoretischer Ansatz auch dann nicht erkennbar, wenn man sich auf die gängigsten Modelle konzentriert. Der VARK-Ansatz (Visual, Auditory, Reading, Kinaesthetic) nach Neil Fleming differenziert danach, ob jemand beim Lernen lieber etwas sieht, hört, liest oder kinästhetisch vorgeht (also sich bewegt, etwas berührt und aktiv erforscht). Laut Fleming beschreibt das VARK-Konzept nur einen Aspekt des individuellen Lernstils, der insgesamt 18 verschiedene Dimensionen umfasst, darunter auch Temperatur- und Lichtverhältnisse, Ernährung, Biorhythmen und ob man lieber im Team oder allein arbeitet.

Andere Lernstil-Theorien und -tests basieren teilweise auf ganz anderen Kriterien. Ein verbreitetes Testsystem, das auf der Arbeit von Kenneth und Rita Dunn beruht, ermittelt sechs verschiedene Aspekte des individuellen Lernstils: Umgebung, emotionale und soziologische Aspekte, Wahrnehmung sowie physiologische und psychologische Kriterien. Wieder andere Modelle berufen sich auf Dimensionen wie:

- Konkreter oder abstrakter Wahrnehmungsstil
- Aktives Experimentieren oder eher eine nachdenkliche, beobachtende Haltung
- Beliebige Anordnung oder schrittweises Vorgehen bei der Organisation

In Managementkreisen ist der Lerntypen-Fragebogen (LSQ) von Honey und Mumford beliebt, über den die Beschäftigten herausfinden können, ob sie beim Lernen eher »Aktivist«, »Nachdenker«, »Theoretiker« oder »Pragmatiker« sind. Dabei geht es auch um die Frage, wie man in Bereichen mit niedriger Punktzahl besser und somit beim Lernen vielseitiger werden kann.

Die Tatsache, dass die unterschiedlichen Theorien derart weit auseinanderklaffen, weckt Zweifel an ihrem wissenschaftlichen Unterbau. Zwar haben die meisten Menschen tatsächlich klare Vorlieben, wie sie sich etwas Neues aneignen möchten, doch Lernstilkonzepte suggerieren, dass wir besser lernen, wenn das Neue in der Weise präsentiert wird, wie wir am besten lernen *können*. Das ist die zentrale Aussage.

2008 erhielten die kognitiven Psychologen Harold Pashler, Mark McDaniel, Doug Rohrer und Robert Bjork den Auftrag, zu überprüfen, ob diese zentrale Aussage sich wissenschaftlich belegen lässt. Hierfür stellten sie zwei Fragen. Erstens wollten sie wissen, mit welchen Nachweisen eine Institution begründen könnte, dass ihre Unterrichtsmethoden sich an der Einstufung der Lernstile ihrer Schüler, Studenten oder Beschäftigten orientieren. Für glaubwürdige Ergebnisse brauchte man somit eine Studie, die diverse Punkte einbeziehen müsste: Zunächst einmal müsste man die Teilnehmer anhand ihrer Lerntypen in Gruppen aufteilen. Danach müssten sie unterschiedliche Unterrichtseinheiten zum selben Stoff, aber mit unterschiedlichen Lehrmethoden erhalten. Anschließend müssten alle denselben Test absolvieren. Dieser Test müsste erkennen lassen, dass Studenten mit einem bestimmten Lernstil (zum Beispiel visuelle Lerntypen) besser abschneiden, wenn sie gemäß ihres bevorzugten Lernstils lernen dürfen (also visuell), als wenn der Stoff anders präsentiert wird (zum Beispiel auditiv). Außerdem müssten andere Lerntypen nachweislich mehr von ihrem bevorzugten Unterrichtsstil profitieren (auditive Typen müssten also durch Zuhören mehr lernen als durch visuelle Präsentation).

Die zweite Frage des Teams lautete, ob derartige Belege existierten. Und es gab keine. Sie fanden nur wenige Studien, welche die Gültigkeit der Lernstil-These in Schule und Ausbildung überprüft hatten. Unter diesen wenigen konnte praktisch keine den Ansatz bestätigen, und etliche bewiesen das genaue Gegenteil. Ihre Überblicksanalyse ergab allerdings auch, dass es eher darauf ankommt, die Unterrichtsmethode dem jeweiligen *Thema* anzupassen, also visuelle Unterweisung in Geometrie und Geografie, verbale Unterweisung bei Poesie und so weiter. Denn wenn der Unterrichtsstil auf die Inhalte abgestimmt ist, lernen *alle* besser, und zwar unabhängig von der individuellen Vorliebe für eine bestimmte Unterrichtsform.

Dass es keine Beweise gibt, welche die Lernstil-These untermauern, bedeutet im Umkehrschluss nicht etwa, dass all diese Theorien falsch wären. Schließlich gibt es diverse Lernstil-Theorien. Einige könnten stichhaltig sein. Bisher lässt sich jedoch nicht beurteilen, welche das sind, denn wegen der extrem geringen Anzahl verwertbarer Studien existieren für eine vernünftige Antwort keine ausreichenden Daten. Auf der Basis ihrer Ergebnisse erklärten Pashler und seine Kollegen, dass die gegenwärtige Datenlage nicht den immensen Aufwand an Zeit und Geld rechtfertigt, der erforderlich wäre, um Studenten zu testen und den Unterricht auf den jeweiligen Lernstil abzustimmen. Bis derartige Beweise vorliegen, ist es somit sinnvoller, sich auf Unterrichtsmethoden zu konzentrieren, wie sie in diesem Buch dargestellt sind. Hier wurde zumindest wissenschaftlich überprüft, dass Lernende unabhängig vom bevorzugten Lernstil davon profitieren.[6]

Erfolgreiche Intelligenz

Intelligenz ist beim Lernen entscheidend, doch was *ist* eigentlich Intelligenz? Jede Gesellschaft kennt eigene Konzepte dafür, was in der jeweiligen Kultur als intelligent gilt. Grundsätzlich liefert das Konzept der Intelligenz seit rund 100 Jahren eine gewisse Definition und einen Maßstab für die intellektuelle Kapazität von Personen – so lange versucht die Psychologie bereits, die Intelligenz zu bestimmen. Heutzutage herrscht Konsens darüber, dass Menschen über mindestens zwei Arten von Intelligenz verfügen. Die *fluide Intelligenz* (Gf) ist die Fähigkeit, bei der Arbeit an einem Problem logisch zu denken, Zusammenhänge zu erkennen, zu abstrahieren und Informationen zu beachten, wohingegen die *kristalline Intelligenz* (Gc) aus dem gesammelten persönlichen Weltwissen und den mentalen Modellen besteht, die jemand über seine bisherigen Erfahrungen erworben hat. Dank dieser beiden Formen der Intelligenz können wir lernen, logisch denken und Probleme lösen.[7]

Traditionell werden Intelligenztests eingesetzt, um das individuelle verbale und logische Potenzial zu bestimmen. Die Ergebnisse legen einen Intelligenzquotienten (IQ) fest, der das geistige Alter ins Verhältnis zum körperlichen Alter setzt und mit 100 multipliziert wird. Wenn ein Achtjähriger nun im Test Probleme lösen kann, die normalerweise erst Zehnjährige bewältigen, hat er einen IQ von 125 (10 geteilt durch 8 mal 100). Früher herrschte die Auffassung vor, der IQ stünde von Geburt an fest, aber solche traditionellen Ideen wurden längst in Frage gestellt.

Im Gegensatz hierzu erklärt der Psychologe Howard Gardner die breite Streuung individueller Fähigkeiten damit, dass Menschen über acht verschiedene Intelligenzarten verfügen.

Logisch-mathematische Intelligenz: Die Fähigkeit zum kritischen Denken, zum Umgang mit Zahlen, abstrakten Vorstellungen und dergleichen.

Räumliche Intelligenz: Dreidimensionales Urteilsvermögen und die Fähigkeit, etwas innerlich zu visualisieren.

Sprachliche Intelligenz: Die Fähigkeit, mit Wörtern und Sprachen umzugehen.

Körperlich-kinästhetische Intelligenz (Bewegungsintelligenz): Geschicklichkeit und Körperkontrolle.

Musikalisch-rhythmische Intelligenz: Begabung für Klänge, Rhythmen, Töne und Musik.

Interpersonelle Intelligenz: Die Fähigkeit, andere Menschen zu »lesen« und effektiv mit ihnen zusammenzuarbeiten.

Intrapersonelle Intelligenz: Die Fähigkeit, sich selbst zu verstehen und das eigene Wissen, die eigenen Fähigkeiten und die eigene Effektivität richtig einzuschätzen.

Naturalistische Intelligenz: Die Fähigkeit, die natürliche Umgebung zu erfassen und damit in Kontakt zu treten (was zum Beispiel für Gärtner, Jäger oder Köche wichtig ist).

Gardners Überlegungen sind in mehrfacher Hinsicht verführerisch, weil sie unter anderem Erklärungen für Unterschiede liefern würden, die wir zwar wahrnehmen, aber bei den modernen, westlichen Definitionen und ihrem Fokus auf Sprache und Logik nicht einbeziehen. Wie die Lernstil-Theorie hat auch die Theorie der multiplen Intelligenzen dazu beigetragen, dass im Unterricht heute vielfältigere Lernerfahrungen angeboten werden. Im Gegensatz zu den Lerntypen, die den unerwünschten Nebeneffekt haben können, dass Menschen ihre Lernfähigkeit als eingeschränkt erleben, erweitert die Theorie der multiplen Intelligenzen den Blick auf die Vielfalt unserer Gaben. Leider ist weder die eine noch die andere Theorie empirisch unterfüttert, ein Problem, das Gardner auch selbst einräumt. Den individuellen Intelligenzmix festzustellen, ist für ihn somit eher eine Kunst als eine Wissenschaft.[8]

Während Gardner unsere Vorstellung von Intelligenz erweiterte, fasste der Psychologe Robert Sternberg diese wieder stärker zusammen. Statt acht Intelligenzen setzt Sternbergs Modell auf nur drei, nämlich die analytische, die kreative und die praktische Intelligenz. Und im Gegensatz zu Gardners Theorie stützen sich Sternbergs Ausführungen auf empirische Daten.[9]

Eine besonders aussagekräftige Studie von Sternberg zur Frage der Intelligenzmessung stammt aus dem ländlichen Kenia, wo er und sein Team das informelle Wissen von Kindern zu pflanzlichen Heilmitteln erforschten. In Kenia sind solche Mittel ein wichtiger Bestandteil des Alltags. Dieses Wissen wird nicht in der Schule vermittelt und nicht abgeprüft, doch Kinder, die bestimmte Heilpflanzen einschließlich ihrer Anwendung und Dosierung kennen, haben in ihrer Umgebung bessere Chancen als Kinder ohne dieses Wissen. Die Kinder, die bei den Tests zu diesem informellen, indigenen Wissen am besten abschnitten, erzielten bei den Tests zu offiziellen Bildungsinhalten im Vergleich die schlechtesten Ergebnisse und galten in dieser Hinsicht laut

Sternberg als »dumm«. Wie passt das zusammen? Sternberg vermutet, dass Kinder mit ausgeprägtem indigenem Wissen aus Familien kommen, in denen dieses praktische Wissen eine höhere Wertschätzung erfährt als in den Familien jener Kinder, die in der Schule bessere Leistungen erzielten. Kinder, deren Umfeld die eine Lernart für wichtiger hielt als die andere (praktisch über akademisch im Fall der Familien, die ihren Kindern die Heilkräuter beibrachten), erreichten in den Schulfächern, die ihr Umfeld weniger wertschätzte, einen geringeren Wissensstand. Andere Familien legten mehr Wert auf analytisches (schulisch vermitteltes) Wissen und achteten weniger auf praktische Kräuterkunde.

Daraus lassen sich zwei wichtige Punkte ableiten. Erstens werden bei traditionellen Verfahren zur Intelligenzermittlung die unterschiedlichen Umgebungsbedingungen nicht berücksichtigt. Demnach könnten Kinder mit ausgezeichnetem informellem, indigenem Wissen unter entsprechenden Umständen durchaus die gleichen oder gar bessere schulische Leistungen erbringen wie ihre Klassenkameraden. Zweitens sind die schulischen Fähigkeiten der Kinder, deren Umgebung auf indigenes Wissen setzt, noch im Aufbau begriffen. Aus Sternbergs Sicht entwickeln sich Kenntnisse bei allen Menschen ständig weiter, und jeder Test ist nur eine Momentaufnahme, die nichts über unser Potenzial im Reich der Testverfahren aussagt.

Sehr nützlich sind in diesem Zusammenhang zwei weitere Geschichten, die Sternberg erzählt. Die eine bezieht sich auf eine Studienreihe zu Waisenkindern in Brasilien, die nur überleben können, indem sie auf den Straßen Geschäfte tätigen und ihre Dienste anbieten. Das ist eine hohe Motivation, denn wenn sie sich dem Diebstahl zuwenden würden, riskierten sie, von den Todesschwadronen aufgegriffen zu werden. Diese Kinder, die ausgezeichnet berechnen können, was zu einem erfolgreichen Geschäftsmodell gehört, sind zu derselben Rechnung nicht in der Lage, wenn ihnen diese als abstrakte Rechenaufgabe auf Papier vorgelegt wird. Das ist Sternberg zufolge logisch, wenn man es vom Standpunkt der sich entwickelnden Expertise aus betrachtet: Die Kinder leben in einem Umfeld, wo nicht akademische, sondern praktische Fähigkeiten gefragt sind, sodass Lerninhalte und Lernmethode von den Erfordernissen des Alltags diktiert werden.[10]

In der zweiten Geschichte geht es um erfahrene Wetter auf der Pferderennbahn, die hochkomplexe mentale Modelle für ihre Pferdewetten entwickeln, in üblichen IQ-Tests aber nur durchschnittlich abschneiden. Ihre Strategien wurden mit denen von weniger erfahrenen Wettern mit vergleichbarem IQ verglichen. Für erfolgreiche Pferdewetten muss man die Pferde anhand diverser Variablen miteinander vergleichen, darunter die bisher eingelaufenen Siegprämien, das bisherige Lauftempo, in welchen Rennen sie gesiegt haben, die Fähigkeiten des Jockeys im gegenwärtigen Rennen und diverse Einzelheiten aus den vorherigen Rennen. Allein für die Vorhersage des Tempos, mit dem ein Pferd die letzte Viertelmeile zurücklegt, verlassen sich die Experten auf ein komplexes mentales Modell, das volle sieben Variablen umfasst. Die Studie kam zu dem Ergebnis, dass die Wettkünste nichts mit dem IQ zu tun haben. »Was auch immer ein IQ-Test misst, es ist nicht die Fähigkeit, kognitiv komplexe Überlegungen mit zahlreichen Variablen anzustellen.«[11]

Diese Lücke wollte Robert Sternberg mit seiner dreigliedrigen Theorie der erfolgreichen Intelligenz füllen. Die *analytische* Intelligenz ist unsere Fähigkeit, solche Probleme zu lösen, wie sie uns typischerweise in Testaufgaben vorgelegt werden; die *kreative* Intelligenz beschreibt die Fähigkeit, vorhandene Kenntnisse und Fähigkeiten zusammenzuführen und zur Bewältigung neuer, ungewöhnlicher Situationen zu verwenden; die *praktische* Intelligenz ist die Fähigkeit, uns an den Alltag anzupassen – verstehen, was gerade zu tun ist, und es dann tun, also sich auskennen. Je nach Kultur und Lernsituation sind diese Intelligenzen unterschiedlich gefragt, und vieles, was in einer bestimmten Situation zum Erfolg führt, wird von einem Standard-IQ-Test ebenso wenig erfasst wie von Fertigkeitstests, die womöglich entscheidende Kompetenzen übersehen.

Dynamische Testverfahren

Robert Sternberg und Elena Grigorenko kamen auf die Idee, Testverfahren einzusetzen, um Fähigkeiten auf dynamische Weise zu messen. Sternbergs Konzept der sich entwickelnden Expertise geht davon aus, dass wir mit wachsender Erfahrung auf einem Gebiet stets von geringer zu höherer Kompetenz fortschreiten. Sein Konzept erkennt auch an, dass standardisierte Tests das persönliche Potenzial nicht genau bestimmen können, weil sie lediglich melden, an welcher Stelle unserer lebenslangen Lernprozesse wir zum Testzeitpunkt stehen. Aufbauend auf Sternbergs dreiteiligem Intelligenzmodell schlugen er und Grigorenko vor, statische Tests durch etwas zu ersetzen, was sie als dynamisches Testen bezeichneten: Erst wird der Ist-Stand des persönlichen Fachwissens bestimmt, dann schließt man auf den Gebieten mit schlechter Leistung Lücken, später werden die Fortschritte überprüft und dann über neue Schritte das Fachwissen weiter ausgebaut. Ein Test kann somit eine Schwachstelle ermitteln, doch anstatt davon auszugehen, dass hier ein unveränderliches Unvermögen besteht, wird diese Schwäche als ausbaufähig betrachtet. Im Vergleich zu Standardtests haben dynamische Testverfahren zwei Vorteile: Lernende und Lehrkräfte werden stärker auf die Bereiche hingewiesen, in denen mehr Einsatz erforderlich ist, als auf die Stärken. Und die Möglichkeit, von Test zu Test die Fortschritte zu messen, vermittelt ein klareres Bild vom individuellen Lernpotenzial.

Dynamische Testverfahren gehen nicht davon aus, dass jemand nur auf eine bestimmte Weise lernen kann, sondern liefern ein Bild davon, welches Wissen oder welche Leistung jemand in Bezug auf bestimmte Anforderungen erbringt und worauf auf dem Weg zum Erfolg zu achten ist: Was muss ich lernen, um besser zu werden? Während also Testverfahren zum Können und viele Lernstil-Theorien unsere Stärken betonen und uns dazu ermuntern, darauf zu bauen, hilft dynamisches Testen beim Erkennen der Schwächen und ihrer Überwindung.

In der praktischen Lebenserfahrung zeigen Rückschläge, wo wir uns verbessern müssen. Dann können wir derartige

Situationen künftig entweder umgehen oder uns doppelt anstrengen, um sie zu meistern, und dabei Fähigkeiten und Fachwissen erweitern. Bruce Hendrys Erfahrungen bei der Investition in ein Mietshaus und am Aktienmarkt waren mit Enttäuschungen verbunden, aber diese wurden zu einem wichtigen Element seines Werdegangs: Sei skeptisch, wenn jemand versucht, dir etwas anzudrehen, finde die richtigen Fragen und lerne, wie man nach den Antworten fahndet. So entwickelt sich Expertenwissen.

Dynamisches Testen verläuft in drei Schritten.

Schritt 1: Ein bestimmter Test – eine Erfahrung oder eine schriftliche Abfrage – zeigt mir, wo mein Wissen oder Können noch nicht ausreicht.

Schritt 2: Ich nehme mir vor, kompetenter zu werden. Dazu muss ich reflektieren, üben, Übungspausen machen sowie die anderen Techniken effektiven Lernens einsetzen.

Schritt 3: Ich teste mich selbst erneut und beobachte, was jetzt besser läuft, achte aber natürlich auch darauf, an welcher Stelle ich weiterhin nachjustieren muss.

Kleinkinder greifen bei den ersten Schritten zum dynamischen Testen. Wer seine erste Kurzgeschichte verfasst hat, diese seiner Schreibgruppe vorstellt, danach überarbeitet und erneut Feedback einholt, setzt auf dynamisches Testen, arbeitet an seinem Handwerk und entwickelt ein Gefühl für das eigene Potenzial. Eine kognitive oder manuelle Leistung kann durch Faktoren limitiert werden, auf die wir keinen Einfluss haben – darunter die Intelligenz oder natürliche Grenzen –, aber die meisten Menschen können lernen, ihrem vollen Potenzial auf dem jeweiligen Gebiet näher zu kommen, indem sie die eigenen Schwächen erkennen und daran arbeiten.[12]

Strukturbildung

Dennoch scheint es in Bezug auf die Vorgehensweise beim Lernen kognitive Unterschiede zu geben – wenn auch andere, als die Lernstil-Advokaten uns weismachen. Einer dieser Unterschiede ist das bereits erwähnte Konzept der Strukturbildung: Dass wir, wenn wir auf etwas Neues treffen, die wichtigsten Ideen daraus extrahieren und zu einem stimmigen mentalen Konstrukt verarbeiten. Solche mentalen Konstrukte, die einer Landkarte für das Gehirn gleichen, werden als mentale Modelle bezeichnet. Gut ausgeprägte Strukturbildungsfähigkeiten erleichtern bei neuem Stoff das Lernen. Wer nicht so gut Strukturen bilden kann, hat Schwierigkeiten, irrelevante oder konkurrierende Informationen auszublenden, und neigt dazu, zu viele Konzepte zu einem Arbeitsmodell (oder einer Gesamtstruktur) zu verbinden, das als Ausgangspunkt zum Weiterlernen dienen kann.

Die Theorie der Strukturbildung ähnelt einer Stadt aus Legosteinen. Stellen Sie sich vor, Sie belegen einen Einführungskurs zu einem neuen Thema. Das Lehrbuch bietet eine Fülle an Unterthemen, und Ihr Ziel ist ein kohärentes mentales Modell für das darin enthaltene Wissen. In unserer Lego-Analogie säßen Sie nun vor einer Packung Bausteine und wollten den Ort bauen, der auf der Packung abgebildet ist. Sie kippen die Steine aus und sortieren sie zu mehreren Stapeln. Zuerst bauen Sie die Straßen und Fußwege, aus denen die Größe des Ortes hervorgeht. Gleichzeitig werden damit die Bauplätze festgelegt. Danach sortieren Sie die restlichen Steine nach den gewünschten Gebäuden: Wohnhäuser, Schule, Krankenhaus, Stadion, Einkaufszentrum, Feuerwache. Jedes dieser Elemente entspräche einem Kerngedanken im Lehrbuch und würde mit jedem verbauten Stein mehr Kontur annehmen und nuancierter werden. Gemeinsam bilden diese Kerngedanken die umfassendere Stadtstruktur.

Nehmen wir nun an, eines Ihrer Geschwister hätte vorher mit dieser Legopackung gespielt und ein paar Steine aus einer anderen Packung hinzufügt.

Einige Teile passen somit nicht zu Ihrem Bauvorhaben, und Sie sortieren sie als unpassend aus. Vielleicht stellen Sie auch fest, dass man mit einem Teil der neuen Steine ein vorhandenes Gebäude erweitern und verschönern kann, zum Beispiel mit einem Innenhof, einer Veranda oder einem Vordach bei den Wohngebäuden oder aber mit Straßenlaternen, Hydranten und Bäumen bei den Straßen. Solche Teile fügen Sie bereitwillig hinzu, obwohl die ursprünglichen Designer dieses Bausatzes so etwas nicht eingeplant hatten. Wer problemlos Strukturen findet, lernt schnell, wie man Grundkonzepte und deren wichtigste Bausteine identifiziert und neue Informationen danach filtert, ob sie sich in das größere Gerüst – und das eigene Wissen – einfügen oder ob sie überflüssig sind und aussortiert werden können. Menschen mit schwach ausgeprägter Strukturbildung fällt es schwer, eine übergeordnete Struktur zu erkennen und daran festzuhalten. Sie erkennen auch weniger leicht, welche Informationen dazu passen und welche nicht. Strukturbildung hat bewusste und unbewusste Anteile: Dinge passen dazu oder eben nicht; etwas kann Nuancen, Möglichkeiten und Bedeutung hinzufügen, oder es kann das eigentliche Konzept vernebeln und überladen.

Eine einfachere Analogie wäre eine Freundin, die Ihnen eine Geschichte von jenem Vierjährigen aus ihrem Bekanntenkreis erzählen will: Sie erwähnt, wer die Mutter ist, wie sie sich im Lesekreis angefreundet haben, und irgendwann sagt sie auch, dass die Mutter am Geburtstag des Sohnes eine größere Ladung Pferdemist für den Garten geliefert bekam (die Mutter ist eine fantastische Gärtnerin, ihre Auberginen wurden auf der lokalen Gartenschau ausgezeichnet, und sie wurde dazu sogar schon im Radio interviewt, und der Mist stammte von dem verwitweten Herrn aus der Kirche, der Clydesdale-Pferde züchtet und dessen Sohn verheiratet ist mit dieser ...). Und so weiter. Diese Freundin schafft es nicht, die zentralen Aussagen aus dem Wust irrelevanter Assoziationen herauszufiltern. Deshalb verliert man als Zuhörer den Faden. Auch eine Geschichte braucht eine Struktur.

Unser Verständnis für Strukturbildung als kognitives Element beim Lernen steckt noch in den Kinderschuhen – beruht eine wenig ausgeprägte Strukturbildung auf fehlerhaften kognitiven Mechanismen, oder ist Strukturbildung eine Kunst, die manche Menschen wie von selbst lernen, während andere dafür Unterricht benötigen? Fest steht, dass in den Text eingebettete Frageboxen Lesern helfen, sich auf die zentralen Aussagen zu konzentrieren. Die Lernleistung von Lesern, die schlecht selbst Strukturen bilden können, verbessert sich so auf das Niveau derer, die damit keinerlei Probleme haben. Eingebettete Fragen fördern einen besseren Überblick über einen Text, als ein Leser mit schlechter Strukturbildung eigenständig erzeugen kann. Dadurch kann er vergleichbar gut lernen wie andere, die mit Leichtigkeit Strukturen bilden.

Was in einer solchen Situation abläuft, ist bisher noch unklar, doch für Lernende bestätigt sich eine Beobachtung, die wir bereits von Mike Ebersold, dem Neurochirurgen, oder von Doug Larsen, dem Kinderneurologen, kennen: Wenn man regelmäßig die eigenen Erfahrungen Revue passieren lässt und sie zu einer Geschichte zusammenfügt, stärkt dies den Lerneffekt. Die Theorie der Strukturbildung könnte einen Hinweis darauf liefern, woran das liegt: Die Reflexion darüber, was gut gelaufen ist und was nicht und wie ich etwas beim nächsten Mal anders angehen könnte, trägt dazu bei, Kernpunkte zu erkennen, sie zu mentalen Modellen weiterzuentwickeln und bei einer künftigen Anwendung darauf zu achten, wie ich das Gelernte weiter ausbauen kann.[13]

Regellerner und Beispiellerner

Kognitiv scheint es auch einen Unterschied zu machen, ob jemand eher ein »Regellerner« oder ein »Beispiellerner« ist, wobei die Unterscheidung dem eben diskutierten Konzept der Strukturbildung durchaus ähnelt. Wenn Regellerner

Vögel bestimmen oder im Chemieunterricht Substanzen kennenlernen, neigen sie dazu, die Grundprinzipien oder »Regeln« für die durchgenommenen Beispiele zu abstrahieren. Stoßen sie dann später auf eine neue Vogelart oder ein neues Chemieproblem, verwenden sie diese Regeln zur Klassifizierung und wählen die passende Gattung oder Vorgehensweise. Beispiellerner prägen sich tendenziell eher die Beispiele ein als das Grundprinzip. Wenn sie dann auf einen unbekannten Fall stoßen, fehlen ihnen die nötigen Regeln, um ihn einzuordnen oder zu lösen. Deshalb generalisieren sie vom nächsten Beispiel, das ihnen einfällt, auch wenn dies für den neuen Fall nicht sonderlich relevant ist. Beispiellerner können passende Regeln leichter extrahieren, wenn man sie auffordert, zwei verschiedene Beispiele zu vergleichen, als wenn sie die Beispiele nacheinander untersuchen sollen. Und auf der Suche nach einer gemeinsamen Lösung für mehrere Einzelprobleme kommen sie besser weiter, wenn sie erst die Probleme vergleichen und dann nach Ähnlichkeiten suchen.

Nehmen wir als Beispiel zwei verschiedene hypothetische Probleme aus der Forschung zum Regellernen. In der einen Problemstellung soll ein General mit seinem Heer eine Burg angreifen, die von einem Burggraben geschützt ist. Seine Spione haben in Erfahrung gebracht, dass der Burgkommandant die Brücken vermint hat. Die Minen sind so platziert, dass kleine Gruppen die Brücken überqueren können, damit die Verteidiger weiterhin Nahrung und Brennstoff holen können. Wie bekommt der General eine große Truppe über die Brücken, um die Burg anzugreifen, ohne die Minen auszulösen?

Das zweite Problem betrifft einen inoperablen Tumor, der sich mittels Bestrahlung zerstören ließe. Leider müssen die Strahlen auch anderes Gewebe passieren. Ein Strahl, der stark genug ist, um den Tumor zu zerstören, schädigt auf dem Weg dorthin auch das gesunde Gewebe. Wie kann man den Tumor ohne Schaden für das gesunde Gewebe erreichen?

In den Studien hatten die Probanden Schwierigkeiten, die Lösung für eines dieser Probleme zu finden, bis man sie aufforderte, nach Ähnlichkeiten zu suchen. Daraufhin fiel ihnen auf, dass es bei beiden Problemen *erstens* um einen starken Angriff auf ein Ziel ging, dass die Angriffskraft sich *zweitens* nicht bündeln und über einen bestimmten Weg lenken ließ, ohne ein unerwünschtes Ergebnis zu erhalten, und dass man *drittens* kleinere Einheiten auf das Ziel loslassen könnte – doch eine kleinere Einheit würde das Problem nicht lösen. Nach der Wahrnehmung dieser Ähnlichkeiten kamen die Studienteilnehmer häufiger auf die Strategie, die große Kraft in kleinere Einheiten aufzuteilen und diese über unterschiedliche Zugänge auf das Ziel loszulassen, um es dort gemeinschaftlich zu zerstören, ohne die Minen auszulösen oder gesundes Gewebe zu beeinträchtigen. Der Vorteil daran: Sobald sie diese gemeinsame Lösung gefunden hatten, konnten sie diese für die unterschiedlichsten Konvergenzprobleme verwenden.[14]

Wie bei starker und schwacher Strukturbildung steckt auch unser Verständnis für Regellernen gegenüber Beispiellernen noch in den Anfängen. Immerhin wissen wir, dass jemand, der gut Strukturen bilden kann, und jemand, der zum Regellernen neigt, das Gelernte erfolgreicher auf neue Situationen übertragen kann als eine Person, die nicht so leicht Strukturen bildet und eher an Beispielen lernt. Damit stellt sich die Frage, ob starke Strukturbildung womöglich mit Regellernen korreliert. Bisher gibt es zu diesem Thema noch keine verwertbaren Studien.

Wie sich die Fähigkeiten zu Strukturbildung und Regellernen entwickeln, lässt sich an der Fähigkeit eines Kindes ablesen, das einen Witz erzählt. Ein Dreijähriger kann einen Klopf-Klopf-Witz vermutlich nicht erzählen, weil er noch kein Verständnis für die Struktur besitzt. Nach dem »Klopf-Klopf« und der Frage »Wer ist da?«, würde er gleich zur Auflösung springen: »Der Hubschraubär!« Er versteht noch nicht, wie wichtig es ist, nach dem »Wer ist da?« erst mit »Der Bär« loszulegen, um den Wortwitz aufzubauen. Bis er fünf ist, beherrscht er das Spielchen und jede Menge Klopf-Klopf-Witze, denn er hat sich die Struktur eingeprägt. Viele andere Witzformen hat er hingegen noch nicht verinnerlicht, weil er das zentrale Element von Witzen – die »Regel«, dass der Schlusssatz grundsätzlich explizit oder implizit eingeleitet werden muss – noch nicht kennt.[15]

Wenn wir nun an Bruce Hendrys frühe Lektion zum hohen Wert eines Koffers voller begehrter Feuerwerkskörper zurückdenken, wird erkennbar, wie er Jahre später beim Begutachten der Eisenbahnwaggons denselben Angebot-und-Nachfrage-Baustein verwendete – nur innerhalb eines weitaus komplexeren Modells mit weiteren Wissensbausteinen, das er über die Jahre konstruiert hatte, um mit Konzepten wie Kreditrisiko, Geschäftszyklen und Insolvenzablauf umzugehen. Warum gibt es zu viele Waggons? Weil aufgrund von Steueranreizen für Investoren zu viel Geld in ihre Produktion floss. Was ist ein Waggon wert? In der Herstellung kostet ein Waggon 42 000 Dollar, und die Wagen waren neuwertig, da sie zu den letzten Produktionsreihen zählten. Er prüfte die Lebensdauer eines Waggons, den Schrottwert und die Leasingverträge. Selbst wenn alle seine Waggons nutzlos herumstünden, würde seine Investition dank der Leasing-Zahlungen einen hübschen Ertrag abwerfen, bis die Übersättigung abflauen und der Markt sich wieder umkehren würde.

An diesem Punkt hätten wir auch Waggons gekauft. Zumindest reden wir uns das ein. Aber es ist nicht dasselbe, als würde man einen Haufen Feuerwerkskörper einsacken, auch wenn das Grundprinzip von Angebot und Nachfrage dasselbe ist. Man muss genau verstehen, wann und in welcher Form diese Investition sich lohnt. Als Laien betrachten wir das als Know-how. Wissen ist kein Know-how, bis man versteht, welche Grundprinzipien aktiv sind, und sie in eine größere Struktur einpassen kann als die Summe ihrer Teile. Know-how bedeutet, dass man mit dem Gelernten umgehen kann.

Fazit

Nach allem, was wir inzwischen über unterschiedliche Vorgehensweisen beim Lernen wissen – worauf kommt es an?

Sie bestimmen den Kurs. Ein alter Verkäuferspruch besagt, dass man den Hirsch nicht vom Jagdhaus aus erschießt. Das gilt auch fürs Lernen. Man muss sich passend ausrüsten, aus der Tür gehen und nach dem Gesuchten fahnden. Besonders bei komplexen Ideen, Fertigkeiten und Prozessen beruht Expertise auf lebenslangem Lernen. Es geht nicht um die Prüfungsnote, um ein Zertifikat oder um ein Niveau, das in uns einsickert, wenn wir alt und grau sind.

Freunden Sie sich mit dem Konzept der erfolgreichen Intelligenz an. Stellen Sie sich breit auf. Dazu dürfen Sie nicht im Mauseloch Ihres bevorzugten Lernstils vor sich hin schmoren. Nutzen Sie all Ihre Ressourcen, zapfen Sie all Ihre »Intelligenzen« an, um sich das ersehnte Wissen oder Können anzueignen. Was wollen Sie konkret wissen, tun oder leisten? Beschreiben Sie Ihr Ziel. Und dann listen Sie die dafür benötigten Kompetenzen auf und finden heraus, wo Sie diese erlernen können. Und dann ziehen Sie los!

Ihr Wissen ist permanent im Fluss. Mit der Lernstrategie des dynamischen Testens können Sie die eigenen Schwächen aufdecken und sich in diesen Bereichen gezielt weiterentwickeln. Natürlich sollte man stets seine Stärken ausbauen, aber man gewinnt an Kompetenz und Vielseitigkeit, wenn man mittels Testen sowie Versuch und Irrtum auch die Bereiche ausbaut, in denen Kenntnisse oder Leistung noch nicht so ausgeprägt sind.

Wählen Sie aktive Lernstrategien wie Übungstests, zeitversetztes Abrufen und Umschalten. Lassen Sie nicht locker. Nehmen Sie sich ein Beispiel an erfolgreichen Menschen mit Lese-Rechtschreibschwäche und lernen Sie, Schwierigkeiten anders anzugehen oder zu kompensieren.

Verlassen Sie sich dabei nicht darauf, was sich am besten anfühlt: Wie ein guter Pilot, der seine Instrumente zurate zieht, sollten Sie Testfragen nutzen, sich Ihren Peers stellen und die sonstigen Methoden aus Kapitel 5 umsetzen. Nur so können Sie sicher sein, dass das eigene Wissen und Können tatsächlich so gut ist, wie Sie glauben, und dass Ihre Strategien zielführend sind.

Wenn das Lernen schwierig erscheint, machen Sie nicht unbedingt etwas falsch. Schwierigkeiten, die Sie mit erhöhtem kognitivem Einsatz überwinden können, zahlen sich durch tieferes und dauerhafteres Lernen doppelt aus.

Machen Sie sich die Grundprinzipien bewusst; erarbeiten Sie sich die Struktur. Beispiellerner sollten zwei oder mehr Beispiele parallel untersuchen, nicht eins nach dem anderen, und sich fragen, worin die Ähnlichkeiten und die Unterschiede bestehen. Erfordern die Unterschiede tatsächlich unterschiedliche Lösungswege? Oder ist die Ähnlichkeit so groß, dass sich ein vergleichbarer Lösungsansatz empfiehlt?

Brechen Sie Ihre Idee oder die gewünschte Kompetenz auf ihre Bausteine herunter. Wenn Sie sich eher für jemanden halten, dem Strukturbildung schwerfällt und der Beispiele bevorzugt, können Sie beim Lernen immer wieder innehalten und sich fragen, worin die Kerngedanken bestehen und welche Regeln erkennbar sind. Beschreiben Sie jeden Gedanken und rufen Sie sich die entsprechenden Punkte ins Gedächtnis. Was ist von zentraler Bedeutung, und was ist nur eine Ergänzung oder eine Variante? Wenn

Sie die Kernthesen formulieren müssten, wie würden sie lauten?

Welcher Rahmen oder welches Gerüst könnte diese zentralen Punkte verbinden? Wenn wir für Bruce Hendrys Investitionsmodell die Metapher der Wendeltreppe als Gerüst nehmen, dürfte das ungefähr so aussehen: Wendeltreppen bestehen aus drei Teilen, dem Pfosten in der Mitte, den Trittstufen und den Setzstufen. Der Mittelpfosten ist sozusagen die Verbindung zwischen unserem aktuellen Wissensstand (hier unten) und unserem Ziel (da oben): Das ist die Investitionsmöglichkeit. Jede Trittstufe bewahrt uns davor, Geld zu verlieren und auf den Ausgangspunkt zurückzufallen, und jede Setzstufe bringt uns ein Stück höher. Für eine funktionierende Treppe (einen attraktiven Deal) brauchen wir somit Tritt- und Setzstufen. Den Schrottwert der Waggons zu kennen ist eine Trittstufe, denn Bruce wusste, dass er für seine Investition mindestens diesen Wert bekommen würde. Eine weitere Trittstufe waren die garantierten Leasingraten für das gebundene Kapital. Aber was waren die Setzstufen? Eine bevorstehende Knappheit, die zur Wertsteigerung beitragen würde, und der hervorragende Zustand der Wagen, der einen latenten Wert darstellte. Ein Deal ohne diese beiden Faktoren wäre weder verlustsicher noch lukrativ.

Strukturen durchziehen unser ganzes Umfeld und sind über das poetische Element der Metapher ständig verfügbar. Ein Baum mit Wurzeln, Stamm und Ästen. Ein Fluss. Ein Dorf, das aus Straßen und Häuserblöcken, aus Wohnhäusern, Geschäften und Büros besteht. Die Struktur des Ortes verdeutlicht, wie diese Elemente miteinander verbunden sind, sodass der Ort mit Leben und Bedeutung erfüllt ist, was nicht der Fall wäre, stünden diese Elemente kreuz und quer in der Gegend herum.

Durch Abstrahieren der zugrunde liegenden Regeln und das Zusammenfügen zu einer Struktur erwerben Sie mehr als Wissen. Sie erwerben damit Know-how. Und genau diese Expertise bringt Sie weiter.

VII.
Besser lernen

In einer berühmten Studie aus den 1970er Jahren filmten Forscher Kindergartenkinder, die nacheinander in einen Raum geführt wurden, wo es nichts weiter gab als ein Marshmallow auf einem Tablett auf dem Tisch. Ehe die Versuchsleitung den Raum verließ, bekam das Kind gesagt, es könne das Marshmallow gleich essen oder 15 Minuten warten, dann gäbe es zur Belohnung ein zweites Marshmallow.

Zusammen mit seinen Studierenden beobachtete Walter Mischel, wie die Kinder mit diesem Dilemma umgingen. Manche futterten die Süßigkeit, sobald die Versuchsleitung ging, andere hingegen konnten abwarten. Um sich abzulenken, verfielen diese Kinder auf die unterschiedlichsten Ideen. Sie »hielten sich die Augen zu, legten den Kopf auf die Arme (...), führten Selbstgespräche, sangen, erfanden Spiele mit ihren Händen und Füßen oder versuchten einzuschlafen«, um die Augen abzuwenden und an etwas anderes zu denken.

Von den über 600 Kindern, die an diesem Experiment teilnahmen, widerstand nur ein Drittel der Versuchung lange genug, um das zweite Marshmallow abzustauben.

Verschiedene Folgestudien, die neueste darunter von 2011, kamen zu dem Ergebnis, dass Kindergartenkinder, die eine Belohnung erfolgreich aufschieben konnten, später in der Schule und im Beruf erfolgreicher waren.

Die Marshmallow-Studie ist von raffinierter Schlichtheit und zugleich eine gute Metapher fürs Leben. Wir werden mit bestimmten Genen geboren, aber unser Erfolg hängt überraschend stark von Konzentration und Selbstdisziplin ab, die wiederum auf Motivation und dem Gefühl persönlicher Ermächtigung (Empowerment) beruhen.[1]

Ein gutes Beispiel dafür ist der Gedächtniskünstler James Paterson, ein Waliser, der sich für Mnemotechniken und Gedächtniswettbewerbe begeistert. Das Wort Mnemonik ist aus dem Altgriechischen abgeleitet und bedeutet »Gedächtnis«. Mnemotechniken sind Gedächtnisstützen, die vielerlei Form annehmen können und in der Regel eingesetzt werden, um sich große Mengen neues Material einzuprägen und auf Abruf bereitzuhalten.

Von diesen Techniken hörte James erstmals in einer flüchtigen Bemerkung im Rahmen einer Vorlesung an seiner Universität. Er ging nach Hause, recherchierte im Internet und kaufte sich ein Buch. Mit solchen Methoden könnte er sich den Stoff schneller einprägen, dachte er, und hätte mehr Zeit, mit seinen Freunden abzuhängen. Dann begann er, Dinge auswendig zu lernen, zum Beispiel Namen und Daten für seine Psychologiekurse sowie die Lehrbuchseiten, auf denen sie zitiert wurden. Hinzu kamen Taschenspielertricks – sich die Reihenfolge der Spielkarten in einem gemischten Deck einprägen oder eine zufällige Zahlenfolge, die seine Freunde sich ausdachten. Er feilte viele Stunden an seinen Methoden, wurde immer gewiefter und war bald der Star jeder Party. Das war im Jahr 2006, und als James von einem Gedächtniswettbewerb in Cambridge hörte, nahm er kurzerhand daran teil. Zu seiner eigenen Überraschung belegte er bei den Anfängern sofort den ersten Platz, eine Leistung, für die er willkommene 1000 Euro einstrich. Von da an war er Feuer und Flamme. Da er nichts zu verlieren hatte, trat er nun auch erstmals bei einer Weltmeisterschaft für Denksportakrobaten an, die im selben Jahr in London stattfand.

Ursprünglich hatte James sich mittels Mnemotechniken ein paar Fakten einprägen wollen, um ein gutes Examen zu machen, ohne sich den Stoff mit viel Zeit und Mühe gründlich anzueignen, doch dann entdeckte er etwas völlig anderes, auf das wir gleich noch zu sprechen kommen.

Denksportakrobaten fangen ganz unterschiedlich an. Nelson Dellis, der US-Meister von 2012, begann damit, nachdem seine Großmutter an der Alzheimer-Krankheit gestorben war. Er hatte ihren allmählichen Abbau miterlebt, wobei ihr Erinnerungsvermögen die erste kognitive Fähigkeit war, die auf der Strecke blieb. Obwohl er selbst noch sehr jung war, fragte sich Nelson, ob ihm womöglich das gleiche Schicksal drohte, und überlegte, was er dagegen tun könnte. Er entdeckte Denksportarten, mit denen er seine Gedächtniskapazität optimieren wollte, um Reserven zu haben, falls ihn diese Krankheit einmal treffen sollte. Nelson ist ebenfalls im Aufstieg begriffen und hat die Stiftung Climb for Memory gegründet, um das Bewusstsein für diese furchtbare Krankheit zu schärfen und Forschungsgelder zu sammeln. Immerhin ist Nelson auch Bergsteiger (er war zweimal auf dem Gipfel des Mount Everest). In diesem Kapitel werden wir noch anderen begegnen, die wie Paterson und Dellis erfolgreich an der Verbesserung ihrer kognitiven Fähigkeiten gearbeitet haben.

Bei den meisten Menschen bleibt das Gehirn bis ins hohe Alter bemerkenswert plastisch (ein Begriff aus der Neurowissenschaft). Um besser darzustellen, wie man seine intellektuellen Fähigkeiten erweitern kann, befassen wir uns an dieser Stelle mit wissenschaftlichen Überlegungen zur Fähigkeit des Gehirns, sich im Verlauf des Lebens zu verändern, und der Fähigkeit des Menschen, diese Veränderungen zu beeinflussen und den eigenen Intelligenzquotienten zu erhöhen. Danach schildern wir drei bekannte kognitive Strategien, um die eigenen geistigen Anlagen optimal auszuschöpfen.

Das Gehirn eines kleinen Kindes gleicht gewissermaßen einer jungen Nation. Als John Fremont im Rahmen des US-Feldzugs zur Eroberung westlicher Territorien von Mexiko 1846 mit seiner Expedition Pueblo de Los Angeles erreichte, konnte er dies Präsident James Polk in Washington nur mitteilen, indem er seinen Scout, Kit Carson, auf Maultieren quer über den Kontinent schickte – knapp 6000 Meilen durch Berge, Wüsten, Wildnis und Prärie. Fremont schärfte Carson ein, unablässig zu reiten, nicht einmal unterwegs auf die Jagd zu gehen, sondern lieber die Maultiere zu essen, wenn sie zusammenbrachen und ersetzt werden mussten. Dass eine solche Reise überhaupt erforderlich war, zeigt, wie unterentwickelt das Land noch war. Der eher schmächtige Carson war die beste Option, um eine Nachricht von der Westküste an die Ostküste zu bringen. Trotz des schier unerschöpflichen natürlichen Reichtums des Kontinents war die noch junge Nation *wenig handlungsfähig*. Mächtig wurde sie erst durch ihre Städte, Universitäten, Fabriken, Farmen und Seehäfen sowie durch die Straßen, Züge und Telegrafenleitungen dazwischen.[2]

Ebenso ist es mit dem Gehirn. Wenn wir auf die Welt kommen, bringen wir das Rohmaterial unserer Gene mit. Unsere Fähigkeiten jedoch entstehen, indem wir lernen und die mentalen Modelle und neuronalen Pfade entwickeln, die uns logisch denken, Probleme lösen und schöpferisch tätig werden lassen. Früher hieß es, das Gehirn sei fest verdrahtet und das intellektuelle Potenzial stünde praktisch von Geburt an fest. Heute wissen wir es besser. Mit den veränderten Lebensbedingungen ist der durchschnittliche IQ in den letzten 100 Jahren angestiegen. Bei Hirnschäden nach einem Schlaganfall oder Unfall zeigte sich, dass das Gehirn gewisse Aufgaben irgendwie neu verteilt, sodass angrenzende Neuronennetzwerke für die geschädigten Areale einspringen und Menschen verlorene Fähigkeiten durchaus wiedererlangen können. Der Wettstreit zwischen Gedächtniskünstlern wie James Paterson und Nelson Dellis gilt inzwischen als sportliche Disziplin für Menschen, die sich eine erstaunliche Merkfähigkeit antrainiert haben. Wie sich gezeigt hat, beruhen Expertenleistungen in Medizin und Wissenschaft, Musik, Schach oder Sport nicht etwa nur auf angeborenem Talent, sondern auch auf Fähigkeiten, die Schicht für Schicht über viele tausend Stunden konzentrierten Übens ausgebildet wurden. Forschung und moderne Rekorde konnten somit zeigen, dass wir mit unserem Gehirn zu weit mehr fähig sind, als die Wissenschaft noch vor wenigen Jahrzehnten glaubte.

Neuroplastizität

Jegliches Wissen und alle Erinnerungen sind physiologisch in unseren Neuronen und Nervenbahnen gespeichert. Doch erst seit kurzem wissen wir, dass das Gehirn nichts Statisches ist, sondern ein plastisches, veränderbares Organ, das sich bei jeder neuen Aufgabe ein Stück weit neu organisiert. Bisher verstehen wir erst ansatzweise, was das bedeutet und wie es abläuft.

Zu diesem Thema unternahm John T. Bruer einen hilfreichen Streifzug durch die Neurowissenschaft, denn diese Vorgänge hängen mit der anfänglichen Entwicklung und Stabilisierung der Schaltkreise im Gehirn zusammen und verraten, wie wir unsere Kinder durch frühzeitige Stimulierung intellektuell fördern können. Bei der Geburt haben Menschen rund 100 Milliarden Nervenzellen oder *Neuronen.* Als Verbindungsstück zwischen Neuronen dienen die *Synapsen,* die Signale weiterleiten können. In einem kurzen Zeitraum vor und nach der Geburt kommt es zu einem »überschäumenden Hochkochen der Synapsenbildung«, bei dem das Gehirn sich selbst verdrahtet: Die Neuronen bilden knospenartige, mikroskopisch kleine Verästelungen, die *Axone*, die nach passenden Ansätzen an anderen Neuronen, den *Dendriten*, suchen. Sobald ein Axon auf einen Dendriten trifft, entsteht eine Synapse. Manche Axone müssen erhebliche Distanzen überwinden, um ihre Dendriten zu finden und die Verbindung für den neuronalen Schaltkreis zu schließen (eine derart aufwändige Präzisionsarbeit, dass Bruer sie mit der Suche nach einem Weg quer durch Amerika verglich, der zu einem Partner an der anderen Küste führt – so ähnlich wie Kit Carson einst für General Fremont zu Präsident Polk ritt). Dieser Schaltkreis speist dann unsere Sinne, unsere Kognition und unsere motorischen Fähigkeiten (einschließlich Lernen und Gedächtnis) und bestimmt zugleich die Möglichkeiten und Grenzen der persönlichen intellektuellen Fähigkeiten.

Etwa zwischen dem ersten und dem dritten Geburtstag erreicht die Zahl der Synapsen ihren Höhepunkt und liegt etwa 50 Prozent höher als beim Erwachsenen. Danach folgt eine Plateauphase bis zur Pubertät, in der dieses Überangebot zurückgeht, weil das Gehirn seine Synapsen gründlich zurechtstutzt. Mit etwa sechzehn Jahren erreichen wir den Zustand des Erwachsenengehirns mit rund 150 Billionen Verbindungen.

Warum das Kindergehirn eine derartige Fülle an Verbindungen erzeugt oder nach welchen Kriterien es diese später ausdünnt, wissen wir nicht. Einige Neurowissenschaftler gehen davon aus, dass wenig genutzte Verbindungen verblassen und absterben, getreu dem Motto »Use it or lose it«, und propagieren eine frühe Stimulierung von möglichst vielen Verbindungen – in der Hoffnung, diese auf

Dauer erhalten zu können. Eine andere Theorie besagt, dass das Knospen und spätere Aussortieren genetisch bedingt sind und dass wir kaum oder gar nicht beeinflussen können, welche Synapsen überleben und welche nicht.

»Das kindliche Gehirn ist in den ersten Jahren mit einer unglaublichen Informationsmenge konfrontiert«, erklärte die Neurowissenschaftlerin Patricia Goldman-Rakic der amerikanischen Bildungskommission, doch ein Großteil des Lernens erfolgt, *nachdem* die Synapsenbildung sich stabilisiert hat. »Vom Zeitpunkt der Einschulung bis zum Ende der Schulzeit oder des Colleges und darüber hinaus ändert sich die Zahl der Synapsen kaum noch. Am meisten lernen wir in dem Zeitraum, wo die Synapsenbildung nahezu zum Erliegen gekommen ist«, und in dieser Zeit heben wir unsere Sprach-, Mathematik- und Logikkenntnisse auf Erwachsenenniveau.[3] Aus Sicht des Neurowissenschaftlers Harry T. Chugani werden die Schaltkreise in diesem Zeitraum durch Erfahrung und Umwelteinflüsse stärker feingeschliffen als in der frühen Kindheit – in dieser Phase entsteht das einzigartige, persönliche neuronale Netzwerk.[4] In einem Artikel von 2011 nahmen britische Psychologen und Soziologen gemeinsam neurowissenschaftliche Ergebnisse unter die Lupe und kamen zu dem Schluss, dass Architektur und Gesamtstruktur des Gehirns zwar stark genetisch bedingt sind, dass die Feinstruktur der neuronalen Netzwerke jedoch durch Erfahrungen geformt wird und stark veränderlich ist.[5]

Die Veränderlichkeit des Gehirns hat sich auf vielen Gebieten gezeigt. In seinem Buch *Neustart im Kopf* präsentiert

Norman Doidge eindrucksvolle Fälle, in denen Patienten mit Unterstützung von Neurologen, die mit Forschung und Praxis unser Verständnis von Neuroplastizität ständig erweitern, schwere Beeinträchtigungen überwanden.

Einer dieser Experten war Paul Bach-y-Rita, der ein Gerät für Patienten mit geschädigten Sinnesorganen entwickelte. Bach-y-Ritas Apparat ermöglicht ihnen, sich verlorene Fähigkeiten zurückzuerobern, indem er das Gehirn lehrt, auf Stimulationen anderer Körperteile zu reagieren. So wird ein Sinnessystem durch ein anderes ersetzt – wie wenn eine blinde Person lernt, sich über Echoortung zu orientieren und ihre Umgebung zu »sehen«, indem sie die unterschiedlichen Geräusche des Blindenstocks interpretiert, oder wie sie mittels Braille über den Tastsinn lesen kann.[6]

Eine Patientin von Bach-y-Rita war aufgrund eines geschädigten Vestibularapparats (mit dem das Innenohr Gleichgewicht und räumliche Orientierung wahrnimmt) so aus dem Gleichgewicht, dass sie nicht mehr stehen, gehen oder unabhängig leben konnte. Bach-y-Rita verpasste ihr einen Helm mit Wasserwaagen darin, die Impulse an ein briefmarkengroßes Stück Klebefilm mit 144 Mikroelektroden schickten, welches auf der Zunge der Frau platziert wurde. Sobald die Frau den Kopf bewegte, sprudelten die Elektroden vor Signalen, und die verschiedenen Muster auf der Zunge vermittelten Richtung und Winkel der Kopfbewegung. Mit entsprechender Übung lernte die Frau allmählich, ihr Gehirn und den Vestibularapparat neu zu trainieren, und konnte ihren Gleichgewichtssinn auch nach den Übungssitzungen immer länger erhalten.

Ein anderer Patient, ein 35-jähriger Mann, der mit

13 Jahren erblindet war, erhielt eine kleine Videokamera auf einem Helm, die Impulse an die Zunge senden konnte. Wie Bach-y-Rita erklärte, sehen wir nicht mit den Augen, sondern mit dem Gehirn. Die Augen registrieren etwas, das Gehirn interpretiert diese Sinneseindrücke. Der Erfolg des Geräts beruht darauf, dass das Gehirn lernt, Signale von der Zunge als Sehimpulse zu interpretieren. Die Ergebnisse waren bemerkenswert und schafften es bis in die *New York Times:* Der Patient »fand Eingänge, fing Bälle, die auf ihn zurollten, und konnte zum ersten Mal seit 20 Jahren mit seiner kleinen Tochter ›Schere, Stein, Papier‹ spielen. [Er] sagte, dass der ersetzte Sinn durch Übung besser werde, ›als ob das Gehirn sich selbst neu verdrahtet‹.«[7]

In einer weiteren Anwendung, bei der wir sofort an unsere Ausführungen zur Metakognition denken, erhielten Piloten Sensoren auf der Brust, welche Daten von Cockpitinstrumenten übermittelten, um dem Gehirn zu helfen, Höhen- und Neigungsveränderungen zu registrieren, die der Vestibularapparat von Piloten unter bestimmten Umständen nicht mehr wahrnehmen kann.

Unsere »grauen Zellen« (die graue Masse im Gehirn) bestehen weitestgehend aus neuronalen Zellkörpern. Das, was als »weiße Masse« bezeichnet wird, sind die Verbindungen dazwischen: Die Axone, welche sich mit Dendriten anderer neuronaler Zellkörper verbinden, und die wachsartigen Myelinscheiden, die manche Axone wie die Kunststoffschicht um ein Elektrokabel umhüllen. Graue und weiße Masse werden intensiv erforscht, denn die Wissenschaft möchte begreifen, wie die Komponenten funktionieren, die

Kognition und Motorik formen, und wie sie sich im Laufe des Lebens verändern. Dank technischer Quantensprünge in der Bildgebung ist diese Forschung stark vorangekommen.

Sehr ambitioniert ist das Human Connectome Project der amerikanischen Gesundheitsbehörde NIH, das die Verbindungen im menschlichen Gehirn kartieren soll. (Die Wortschöpfung »Connectome« bezieht sich auf die Grundarchitektur der neuronalen Verschaltungen beim Menschen, so wie das Wort »Genom« sich für den genetischen Code des Menschen etabliert hat.) Auf ihren Websites präsentieren die teilnehmenden Forschungsinstitute beeindruckende Bilder von der Faserarchitektur des Gehirns – massenweise drahtartiger menschlicher Axone, bei denen Neonfarben die Signalrichtung anzeigen und die eine geradezu unheimliche Ähnlichkeit zu dem Kabelgewirr aufweisen, das in den Supercomputern der 1970er steckte. Die ersten Ergebnisse klingen faszinierend. Eine Studie der University of California, Los Angeles, (UCLA) verglich die Synapsenarchitektur eineiiger Zwillinge (mit gleicher Genanlage) mit der von zweieiigen Zwillingen (die nur einen Teil ihrer Gene gemeinsam haben). Diese Studie belegt, was andere bereits vermuten ließen, nämlich dass das Tempo der geistigen Reaktionen von der Stabilität der neuronalen Verbindungen abhängt, dass diese Stabilität anfangs weitgehend genetisch bedingt ist und dass unsere neuronale Verschaltung langsamer ausreift als der Rest des Körpers, weshalb sie sich noch mit über 40, 50 oder 60 verändert und weiterhin wächst. Bei der Ausreifung dieser Verbindungen wird unter anderem die Myelinscheide an den

Axonen allmählich dicker. Dabei beginnt die Myelinisierung normalerweise im hinteren Bereich des Gehirns und wandert von dort aus nach vorne, bis sie im Jugendalter die Frontallappen erreicht. Die Frontallappen sind für exekutive Funktionen des Gehirns zuständig, das heißt, hier sind Prozesse wie das logische Denken und Urteilen angesiedelt, die sich mit zunehmender Erfahrung entwickeln.

Je dicker die Myelinscheide, desto leistungsfähiger ist sie, und es gibt stichhaltige Hinweise, dass durch mehr Übung mehr Myelin an den entsprechenden Signalwegen entsteht, was dann die Stärke und das Tempo der elektrischen Signale und hierüber die Leistung verbessert. Verstärktes Klavierüben korrelierte beispielsweise mit einer erhöhten Myelinisierung derjenigen Nervenfasern, die an den Fingerbewegungen und den kognitiven Prozessen beteiligt sind, die beim Musizieren aktiv werden. Vergleichbare Veränderungen waren bei Personen, die nicht musizierten, nicht zu beobachten.[8]

Interessanten Einblick in die Neuroplastizität liefern Studien zur Gewohnheitsentstehung. Die neuronalen Schaltkreise, auf die wir zugreifen, wenn wir ein Ziel bewusst angehen, sind nicht dieselben, die wir einsetzen, wenn unser Vorgehen sich aufgrund von Gewohnheiten automatisiert hat. Was wir gewohnheitsmäßig tun, wird aus einer tieferen Hirnregion heraus gesteuert, nämlich von den Basalganglien. Wenn es bei bestimmten Lernaufgaben um intensives Training und Wiederholung geht, scheinen vor allem motorische Fähigkeiten und kognitive Standardabläufe in dieser tieferen Region, die auch unbewusste Aktionen wie Augenbewegungen steuert, neu kodiert zu werden. Im Rahmen dieser Neukodierung bündelt das Gehirn offenbar motorische und kognitive Handlungssequenzen in der Form, dass sie anschließend als komplette Einheit *(chunk)* abrufbar sind, die keine bewussten Entscheidungen mehr benötigt, denn diese würden unsere Reaktionen erheblich verzögern. Diese Sequenzen werden reflexartig. Das bedeutet, dass sie vielleicht noch als Aktionen beginnen, die wir für ein bestimmtes Ziel lernen, aber irgendwann werden sie zur automatischen Reaktion auf einen Reiz. Um zu verdeutlichen, wie dieses *Chunking* als hocheffiziente, konsolidierte Lernform funktioniert, verwenden manche Forscher den Begriff »Makros« (im Sinne einer einfachen Computerapplikation). Die Theorien zum Chunking als integralem Bestandteil der Gewohnheitsbildung erklären ein Stück weit, wie wir beim Sport lernen, auf schnelle Ereignisabfolgen ohne langes Nachdenken einfach zu reagieren, wie die Fingerbewegungen eines Musikers seine bewussten Gedanken überholen oder wie ein Schachspieler lernen kann, den verschiedenen Konfigurationen auf dem Brett unzählige Züge und ihre Folgen zuzuordnen. Auch beim Schreiben auf der Tastatur greifen die meisten auf diese Fähigkeit zurück.

Ein weiterer wichtiger Hinweis für die anhaltende Veränderlichkeit des Gehirns ist die Entdeckung, dass der Hippocampus (die Region, in der sich Lernen und Gedächtnis konsolidieren) lebenslang neue Neuronen erzeugen kann. Dieses Phänomen, die Neurogenese, dürfte entscheidenden Anteil daran haben, dass das Gehirn sich von körperlichen Verletzungen wieder erholen kann und dass Menschen ihr Leben lang lernfähig bleiben. Inwiefern die Neurogenese mit Lernen und Gedächtnis zusammenhängt, ist bisher kaum erforscht, doch immerhin wissen wir, dass durch assoziatives Lernen (dass wir uns Verbindungen zwischen nicht zusammenhängenden Dingen wie Namen und Gesichtern einprägen können) eine erhöhte Neubildung von Neuronen im Hippocampus angeregt wird. Diese verstärkte Neurogenese beginnt bereits, *bevor* wir die neue Lernaktivität angehen (das Gehirn beschließt offenbar, etwas zu lernen), und hält *anschließend* noch eine Zeitlang an (offenbar hat die Neurogenese mit der Gedächtniskonsolidierung und den positiven Auswirkungen von zeitlich versetzten, anspruchsvollen Abrufmethoden auf das Langzeitgedächtnis zu tun).[9]

Lernen und Gedächtnis sind eindeutig neuronale Prozesse. Dass Lernkontrollen, zeitlich versetztes Üben, Probeläufe, Regellernen und das Entstehen mentaler Modelle unser Lernen und das Gedächtnis unterstützen, sind lauter Belege für die Neuroplastizität. Sie untermauern die gegenwärtige Übereinkunft, dass die Gedächtniskonsolidierung der Vermehrung und Stärkung der Nervenbahnen dient, über die sich das Gelernte später abrufen und anwenden lässt. Ann und Richard Barnet bezeichnen die intellektuelle Entwicklung des Menschen in diesem Sinne als »lebenslangen Dialog zwischen angeborenen Neigungen und unserer Lebensgeschichte.«[10] Wie dieser Dialog abläuft, möchten wir im Rest dieses Kapitels genauer beleuchten.

Ist der IQ veränderlich?

Der Intelligenzquotient (IQ) ist ein Produkt aus Erbanlage und Umwelteinflüssen und insofern mit der Körpergröße vergleichbar: Auch diese ist weitgehend genetisch angelegt, aber aufgrund von jahrzehntelangen Verbesserungen der Ernährungslage werden die Folgegenerationen immer größer. In ähnlicher Form steigt der IQ in industrialisierten Teilen der Welt seit 1932, als die ersten standardisierten Testverfahren durchgeführt wurden, immer mehr an, ein Phänomen, das nach dem Politikwissenschaftler James Flynn, der erstmals darauf hinwies, als Flynn-Effekt bezeichnet wird.[11] Allein in den USA ist der durchschnittliche IQ in den letzten 60 Jahren um 18 Punkte gestiegen. Ein IQ von 100 gilt in der jeweiligen Altersgruppe, die den entsprechenden Test ablegt, als Durchschnittswert. Eine Erhöhung bedeutet demnach, dass die »Intelligenz« derer, die heute einen IQ von 100 erreichen, vor 60 Jahren mit 118 eingestuft worden wäre. Gestiegen ist also der arithmetische Mittelwert (Mean), und zur Erklärung gibt es diverse Theorien. Die wichtigste davon besagt, dass Bildungswesen, Kultur (zum Beispiel durch Fernsehen) und Ernährung sich so grundlegend verändert haben, dass dies die verbalen und mathematischen Fähigkeiten beeinflusst, die in den Unterkategorien zur IQ-Ermittlung gemessen werden.

In seinem Buch *Intelligence and How to Get It* geht Richard Nisbett auf die Reizüberflutung in modernen Gesellschaften ein, die früher so nicht existierte, und erläutert dies an einem einfachen Labyrinthpuzzle, das McDonald's vor einigen Jahren seinen Happy Meals beilegte und das schwieriger war als die Labyrinthe, die in einem IQ-Test für Hochbegabte enthalten waren.[12] Nisbett schreibt auch über »Umweltmultiplikatoren« – ein groß gewachsenes Kind, das sich für Basketball begeistert, wird in dieser Sportart weiter kommen als ein kleineres Kind mit derselben Begeisterung. Ebenso wird ein neugieriges Kind, das gern lernt, schlauer werden als ein ebenso intelligentes Kind, das nicht sonderlich neugierig ist. Die Lernchancen sind exponentiell gestiegen. Vielleicht ist der genetische Unterschied, der das eine Kind neugieriger macht als das andere, sehr gering, doch in einem Umfeld, in dem Neugier schnell geweckt ist und sich problemlos stillen lässt, vervielfältigt sich die Wirkung.

Weitere Umweltfaktoren, die den IQ beeinflussen, sind der sozioökonomische Status und die vermehrte Stimulierung und Fürsorge, zu denen einkommensstärkere, gebildetere Familien in der Lage sind. Kinder aus wohlhabenden Familien erzielen in Tests in der Regel einen höheren IQ als Kinder aus ärmeren Familien, doch Kinder aus ärmeren Familien, die von wohlhabenden Familien adoptiert werden, schneiden bei IQ-Tests besser ab als Nicht-Adoptierte – unabhängig davon, ob ihre leiblichen Eltern sozioökonomisch einen hohen oder niedrigen Status hatten.

Dass der IQ sich heben lässt, hat viele Kontroversen erzeugt und wurde in zahllosen Studien unter die Lupe genommen, die wissenschaftlich nicht immer die strengsten Maßstäbe anlegen. Besonders hilfreich zu diesem Thema ist eine Metaanalyse von 2013, die diverse Arbeiten zur

Intelligenzförderung im frühen Kindesalter einbezieht, die jeweils den strengen Auswahlkriterien der Autoren genügen mussten. Alle berücksichtigten Arbeiten mussten auf einer allgemeinen, klinisch unauffälligen Stichprobe beruhen, als randomisierte Studie konzipiert sein, nicht auf einmaligen Eingriffen oder Manipulationen während der Testverfahren beruhen und ein weithin akzeptiertes, standardisiertes Verfahren zur Intelligenzbestimmung verwenden. Die Autoren konzentrierten sich auf Experimente mit Kindern von der Pränatalphase bis ins Alter von fünf Jahren. Die Studien, die diese Anforderungen erfüllten, hatten insgesamt über 37 000 Teilnehmer.

Was kam dabei heraus? Die Ernährung hat Einfluss auf den IQ. Wenn Schwangere, stillende Mütter und Säuglinge ergänzende Fettsäurepräparate erhielten, stieg der IQ um 3,5 bis 6,5 Punkte. Bestimmte Fettsäuren liefern Bausteine für die Entwicklung der Nervenzellen, die der Körper nicht selbst erzeugen kann. Die Ergebnisse lassen vermuten, dass derartige Nahrungsergänzungsmittel die Bildung neuer Synapsen unterstützen. Auch andere Nahrungsergänzungsmittel wie Eisen oder Präparate mit Vitamin-B-Komplex scheinen einen positiven Einfluss zu haben, wobei hier noch weitere Untersuchungen erforderlich sind, die diese Erkenntnisse definitiv bestätigen müssten.

Was die Umwelteinflüsse betrifft, so stellten die Autoren fest, dass der IQ ärmerer Kinder durch frühe Bildungsangebote um über vier Punkte anstieg. Wenn die Intervention nicht zu Hause, sondern in einem Zentrum stattfand, waren es sogar sieben Punkte, wahrscheinlich weil die Stimulierung zu Hause weniger konsistent erfolgt. Als frühkindliche

Bildung galten eine Umgebung, die viele Anreize bietet, sowie strukturiertes Lernen vor der Kindergartenzeit. Kinder aus wohlhabenderem Umfeld, denen viele dieser Angebote vermutlich schon zu Hause zugänglich sind, profitieren nicht unbedingt in vergleichbarer Form von einer Frühförderung. Darüber hinaus ist die verbreitete Auffassung, dass Kinder umso mehr profitieren, je jünger sie beim Einstieg in ein solches Programm sind, wissenschaftlich nicht haltbar. John Bruer zufolge deuten die Ergebnisse vielmehr darauf hin, dass die ersten Lebensjahre *kein* enges Entwicklungsfenster darstellen, das sich schnell schließt.

Ein Zuwachs beim IQ ließ sich kognitiv auf etlichen Ebenen beobachten. Wenn Mütter aus einkommensschwachen Familien die Möglichkeit erhielten, ihre Kinder mit Lernspielzeug, Büchern und Puzzles zu versorgen, und lernten, wie sie ihre Kinder zu Hause beim Sprechenlernen und beim Identifizieren von Alltagsgegenständen unterstützen können, stieg der IQ dieser Kinder an. Wenn man Mütter von Dreijährigen aus einkommensschwachen Familien dazu anhielt, viel und lange mit ihren Kindern zu sprechen und ihnen viele offene Fragen zu stellen, nahm der IQ der Kinder ebenfalls zu. Vorlesen hebt bei Kindern bis vier Jahre den IQ, besonders wenn das Kind aktiv in die Geschichte einbezogen wird und die Eltern es zum Erzählen und Weiterspinnen ermuntern. Bei älteren Kindern profitiert zwar nicht mehr der IQ vom Vorlesen, aber ihre Sprachentwicklung verläuft weiterhin schneller. Der Besuch des Kindergartens hebt den kindlichen IQ um über vier Punkte, und wenn die Einrichtung auf Sprachförderung setzt, sogar um über sieben Punkte. Auch hier gibt es keine stichhaltigen Belege für die These, dass frühkindliche Bildung, Kindergarten oder Sprachförderung auch den IQ von Kindern aus wohlhabenderen Familien ansteigen lassen, die bereits die Vorteile einer gut ausgestatteten Umgebung genießen.[13]

Gehirntraining?

Wie ist das mit Spielen, die das Gehirn trainieren sollen? Hier hat sich ein vollkommen neuer Geschäftszweig etabliert, der Online-Spiele und Videos anbietet, die das Gehirn wie einen Muskel trainieren und kognitive Fähigkeiten aufbauen sollen. Diese Produkte beruhen in erster Linie auf den Ergebnissen einer eng begrenzten Schweizer Studie aus dem Jahr 2008, die nie repliziert wurde.[14] Es ging darin um die Verbesserung der »fluiden Intelligenz«, welche die Fähigkeit zu abstraktem Denken, das Erfassen unbekannter Zusammenhänge und das Lösen neuartiger Problemstellungen umfasst. Der IQ setzt sich aus zwei Formen der Intelligenz zusammen; eine davon ist die *fluide Intelligenz*, die andere ist die *kristalline Intelligenz*, in der das gespeicherte Wissen steckt, das wir uns im Laufe der Jahre angeeignet haben. Unsere kristalline Intelligenz lässt sich durch sinnvolle Lern- und Merkstrategien verbessern. Aber was ist mit der fluiden Intelligenz?

Ein Schlüsselfaktor für die fluide Intelligenz ist die Kapazität des Arbeitsgedächtnisses, das heißt, die Anzahl an neuen Konzepten und Zusammenhängen, die jemand im Kopf behalten kann, während er ein Problem bearbeitet (besonders angesichts von Ablenkungen). In der Schweizer Studie erhielten die Teilnehmer Aufgaben, die dem Arbeitsgedächtnis immer mehr abverlangten, denn sie sollten zwei unterschiedliche Reize trotz immer längerer Ablenkungsphasen im Kopf behalten. Der eine Reiz war eine Ziffernfolge. Der andere war ein kleiner Lichtfleck, der auf einem Bildschirm an verschiedenen Stellen aufleuchtete. Sowohl die Ziffern als auch der Ort des Lichtflecks änderten sich alle drei Sekunden. Die Probanden sollten – während sie eine veränderte Ziffernfolge und einen versetzten Lichtfleck betrachteten – jeweils entscheiden, ob dies einer Kombination aus *n* Elementen entsprach, die zu Beginn der Serie präsentiert worden waren. Die Zahl *n* wurde im Verlauf der Studie erhöht, was das Arbeitsgedächtnis immer mehr forderte.

Alle Teilnehmer wurden zu Beginn der Studie auf ihre fluide Intelligenz getestet. Dann bekamen sie in Zeiträumen von bis zu 19 Tagen diese immer schwierigeren Aufgaben für ihr Arbeitsgedächtnis. Am Ende des Trainings wurde ihre fluide Intelligenz erneut geprüft. Alle schnitten besser ab als zu Beginn des Trainings, und diejenigen, die am längsten an dem Training teilgenommen hatten, hatten sich am meisten verbessert. Diese Ergebnisse zeigten erstmals, dass fluide Intelligenz sich durch Üben verbessern lässt.

Wo also liegt das Problem?

Nun, erstens gab es nur 35 Teilnehmer, was eine geringe Zahl ist, und alle stammten aus einer vergleichbaren, hochintelligenten Population. Hinzu kam, dass die Studie sich auf nur eine Aufgabe konzentrierte. Damit bleibt unklar, inwiefern sich daraus Aussagen zu anderen Übungsaufgaben für das Arbeitsgedächtnis ableiten lassen und ob die Ergebnisse sich tatsächlich auf das Arbeitsgedächtnis beziehen oder eher auf einen bestimmten Aspekt dieses speziellen Trainings. Und zuletzt wissen wir nichts über die Dauerhaftigkeit der Leistungssteigerung. Außerdem ließen sich die Ergebnisse (wie bereits erwähnt) nicht durch andere Studien reproduzieren. Die Reproduzierbarkeit empirischer Ergebnisse ist ein Grundpfeiler der Wissenschaftstheorie. Die Website *PsychFileDrawer.org* hält eine Liste mit den 20 wichtigsten psychologischen Studien bereit, welche die Nutzer dieser Seite gern reproduziert sähen. Die Schweizer Studie steht ganz oben auf der Liste. Ein jüngerer Versuch, dessen Ergebnisse 2013 erschienen, konnte bei der Wiederholung der Übungen der Schweizer Studie keinerlei Verbesserungen der fluiden Intelligenz feststellen. Interessanterweise glaubten die Studienteilnehmer jedoch, dass ihre geistigen Fähigkeiten gestiegen wären, was aus Sicht der Autoren eine Illusion darstellte. Immerhin räumen die Autoren ein, dass ein verstärktes Gefühl der Selbstwirksamkeit die Beharrlichkeit beim Lösen schwieriger Aufgaben verstärken kann, befeuert durch die Überzeugung, dass das Training die eigenen Fähigkeiten verbessert hätte.[15]

Das Gehirn ist kein Muskel. Wenn also eine Fähigkeit besser wird, werden andere nicht automatisch ebenfalls besser. Lern- und Merkstrategien wie Abrufen und der Aufbau mentaler Modelle tragen bei den geübten Kenntnissen und Fähigkeiten zur Schärfung der intellektuellen Kompetenz bei, doch dieser Vorteil lässt sich nicht auf andere

Kenntnisse oder Fähigkeiten übertragen. Untersuchungen an den Gehirnen von Experten zeigten eine verstärkte Myelinisierung derjenigen Axone, die für diese Expertise zuständig sind, nicht jedoch anderswo im Gehirn. Bei Pianisten bezieht sich die beobachtete Myelinisierung konkret auf ihr Klavierspiel. Die Fähigkeit, das Üben zur Gewohnheit zu machen, ist hingegen generalisierbar. Dass »Gehirntraining« zu mehr Leistungsfähigkeit und Selbstbewusstsein führt, wie die Anbieter behaupten, beruht somit eher auf besseren Gewohnheiten, zum Beispiel, dass man trainiert, sich gut zu konzentrieren und beim Üben wirklich durchzuhalten.

Richard Nisbett konnte beobachten, dass eine geringe genetische Prädisposition unter verstärkenden Umweltbedingungen unverhältnismäßig starke Vorteile bringen kann – ein Kind, das einfach etwas neugieriger veranlagt ist, wird deutlich schlauer, wenn es in einer Umgebung aufwächst, die diese Neugier unterstützt. Aber lässt sich hier auch der Umkehrschluss ziehen? Da es unwahrscheinlich erscheint, dass ich meinen IQ in nächster Zeit anheben werde – gibt es Strategien oder Methoden, die als kognitive Multiplikatoren wirken und den Einsatz der vorhandenen Intelligenz optimieren könnten? Die Antwort lautet: Ja. Drei dieser Methoden möchten wir vorstellen: ein dynamisches Selbstbild, Üben wie die Profis und saubere Hinweisreize.

Dynamisches Selbstbild

Kehren wir noch einmal zu unserem Sprichwort zurück: »Du kannst glauben, dass du es kannst, oder glauben, dass du es nicht kannst, in jedem Fall hast du recht.« In diesem Wortspiel steckt nämlich viel Wahrheit. Die Einstellung macht viel aus. Die Studien der Psychologin Carol Dweck sind auf große Resonanz gestoßen, weil sie zeigen konnte, wie massiv der Einfluss einer schlichten Grundüberzeugung auf Lernen und Leistung sein kann: Die Überzeugung, dass die intellektuellen Grenzen nicht feststehen, sondern in hohem Maße durch uns selbst beeinflussbar sind.[16]

Dweck und ihr Team haben diese Erkenntnisse mittlerweile mehrfach repliziert und erweitert. In einem der frühen Experimente vermittelte sie leistungsschwachen Siebtklässlern in einer Junior High School in New York City in einem Workshop Grundzüge der Gehirnfunktion und effektive Lernmethoden. Eine Hälfte der Gruppe bekam außerdem eine Präsentation über das Gedächtnis, der anderen Hälfte wurde erklärt, wie sich das Gehirn durch Anstrengung beim Lernen verändert: Dass sich durch intensives Nachdenken beim Lernen neue Verbindungen bilden und dass diese neuen Verbindungen einen mit der Zeit schlauer machen. Diese Gruppe erfuhr, dass die intellektuelle Entwicklung nicht etwa die natürliche Entfaltung der Intelligenz ist, sondern durch die neuen Verbindungen erfolgt, welche sich durch Mühe und Lernen bilden. Nach dem Workshop kehrten die beiden Gruppen wieder in ihre jeweiligen Klassenverbände zurück. Die Lehrer wussten nicht, dass einige von ihnen gelernt hatten, dass mehr Aufwand beim Lernen das Gehirn verändert. Doch im Laufe des Schuljahrs entwickelten diese Schüler und Schülerinnen ein »dynamisches Selbstbild«, wie Dweck es nennt. Sie glaubten daran, dass ihre Intelligenz stark ihrem eigenen Einfluss unterläge, und wurden zunehmend leistungsbereiter und erfolgreicher als die Schüler aus der Vergleichsgruppe, die weiterhin der üblichen Ansicht anhingen, die Dweck als »statisches Selbstbild« bezeichnet – dass die intellektuellen Fähigkeiten als natürliches Talent angeboren sind.

Auslöser für Dwecks Experimente war ihre Verwunderung darüber, dass manche Menschen auf Schwierigkeiten hilflos reagieren und versagen, wohingegen andere in solchen Fällen neue Strategien entwickeln und ihre Anstrengungen verdoppeln. Fundamentaler Unterschied zwischen beiden ist laut Dweck die Art, wie sie einen Misserfolg einordnen: Wer den Misserfolg der eigenen Unfähigkeit zuschreibt (»Ich bin eben unintelligent«), reagiert hilflos. Wer sein Scheitern jedoch auf unzureichende Anstrengung oder eine ineffektive Strategie zurückführt, gräbt tiefer und probiert andere Vorgehensweisen aus.

Dweck fand heraus, dass manche Menschen sich beim Lernen *Leistungsziele* stecken, während andere *Lernziele* anstreben. Im ersten Fall arbeitet man darauf hin, für die eigene Fähigkeit eine gute Bewertung zu bekommen. Im zweiten Fall geht es um den Erwerb neuer Kenntnisse oder Fähigkeiten. Wer eine gute Bewertung anstrebt, also ein Leistungsziel, begrenzt unbewusst das eigene Potenzial.

Wenn es nämlich darum geht, gut abzuschneiden oder mit der eigenen Leistung anzugeben, wählt man Herausforderungen, die man voraussichtlich bewältigen kann. (Ich will einen guten Eindruck machen, also übe ich immer wieder denselben Stunt.) Wenn ich jedoch die eigenen Fähigkeiten verbessern will, wähle ich immer wieder neue Herausforderungen und interpretiere Rückschläge als nützliche Informationen, die mir helfen, genauer hinzusehen, kreativer zu werden und härter zu arbeiten. »Wenn man etwas immer wieder demonstrieren will, fühlt sich eine ›Fähigkeit‹ wie etwas Statisches an, das in uns gespeichert ist. Wenn man diese Fähigkeit hingegen verbessern will, fühlt sie sich dynamisch und formbar an«, sagt Dweck. Lernziele setzen somit völlig andere Denk- und Vorgehensweisen in Gang als Leistungsziele.[17]

Paradoxerweise stolpern manche Spitzensportler über ihre Leistungsziele. Als »Naturtalente« glauben sie, dass ihre Leistungen auf angeborenem Talent beruhen. Spinnt man diesen Gedanken weiter, so müssten sie auch ohne übermäßiges Training Spitzenleistungen erbringen, und viele trainieren sogar absichtlich weniger hart, weil intensives Training öffentlich zur Schau stellen würde, dass sie eben doch nicht so begabt sind, wie alle dachten. Das Fokussieren auf Leistung anstatt auf Lernen und Wachsen lässt Menschen vor Risiken zurückscheuen. Sie haben Angst um ihr Selbstbild und scheuen die Blamage, wenn sie das gewünschte Ziel womöglich nur mit letzter Kraft erreichen.

Dweck hat sich auch mit Lob und Anerkennung befasst, denn sie wollte wissen, inwieweit dadurch Reaktionen auf

Herausforderungen beeinflusst werden. Ein Beispiel liefert eine Gruppe Fünftklässler, die einzeln eine Denksportaufgabe lösen sollen. Einige von ihnen wurden hinterher für ihre Klugheit gelobt. Andere wurden dafür gelobt, dass sie sich so angestrengt hatten. Danach durften die Schüler sich eine weitere Aufgabe aussuchen, entweder ähnlich schwer oder schwieriger, sodass sie durch die erhöhte Anstrengung etwas Neues lernen konnten. Die Mehrheit der Schüler, die für ihre Klugheit gelobt worden waren, wählte die einfachere Aufgabe, doch 90 Prozent der Kinder, die man für ihre Einsatzbereitschaft gelobt hatte, wählten die schwierigere.

In einer Variante dieser Studie erhalten die Schüler die Rätsel von zwei Versuchsleitern, Tom und Bill. Die Rätsel, die Tom ausgibt, lassen sich mit etwas Mühe lösen. Diejenigen, die Bill ausgibt, sind nicht lösbar. Alle Teilnehmer bekommen Aufgaben von beiden Versuchsleitern. Nach der Arbeit wird ein Teil der Kinder für ihre Klugheit gelobt, ein Teil für ihren Einsatz. In der zweiten Runde bekommen die Kinder weitere Aufgaben von Tom und Bill, aber diesmal sind alle lösbar. Und hier kommt die Überraschung: Von den Schülern, die für ihre Schlauheit gerühmt wurden, lösten nur wenige die Aufgaben von Bill, obwohl es dieselben Aufgaben waren, die sie zuvor von Tom erhalten und erfolgreich bewältigt hatten. Bei denjenigen, die sich in erster Linie als schlau eingestuft sahen, hatte das Scheitern beim Lösen von Bills Aufgaben in der ersten Runde ein Gefühl der Niederlage und der Hilflosigkeit erzeugt.

Wenn Kinder für ihre Intelligenz gelobt werden, erhalten sie die Botschaft, dass es darum geht, klug zu erscheinen.

»Die Einsatzbereitschaft zu loben, vermittelt dem Kind eine seltene Variable, auf die es Einfluss hat«, sagt Dweck. Doch »eine Betonung der natürlichen Intelligenz entzieht dem Kind den Einfluss und ist kein gutes Rezept für den Umgang mit einem Misserfolg«.[18]

In seinem Buch *Die Chancen unserer Kinder* beruft sich Paul Tough auf die Arbeiten von Dweck und anderen, um zu argumentieren, dass Erfolg weniger vom IQ abhängt als von Schneid, Neugier und Hartnäckigkeit. Dabei kommt es entscheidend darauf an, in der Kindheit auf Widerstände zu stoßen und zu lernen, wie man diese überwindet. Tough zufolge sind Kinder am unteren Ende der Gesellschaft mit derart vielen Problemen konfrontiert und haben derart wenige Ressourcen zur Verfügung, dass sie keine Chance auf Erfolgserlebnisse haben. Aber – und das klingt paradox – verhätschelten Kindern am oberen Ende des Spektrums, die ständig hören, wie klug sie doch sind, deren Helikoptereltern sie aus jeder Patsche retten und die nie versagen oder ein Problem aus eigener Kraft bewältigen müssen, enthalten wir ebenfalls wichtige Erfahrungen vor, die für den späteren Lebenserfolg unerlässlich sind.[19] Wer auf der dritten Base geboren ist und in dem Glauben aufwächst, damit ein Triple gelandet zu haben, dürfte kaum bereit sein, sich allem zu stellen, was zum Ausloten des vollen eigenen Potenzials erforderlich ist. Der Wunsch, möglichst genial zu erscheinen, hält Menschen davon ab, Risiken einzugehen. Das gilt für die kleinen Risiken, mit denen wir den eigenen Zielen näher kommen, aber auch für die kühnen, visionären Schritte, die zu wahrer Größe führen. Scheitern vermittelt uns laut Carol Dweck wertvolle Informationen und eine Chance, herauszufinden, wozu wir in der Lage sind, wenn wir uns ganz darauf konzentrieren.

Das Fazit von Dweck, Tough und anderen in diesem Bereich ist, dass weniger der IQ, sondern eher Disziplin, Mut und ein dynamisches Selbstbild das Bewusstsein für die eigenen Möglichkeiten sowie die nötige Kreativität und Hartnäckigkeit, die für eine höhere Bildung und Erfolg benötigt werden, schärfen. »Lerntechniken sind nutzlos, bis ein aktives Element als Antrieb hinzukommt«, sagt Dweck. Dieses aktive Element ist die einfache, aber dennoch tiefgreifende Erkenntnis, dass wir ganz erheblichen Einfluss darauf haben, ob und wie wir unsere Fähigkeiten ausbauen.

Aktives Üben

Angesichts fantastischer Leistungen von Profis auf ihrem jeweiligen Gebiet – am Flügel, am Schachbrett oder auf dem Golfplatz – bewundert man oft unwillkürlich das unglaubliche Talent. Doch Expertenleistungen beruhen in der Regel nicht auf den Genen oder einem besonders hohen IQ. Vielmehr erwachsen sie aus vielen tausend Stunden, die Anders Ericsson als hartnäckiges aktives Üben bezeichnet. Etwas wiederholt zu tun wird gern als Üben bezeichnet, doch aktives Üben ist etwas anderes: Hier geht es um ein klares, in vielen Fällen selbst gestecktes Ziel, auf das man zuarbeitet, indem man sich immer wieder über den gegenwärtigen Leistungsstand hinauswagt. In allen Bereichen scheinen Expertenleistungen auf dem allmählichen Erwerb von immer mehr und immer komplexeren Mustern zu beruhen, mittels derer diese Menschen das Wissen darüber speichern, welche Handlungen in einer Vielzahl konkreter Situationen geboten erscheinen. Nehmen wir beispielsweise einen Schachprofi. Beim Betrachten der Positionen auf dem Brett kann er sich viele alternative Züge und die unzähligen Arten, wie diese jeweils zustande kommen könnten, überlegen. Aktives Üben zeichnet sich dadurch aus, dass jemand auf ein Ziel hinarbeitet, auch mal gegen eine Wand läuft, Probleme löst und einen neuen Versuch startet. So erwerben wir neues Wissen, passen uns körperlich an und entwickeln die komplexen mentalen Modelle, mit denen wir immer besser werden.

Als Michelangelo endlich seine über 400 lebensgroßen Figuren an die Decke der Sixtinischen Kapelle gemalt hatte, soll er geschrieben haben: »Wenn die Menschen wüssten, wie hart ich mir meine Kunst erarbeitet habe, käme ihnen das gar nicht mehr so unglaublich vor.« Was seine Bewunderer bis heute als Ausdruck des Genies bestaunen, beruhte auf vier Jahren ebenso harter wie hingebungsvoller Schinderei.[20]

Aktives Üben ist normalerweise nicht sonderlich angenehm. Die meisten benötigen dazu einen guten Lehrer, Ausbilder oder Trainer, der ihnen hilft, zu erkennen, woran sie arbeiten müssen, sie auf bestimmte Aspekte hinweist und Feedback liefert, um ihre Wahrnehmung und das persönliche Urteilsvermögen zu schärfen. Einsatz und Hartnäckigkeit beim aktiven Üben remodellieren Gehirn und Physiologie zugunsten besserer Leistungen, aber diese Expertise gilt nur ganz konkret für das jeweilige Gebiet. Man hat dadurch keineswegs einen Vorteil oder Vorsprung, wenn es darum geht, sich in ein neues Gebiet einzuarbeiten. Ein Beispiel, wie Üben das Gehirn neu zu modellieren vermag, ist die Behandlung der fokalen Dystonie, ein Syndrom, das beispielsweise Gitarristen oder Pianisten zu schaffen machen kann, bei denen das Gehirn durch ständiges Wiederholen Schaltkreise gebildet hat, die so reagieren, als ob zwei Finger zu einem verschmolzen wären. Eine Reihe schwieriger Übungen kann ihnen helfen, die Finger allmählich wieder auf separate Bewegungen umzuprogrammieren.

Dass Experten auf ihrem Gebiet mitunter so unglaublich talentiert wirken, liegt unter anderem daran, dass manche Menschen ein komplexes Geschehen in ihrem Spezialfach genau beobachten und später detailgetreu aus dem Gedächtnis rekonstruieren können. Mozart war dafür berühmt, dass er komplexe Themen schon nach einmaligem Hören nachspielen konnte. Diese Kunst erwächst laut Ericsson jedoch nicht aus einem ominösen sechsten Sinn, sondern aus der überragenden Auffassungsgabe und dem Gedächtnis des Experten innerhalb seines Gebiets, und die wiederum beruhen auf einem über Jahre erarbeiteten Wissen und Können. Die meisten Menschen, die in ihrem Fach Expertenstatus erwerben, erbringen auf anderen Gebieten nur Durchschnittsleistungen.

Zehn Jahre oder 10 000 Stunden war der durchschnittliche Aufwand, den die von Ericsson analysierten Personen investiert hatten, um in ihrem Spezialfach an die Spitze vorzurücken. Die besten unter ihnen hatten einen hohen Prozentsatz dieser Stunden dem individuellen, aktiven Üben gewidmet. Der Kerngedanke ist, dass Ausnahmeleistungen auf Art und Menge des Übens beruhen, nicht auf einer genetischen Veranlagung. Deshalb können auch Normalbegabte zu Experten heranreifen, wenn sie die nötige Motivation, Zeit und Disziplin dazu mitbringen.

Hinweisreize

Die bereits erwähnten Merkhilfen sind das geistige Rüstzeug, das uns hilft, uns Dinge so zu merken, dass sie bei Bedarf problemlos abrufbar sind. Sie werden auch als *Mnemotechniken* bezeichnet, nach Mnemosyne, der griechischen Muse des Gedächtnisses. Beispiele für solche Merkhilfen sind Akronyme, die auch als Satz daherkommen können, zum Beispiel beim Planetensystem: »**M**ein **V**ater **e**rklärt **m**ir **j**eden **S**onntag **u**nseren **N**achthimmel«, wobei jeder Anfangsbuchstabe für einen Planeten steht: **M**erkur, **V**enus, **E**rde, **M**ars, **J**upiter, **S**aturn, **U**ranus, **N**eptun.

Ein komplizierteres Gebilde ist ein *Gedächtnispalast*. Er bietet sich an, wenn man größere Stoffmengen parat halten will, und basiert auf der Loci-Methode, die bereits im antiken Griechenland eingesetzt wurde. Hierbei assoziiert man mentale Bilder mit einer Abfolge physischer Orte, um den passenden Hinweisreiz auszulösen. Stellen Sie sich einen gut vertrauten Ort vor, zum Beispiel Ihr Zuhause. Assoziieren Sie dann auffällige Bereiche in diesem Raum (zum Beispiel Ihren Lieblingssessel) mit einem lebhaften Bild von dem, woran Sie sich erinnern möchten. Wenn Sie also daran denken möchten, sich für den nächsten Yogakurs anzumelden, können Sie sich einen geschmeidigen Yogi in Ihrem Sessel ausmalen. Die verschiedenen Stellen können mit einer Vielzahl von Hinweisreizen versehen werden, die Ihnen später, wenn Sie im Geiste durch Ihr Haus spazieren, als Eselsbrücke dienen. Wenn es wichtig ist, die Einzelheiten in einer bestimmten Reihenfolge abzurufen, können Sie die Merkhilfen entlang des Wegs verteilen. (Die Loci-Methode dient auch dazu, Hinweisreize mit Elementen auf einem sehr vertrauten Weg zu verknüpfen, zum Beispiel dem Weg zum Bäcker.)

Während wir diesen Abschnitt schreiben, errichtet gerade eine Gruppe Oxford-Aspiranten einen Gedächtnispalast zur Vorbereitung auf ihre Psychologieprüfung. Sechs Wochen lang haben sie mit ihrem Mentor jede Woche ein anderes Café der Stadt besucht, um sich dort beim Kaffee zu entspannen, sich gründlich mit dem Ort vertraut zu machen und zu überlegen, wie sie es mit lebhaften Gestalten bevölkern können, die ihnen wichtige Aspekte der Psychologie ins Gedächtnis rufen, wenn sie im Examen etwas darüber schreiben sollen.

Auf diese Truppe kommen wir später noch zurück. Zuvor jedoch möchten wir diese Technik etwas genauer erläutern, denn sie ist überraschend wirkungsvoll und beruht darauf, wie unsere Vorstellungen das Gedächtnis lebendiger gestalten und mit mehr Verknüpfungen anreichern können. Es heißt, ein Bild sage mehr als tausend Worte. Sich einen Elefanten vorzustellen ist einfacher, als sich das Wort »Elefant« ins Gedächtnis zu rufen. Daher erscheint es logisch, dass die Assoziation lebhafter bildlicher Vorstellungen mit verbalem oder abstraktem Material diesen Stoff später leichter zugänglich macht. Ein starkes geistiges Bild kann so hilfreich und ergiebig sein wie eine Schnur voller Fische: Einmal daran gezogen, und schon kommt der Fang des ganzen Tages zum Vorschein. Wenn eine Freundin uns an ein Gespräch mit jemandem erinnert, der uns auf einer Reise begegnet ist, fällt uns die Erinnerung zunächst schwer. Dann erwähnt sie, wo das Gespräch stattfand, und wir malen uns den Ort aus. Und plötzlich kommt alles wieder zurück. Bilder können Erinnerungen wecken.[21]

Zu diesem Phänomen beschrieb Mark Twain einst seine ganz persönlichen Erfahrungen. Im Zuge einer Vortragsreise nutzte Twain diverse Teilsätze, um die verschiedenen Phasen seiner Reden anzustoßen, fand dieses System aber eher unbefriedigend, denn solche Textschnipsel sehen am Ende doch sehr ähnlich aus. Also experimentierte er mit Alternativen und kam auf die Idee, seinen Vortrag in Form von groben Bleistiftskizzen zu gliedern. Als Gedankenstütze waren diese Skizzen für ihn perfekt. Ein Heuschober mit einer Schlange darunter symbolisierte den Beginn seiner Geschichte über seine Abenteuer im Carson Valley von Nevada. Ein Regenschirm, der sich gegen steifen Wind stemmte, leitete zum nächsten Teil der Geschichte über, dem heftigen Wind, der jeden Nachmittag gegen zwei Uhr von der Sierra herabfegte. Und so weiter. Dass diese Skizzen dem Gedächtnis derart auf die Sprünge helfen können, war für Twain so beeindruckend, dass es ihn eines Tages auf die Idee brachte, damit seinen Kindern zu helfen, die sich mit den Königen und Königinnen von England herumplagten, obwohl das Kindermädchen die Namen und Regierungszeiten viele Stunden mit ihnen übte. Twain wollte die aufeinanderfolgenden Regentschaften visualisieren.

Damals waren wir auf der Farm. Von der Veranda aus fiel das Gelände zum unteren Zaun hin ab, rechts hingegen stieg es bis zu meinem Arbeitstrakt an. Ein Fahrweg wand sich durch das Land und dann den Hügel hinauf. Beginnend mit William dem Eroberer setzte ich Pfähle für die englischen Monarchen, sodass von der Veranda aus jede Regentschaft und ihre Dauer deutlich zu erkennen waren, von der Eroberung durch die Normannen bis hin zu Victoria und dem 46. Jahr ihrer Herrschaft – 817 Jahre englische Geschichte auf einen Blick! (…)

Dafür maß ich entlang der Straße eine Strecke von 817 Fuß ab. Jeder Fuß stand für ein Jahr, und zu Beginn und Ende jeder Herrschaft hämmerte ich einen drei Fuß langen Pinienpfosten an den Straßenrand und schrieb Name und Daten darauf.

Für jeden Monarchen erfanden Twain und seine Kinder eigene Symbole: Einen Wal für William den Eroberer (weil beides mit W beginnt, und »weil es der größte schwimmende Fisch ist und William in der englischen Geschichte unübersehbar ist«, ein Huhn für Heinrich I. und so weiter.

Wir hatten jede Menge Spaß an unserem Geschichtsweg und auch ordentlich Bewegung. Wir gingen den ganzen Weg vom Eroberer bis zu meinem Arbeitstrakt ab, und bei jedem Pfahl sagten die Kinder laut die jeweiligen Namen, Daten und Regierungszeiten auf. (…) Dabei forderte ich sie auf, die Plätze nicht mit »drüben an der Thuja« oder »bei den Eichen« oder

»oben an der Treppe« zu benennen, sondern zu sagen »bei Stephen«, »im Commonwealth« oder »bei George III«. Das gelang ihnen problemlos. Den ganzen Weg so genau zu kartieren tat auch mir gut, denn ich hatte mir angewöhnt, überall Bücher und Artikel abzulegen, und war nicht in der Lage gewesen, den jeweiligen Ort genau zu bezeichnen. Deshalb hatte ich sie häufig selbst holen müssen, um gleich das richtige zu bekommen. Jetzt konnte ich den Herrschaftsbereich benennen, in dem ich sie gelassen hatte, und die Kinder schicken.[22]

Die Pegword-Methode verankert Assoziationen nach einem Zahl-Form-System. Jeder Ziffer von 1 bis 20 wird ein bestimmtes Bild zugeordnet: 1 ist eine Kerze, 2 ein Schwan, 3 ein Dreizack, 4 ein Glückskleeblatt, 5 eine Hand, 6 ein Elefant (mit vier Beinen, Schwanz und Rüssel, also sozusagen 6 Gliedmaßen), 7 ist eine Fahne im Wind, 8 eine Sanduhr, 9 ein erhobener Golfschläger, 10 beide Füße zusammen (mit 10 Zehen). Dann folgen weitere Möglichkeiten. Natürlich kann man auch andere Symbole wählen, die einem etwas sagen. Wichtig ist, dass die jeweiligen Bilder dauerhaft feststehen, sodass man an diese Pfosten die Dinge »hängen« kann, an die man sich gerade erinnern möchte. Das könnte zum Beispiel alles sein, was man an diesem Tag noch vorhat. Der Tag könnte dann für eigene Erledigungen die Ziffernfolge 728 bekommen: Die wehende *Fahne* (7) erinnert an den erforderlichen Friseurbesuch (weil der Wind die Haare verstrubbelt), der *Schwan* (2) daran, dass Sie mittags ein Grillhähnchen mitbringen wollten, die *Sanduhr* (8) an den Anruf beim Steuerberater, weil das Finanzamt schon drängelt. Die Bilder bleiben also immer gleich, doch die

Assoziationen, die sie wecken, wechseln, wann immer Sie sich eine neue Liste einprägen.

Auch ein Lied, das Sie gut kennen, kann eine Merkstruktur bieten, indem Sie die Textzeilen jeweils einem Bild zuordnen, das den Hinweisreiz für die gewünschte Erinnerung darstellt. Der Anthropologe Jack Weatherford ist ein führender Historiker zu Dschingis Khan und dem Mongolenreich. Er geht davon aus, dass zu jener Zeit überlieferte Gedichte und Lieder als Gedächtnisstütze genutzt wurden, um Botschaften korrekt über weite Distanzen zu übermitteln – von China an einem Ende des Reiches bis hinüber nach Europa. Schriftliche Botschaften waren beim Militär untersagt, sodass bis heute ungelöst ist, wie kommuniziert wurde, doch Weatherford hält Mnemotechniken für wahrscheinlich. Ihm fiel auf, dass das »Lange Lied« der Mongolen, das die Bewegungen des Pferdes beschreibt, mit verschiedenen Tonlagen und Trillern gesungen werden kann, welche die Bewegung in einer bestimmten Umgebung kommunizieren, zum Beispiel das Durchreiten einer Steppe oder einer Hügellandschaft.

Mnemotechniken sind unglaublich vielseitig einsetzbar. Ihre Gemeinsamkeit ist eine gewisse Struktur, mal ein Zahlensystem, mal eine Reiseroute oder ein Grundriss, mal ein Lied oder ein Gedicht, mal ein Aphorismus oder Akronym. Die Merkhilfe muss gut vertraut sein, und ihre Elemente müssen sich problemlos mit der jeweiligen Information verknüpfen lassen, die man sich merken möchte.[23]

Um wieder zu unseren Psychologiestudenten bei der Examensvorbereitung zurückzukommen: Da sitzt nun im Bellerbys College in Oxford diese 18-Jährige (nennen wir sie Marlys) und schreibt ihre Psychologieprüfung. Für ihr A2-Examen muss sie im Verlauf der zwei Prüfungen von insgesamt dreieinhalb Stunden fünf Aufsätze verfassen. A-Level-Examen sind in England Voraussetzung für den Universitätsbesuch.

Marlys steht also ordentlich unter Druck. Wie sie bei dieser Prüfung abschneidet, entscheidet darüber, ob sie die gewünschte Universität besuchen darf, und sie hat sich für die London School of Economics beworben. Für einen Platz an einer der führenden Universitäten des Vereinigten Königreichs braucht sie in drei Fächern ein A-Level, und die Universitäten veröffentlichen vorab, welche Noten sie erwarten. Nicht selten verlangen sie für jedes Fach ein A. Wer die erforderliche Note nicht erreicht, muss ein komplexes Bewerbungsverfahren durchlaufen, über das die Universitäten ihre restlichen Plätze verteilen und das eher an eine Lotterie erinnert.

Als wäre dies nicht schon stressig genug, muss Marlys in den nächsten eineinhalb Stunden eine Unmenge Stoff parat haben. Sie und ihre Mitschüler haben im zweiten Jahr ihrer A-Level-Vorbereitung sechs Hauptthemen durchgenommen: Essverhalten, Aggression, Beziehungen, Schizophrenie, Anomalistik und psychologische Forschungsmethoden. Jeder der ersten fünf Themenbereiche enthält sieben Fragestellungen, zu denen sie jeweils einen Aufsatz schreiben können muss. Und jeder dieser Aufsätze muss die jeweilige Frage in zwölf kurzen Abschnitten beleuchten, die beispielsweise die Grundthese oder Bedingung ansprechen, den Stand der Forschung und seine Bedeutung, die widerstreitenden Meinungen, eventuelle biologische Behandlungsansätze (zum Beispiel bei Schizophrenie) und deren Zusammenhang mit den Grundkonzepten der Psychologie, die sie im ersten Kursjahr ihrer A-Level-Vorbereitung gelernt hat. Es geht also um fünf Hauptthemen mit je sieben Essayaufgaben, zu denen jeweils ein Dutzend Kernpunkte prägnant und sauber erläutert werden muss, um zu demonstrieren, wie gut man das Thema beherrscht. Insgesamt muss Marlys also das Wissen zu 35 verschiedenen Fragestellungen im Kopf haben plus diverse kurze Erläuterungen zu psychologischen Forschungsmethoden geben können. Marlys weiß, welche Hauptthemen an diesem Tag drankommen, aber sie hat keine Ahnung, welche Essayaufgaben ihr gestellt werden. Also muss sie für alles gerüstet sein.

An diesem Punkt setzt häufig eine Erstarrungsreaktion ein. Die Prüflinge können ihren Stoff noch so gut beherrschen, es steht so viel auf dem Spiel, dass angesichts der leeren Bögen und der tickenden Uhr ihr Gehirn aussetzt. Hier erweist sich die Zeit, die jemand auf die Konstruktion seines Gedächtnispalastes verwendet hat, als bares Gold. Ob Sie jetzt die Feinheiten des britischen A-Level-Systems verstanden haben, ist unwichtig. Von Bedeutung ist nur, dass es schwierig und folgenreich ist und Mnemotechniken in einer solchen Situation ausgesprochen hilfreich sein können.

Die heutigen Themen sind nun evolutionäre Erklärungsansätze für die menschliche Aggression, die psychologischen und biologischen Behandlungsansätze bei Schizophrenie sowie Erfolg und Misserfolg bei Diäten. Okay! Zum Thema Aggression hat Marlys die Wölfin mit ihren hungrigen Welpen ins Fenster des Krispy Kreme in der Castle Street gesetzt. Schizophrenie hat sie mit dem koffeinstrotzenden Barista im Starbucks in der High Street verknüpft. Und bei Diäten hilft ihr die Riesenpflanze im Café Prêt-à-Manger in der Cornmarket Street auf die Sprünge, die in dem viel zu engen Topf steckt.

Bestens. Marlys entspannt sich, denn sie weiß, was sie kann – und dass sie es abrufen kann. Sie beginnt mit dem Essay über Diäten. Das Prêt-à-Manger ist Marlys' Gedächtnispalast für alles, was sie über Erfolg und Misserfolg bei Diäten gelernt hat. Bei ihrem Besuch dort hat sie sich die verschiedenen Bereiche und das Mobiliar gründlich eingeprägt und dort Gestalten verteilt, die jetzt wie alte Freunde vor ihrem inneren Auge auftauchen. Ihre Namen und ihr Verhalten liefern die nötigen Hinweisreize für das geforderte Dutzend Kernpunkte.

In Gedanken betritt sie den Laden. Audrey II (die menschenfressende Pflanze aus »Der kleine Horrorladen«, einem ihrer Lieblingsfilme) hält Marlys' Freund *Herman* mit ihren Tentakeln wie mit festen *Zügeln* von einem großen Teller *Makkaroni* zurück, der knapp außerhalb seiner Reichweite steht. Und schon beginnt Marlys zu schreiben. »Die *Theorie des gezügelten Essverhaltens von Herman und Mack* legt nahe, dass der Vorsatz, nicht zu viel zu essen, die Wahrscheinlichkeit, sich zu überessen, eher noch erhöht. Das heißt, bei gezügelten Essern ist die Enthemmung (Kontrollverlust) die Ursache für das Überessen …«

In dieser Form arbeitet sich Marlys mit ihrem Essay durch das ganze Café. Herman *watschelt* los, aber ein *Beagle* kommt ihm zuvor und *schlingt* die ganze Portion *gierig* in sich hinein. »Unterstützt wird die Theorie des gezügelten Essverhaltens durch Studien von *Wardle* und *Beale*, die feststellten, dass übergewichtige Frauen mit gezügeltem Essverhalten *tatsächlich mehr aßen* [gierig in sich hineinschlangen] als Frauen, die mit Sport anfingen, und auch mehr als Frauen, die weder ihre Ernährung noch ihre Lebensweise änderten. Hierzu sagt Ogden allerdings ...« Und so weiter. Im Uhrzeigersinn durchstreift Marlys das Café und begegnet dabei ihren Hinweisen auf das Grenzmodell von Hunger und Sättigung, auf kulturell bestimmte Wahrnehmungen von Übergewicht, auf die Problematik mit den Angaben zum Essverhalten aus der Erinnerung und schließlich auf die Stoffwechselbesonderheiten in Bezug auf einen hohen Lipoproteinlipase-Spiegel (»die Lippen der protestierenden Lisbeth«).

Vom Prêt-à-Manger geht sie in Gedanken weiter zum Krispy Kreme Shop, wo ihr Spaziergang durch den Raum erneut Bilder auslöst, die ihrerseits anstoßen, was sie über die evolutionären Erklärungen der Aggression gelernt hat. Am Ende gelangt sie zu Starbucks, wo der hektische Barista, der Grundriss und die Kundschaft ihr bei den zwölf Abschnitten zur biologischen Behandlung der Schizophrenie auf die Sprünge helfen.

Marlys studiert am Bellerbys College ausgerechnet bei James Paterson, jenem jungenhaften Waliser, der rein zufällig zur Weltspitze der Gedächtnisakrobaten gehört.[24] Wenn die Lehrkräfte von Bellerbys eine Exkursion beantragen, geht es in der Regel um einen Vortrag an der Saïd Business School, oder sie wollen ins Ashmolean Museum oder in die Bodleian Library in Oxford. Ganz im Gegenteil zu James. Er lässt sich hochoffiziell Besuche in dem halben Dutzend Cafés der Stadt genehmigen, der perfekten Szenerie, um die eigene Fantasie in Gang zu bringen und passende Gedächtnisstützen anzulegen. Damit seine Studierenden sich ihre 35 möglichen Essays einprägen können, unterteilen sie die Themen in diverse Gruppen. Für die eine Gruppe errichten sie in Cafés und an vertrauten Orten rund um den Bellerbys-Campus ihre Gedächtnispaläste. Für eine andere Gruppe verwenden sie die Pegword-Methode. Wieder andere Gruppen verbinden sie mit Bildern zu ihren Lieblingssongs oder -filmen.

Eines möchten wir hierbei ausdrücklich betonen: *Bevor* Paterson einen solchen Mnemoausflug unternimmt, sorgt er dafür, dass der gesamte Stoff für den Gedächtnispalast im Unterricht gründlich behandelt und verstanden wurde.

Eine ehemalige Schülerin von Paterson, die nach dem Bellerbys an die Universität gegangen ist, ist Michela Seong-Hyun Kim. Sie erzählte uns, wie sie sich an der Universität auf Psychologieprüfungen vorbereitet. Zuerst sucht sie ihr gesamtes Material zusammen, die Folien und Skripte, die Lehrbücher und ihre eigenen Notizen. Dieses Material bricht sie auf die Kernpunkte herunter – keine ganzen Sätze. Diese Stichworte sind der Ausgangspunkt für ihr Essay. Danach wählt sie den Ort für ihren Gedächtnispalast. Sie verknüpft jeden Kernpunkt mit einer Stelle in dem Palast, die sie sich genau ausmalt. Und nun setzt sie an jede dieser Stellen etwas Verrücktes, das sie an einen ihrer Kernpunkte erinnert. Sobald sie in der Prüfung ihre Themen erhält, nimmt sie sich zehn Minuten Zeit für einen mentalen

Rundgang durch die entsprechenden Gedächtnispaläste und schreibt die jeweiligen Kernpunkte auf. Falls sie einen Punkt vergessen hat, geht sie zum nächsten und füllt die Leerstelle später aus. Sobald das Gerüst steht, geht sie an die Arbeit und ist so schon einmal den Stress los, dass ihr unter Druck womöglich nicht mehr einfällt, was sie gelernt hat.[25] Damit geht sie ganz ähnlich vor wie Mark Twain mit seinen Skizzen zur Vorbereitung seiner Reden.

Ohne ihre Einführung in die Mnemotechniken hätte Michela die Vorstellung, einen Punkt zu überspringen, um ihn später auszufüllen, völlig absurd gefunden, doch inzwischen ist sie dank dieser Vorgehensweise voller Zuversicht, weil sie weiß, dass der Inhalt gleich wieder da sein wird. Ein Gedächtnispalast ist keine Lernmethode, sondern lediglich ein Instrument, um bereits gelernten und verstandenen Stoff so zu organisieren, dass er zum Zeitpunkt der Prüfung problemlos abrufbar ist. Das ist ein entscheidender Punkt, der die häufig geäußerte Kritik zum Schweigen bringt, dass Mnemotechniken nur zum Auswendiglernen taugen. Denn bei richtiger Anwendung können sie uns ganz im Gegenteil dazu verhelfen, umfangreiches Wissen so zu organisieren, dass es jederzeit zugänglich ist. Michelas Sicherheit, dass sie bei Bedarf alles abspulen kann, was sie weiß, helfe nicht nur gegen Stress, sondern spare auch viel Zeit, sagt James.

Wir geben gern zu, dass Krispy Kreme und Starbucks vielleicht keine Paläste im landläufigen Sinne sind, aber unser Gehirn ist zu wundersamen Verrenkungen bereit.

Bei Patersons erster Weltmeisterschaft im Jahr 2006 erreichte er auf Anhieb einen sehr ordentlichen zwölften

Platz, knapp vor dem Amerikaner Joshua Foer, der seine Erfahrungen mit Mnemotechniken später in dem Buch *Moonwalk mit Einstein: Wie aus einem vergesslichen Mann ein Gedächtnis-Champion wurde* beschrieb. Paterson merkt sich die Abfolge gemischter Spielkarten aus einem Deck in unter zwei Minuten, gibt die Karten zurück und sagt sie mit geschlossenen Augen der Reihe nach auf. Wenn er eine Stunde Zeit bekommt, prägt er sich zehn bis zwölf Decks ein und kann sie fehlerfrei wiedergeben. Topchampions können sich ein Deck in 30 Sekunden oder weniger merken und schaffen in einer Stunde bis zu 25 Decks, sodass es für Paterson noch viel Luft nach oben gibt, aber er nimmt seinen Sport sehr ernst und arbeitet intensiv an seinen Techniken und Gedächtnisstützen. So wie die Pegword-Methode, die für die Ziffern von 1 bis 10 jeweils ein Symbol verwendet, entwickelte Paterson spezifische Bilder für jede Zahl von 0 bis 1000, um sich weitaus längere Zahlenfolgen einprägen zu können. Diese Vorgehensweise erforderte stundenlanges, konzentriertes Üben, also genau die Form persönlicher Hingabe und Mühe, die laut Anders Ericsson auf lange Sicht zur Meisterschaft führt. Seine 1000 Bilder beherrschte Paterson erst nach einem vollen Jahr, denn schließlich brauchte er auch noch Zeit für Familie, Arbeit und Freunde.

Wir trafen uns mit ihm am College in einem Büro und baten ihn um eine kleine Demonstration seiner Kunst, wozu er gern bereit war. Also sagten wir einmal die zufällige Zahlenfolge 615392611333517. Paterson hörte gut zu und sagte: »Okay. Wir nehmen diesen Ort hier.« Dann schaute er sich nach Anhaltspunkten um. »Da drüben sehe ich einen

Wasserkühler, der sich in ein Space Shuttle verwandelt, das abhebt, als gerade eine U-Bahn aus dem Boden des Kühlers rast. In den Regalen hinter dem Kühler sehe ich, wie der Rapper Eminem sich mit Leslie Nielsen aus *Die nackte Kanone* eine Schießerei liefert, während Inspektor Columbo auf sie heruntersieht.«[26]

Wie soll jemand daraus schlau werden? Nun, Paterson prägt sich Zahlen in Dreiergruppen ein. Jede Dreiergruppe hat ein eigenes Bild. Zum Beispiel ist die Zahl 615 immer ein Space Shuttle, 392 ist immer die Londoner U-Bahn-Station Embankment, 611 ist Leslie Nielsen, 333 ist Eminem und 517 ist Inspektor Columbo. Um diese Bilder nachzuvollziehen, muss man eine zweite, hier einbezogene Mnemotechnik kennen: Zu den Ziffern 0 bis 9 assoziiert James einen sprachlichen Laut. Die Ziffer 6 ist für ihn immer ein *Scheh* oder ein weiches *Jeh*, die 1 ist stets ein *Tuh* oder *Duh*, und die 5 ist ein *L* ohne Vokal. Deshalb klingt sein Bild für die Zahl 615 wie *Sche-tuh-L* und lautet damit Shuttle. Ausnahmslos jede dreistellige Zahl von 000 bis 999 ergibt für Paterson ein einzigartiges Bild, das diese Laute verkörpert. Für unsere spontane Aufgabe verwendete er neben dem Space Shuttle daher auch die folgenden Bilder:

392	3 = m, 9 = b, 2 = n	Embankment
611	6 = sh, 1 = t, 1 = t	Shootout (Schießerei)
333	3 = m, 3 = m, 3 = m	Eminem
517	5 = l, 1 = t, 7 = c	Lt. Columbo (im Englischen ist Columbo kein Inspektor, sondern Lieutenant)

Bei den Meisterschaften im Merken gesprochener Zahlen, die den Teilnehmenden im Tempo von einer Ziffer pro Sekunde vorgelesen werden, kann sich Paterson 74 Zahlen fehlerfrei einprägen und wiedergeben, und auch diese Technik will er mit viel Einsatz noch verbessern. (»Meine Frau bezeichnet sich als Gedächtnis-Witwe.«) Ohne Mnemotechniken reicht das Arbeitsgedächtnis der meisten Menschen nur für bis zu sieben Zahlen. Deshalb durften Telefonnummern lange nur maximal siebenstellig sein. Zum gegenwärtigen Zeitpunkt liegt der Weltrekord für gesprochene Ziffern (den die Psychologen als Gedächtnisspanne bezeichnen) bei 364 Stellen und wird von Johannes Mallow gehalten, einem Deutschen.

James gibt bereitwillig zu, dass die Mnemotechniken ihm anfangs nur das Studium erleichtern sollten. »Nicht das beste Motiv«, räumt er ein. Er arbeitete sich in die Methodik ein und nahm danach sein Studium nicht mehr sonderlich ernst, sondern spazierte in dem Wissen in die Prüfungen, dass er alle Namen, Daten und Fakten parat hatte.

Allerdings ging ihm bald auf, dass er damit noch lange nicht die Konzepte, Zusammenhänge und Grundprinzipien beherrschte. Er kannte die Namen aller Gipfel, aber weder die zugehörigen Gebirge noch die Täler und Flüsse oder die Pflanzen- und Tierwelt, also all das, was das komplette Bild des Wissens füllt.

Mnemotechniken werden mitunter als Gedächtnistricks abgetan und nicht als mächtige Werkzeuge angesehen, die das Lernen grundlegend ergänzen können, und in gewisser Weise stimmt das auch. Denn diese Techniken können die intellektuellen Fähigkeiten erst dann verbessern, wenn eine Person sich den neuen Stoff gründlich angeeignet hat. In dieser Form setzen die Bellerbys-Absolventen sie ein: Es sind mentale Schubladen, in die sie alles einsortieren, was sie gelernt haben, wobei die Kerngedanken jeder Schublade mit so lebhaften Hinweisreizen verknüpft sind, dass sie bei Bedarf bereitwillig ausfahren und die hier abgelegten Konzepte und Einzelheiten preisgeben.

Wenn der Pilot Matt Brown seine Stunden im Flugsimulator beschreibt, in denen er die verschiedenen Handbewegungen für potenzielle Notfälle einübt, spielt er konkrete Muster durch, die er sich für unterschiedliche Zwecke angeeignet hat, visuelle und manuelle Choreografien, in denen es auf die exakte und vollständige Beachtung der richtigen Instrumente und Schalter ankommt. Jede dieser Choreografien ist eine Mnemotechnik für ein Korrekturmanöver.

Karen Kim ist eine ausgezeichnete Violinistin. Als wir mit ihr sprachen, spielte sie im weltberühmten Parker Quartet die zweite Violine. Das Streicherensemble spielt einen Großteil seines Repertoires auswendig, was in der klassischen Musik eher selten ist. Die zweite Geige hat häufig eine begleitende Funktion, und um ihre Harmonien zu lernen, muss man sich das Thema der Hauptmelodie einprägen. »Im Kopf singst du die Melodie mit«, sagte Kim, »und wenn sie eine bestimmte Passage erreicht, weißt du, dass du die Harmonie ändern musst.«[27] In manchen Werken wie den Fugen, wo bis zu vier Themen zwischen den Stimmen hin und her gereicht werden, sind diese Harmonien ausgesprochen anspruchsvoll. »Während ich das zweite Thema spiele, spielt also jemand anders gerade das erste. Eine Fuge zu lernen, ist sehr schwierig. Ich muss die Parts aller anderen mitlernen. Dann erkenne ich Passagen wieder, die ich vorher zwar vielleicht theoretisch kannte, auf die ich jedoch nicht aktiv gelauscht hatte. Sich die Harmonien einzuprägen, trägt viel zur Kenntnis der Gesamtarchitektur des Stücks bei, zum großen Ganzen.« Wenn das Quartett ein neues Stück einübt, verbringen sie viel Zeit damit, die einzelnen Teile langsam und ohne Partitur durchzuspielen. Erst danach erhöhen sie langsam das Tempo. Das erinnert uns daran, wie Vince Dooley die verschiedenen Positionen des Georgia-Bulldogs-Football-Teams schrittweise zusammenführt, während sie ihre Spielweise gezielt auf den nächsten Samstagsgegner umstellen. Es erinnert auch daran, wie der Neurochirurg Mike Ebersold beim Untersuchen des Verletzten in der Notaufnahme methodisch durchspielt, womit er bei der bevorstehenden Gehirnoperation voraussichtlich gleich zu rechnen hat.

Eine Bewegungsabfolge als eine Art Choreografie zu betrachten oder eine komplexe Melodie so zu visualisieren, als würde sie wie ein Ball von einem Spieler zum nächsten weitergereicht, »das große Ganze sehen« – all das sind Mnemoreize für das Gedächtnis und die Ausführung.

Bei regelmäßigem Abruf können einem Menschen komplexe Themenbereiche zur zweiten Natur werden, sodass er die Mnemoreize nicht mehr benötigt: Konzepte wie die drei Newtonschen Gesetze verwandeln sich in mentale Modelle, die einer Art Kurzschrift gleichen. Durch wiederholten Einsatz enkodiert und bündelt das Gehirn komplette motorische und kognitive Abläufe in Form von Chunks – danach verlaufen Erinnerung und Anwendung so automatisch wie eine Gewohnheit.

Fazit

All dies läuft auf eine schlichte, aber entscheidende Erkenntnis hinaus: *Angestrengtes Lernen verändert das Gehirn,* stellt neue Verbindungen her und verbessert unsere Fähigkeiten. Die Tatsache, dass unsere intellektuellen Fähigkeiten nicht von Geburt an feststehen, sondern zu einem erheblichen Anteil unserem Einfluss unterliegen, ist eine klare Antwort auf die quälende Frage: »Warum soll ich mir das antun?« Wir strengen uns an, weil bereits diese Anstrengung die Grenzen unserer Fähigkeiten erweitert. Unser Einsatz formt unser künftiges Selbst und bestimmt, wozu wir in der Lage sind. Je mehr wir tun, desto mehr können wir tun. Wer sich diesem Prinzip verschreibt und davon profitiert, denkt stets entwicklungsorientiert beziehungsweise *dynamisch.*

Und so landen wir bei der schlichten Tatsache, dass der Weg zu Expertenwissen oder zum Ausnahmetalent nicht unbedingt auf einer Naturbegabung beruht, sondern praktisch immer mit reichlich Selbstdisziplin, Mut und Hartnäckigkeit einhergeht. Mit einer gesunden Portion dieser Eigenschaften kann vermutlich jeder zum Experten werden, der dies unbedingt will. Was auch immer Sie auswendig lernen wollen, ob das Gedicht für den runden Geburtstag der

Freundin, das Konzept der klassischen Konditionierung in der Psychologie oder die zweite Violinstimme in Haydns Fünfter Sinfonie, bewusst eingesetzte Mnemotechniken können dabei helfen, das Gelernte auf Anhieb abzurufen, bis regelmäßiges, aktives Üben und wiederholter Gebrauch dieses Können so tief enkodiert und im Unterbewusstsein verankert haben, wie es für Expertenleistungen typisch ist.

VIII.

Das merke ich mir!

Ganz gleich, was Sie sich vornehmen, wenn Sie in Ihrem Fach konkurrenzfähig werden und bleiben möchten, ist Lernfähigkeit der Schlüssel zum Erfolg.

In den bisherigen Kapiteln haben wir der Versuchung widerstanden, diverse Rezepte zu liefern, denn wir gehen davon aus, dass es für unsere Leser und Leserinnen am besten ist, wenn wir lediglich die zentralen Punkte aus der empirischen Forschung vorstellen und anhand von Beispielen sauber erläutern. So können Sie Ihre eigenen Schlüsse zur optimalen Anwendung ziehen. Unsere Testleser für diese Kapitel forderten allerdings ganz konkrete Ratschläge. Dieser Bitte kommen wir hier gern nach.

Wir beginnen mit Tipps für Schüler und Studenten, beginnend bei der Altersgruppe, die den mittleren Bildungsabschluss oder die Hochschulreife anstrebt, bis hin zum Masterstudium. Danach wenden wir uns an Menschen, die beruflich am Ball bleiben wollen, an Lehrende und an Trainer und Coaches. Die Grundprinzipien gelten für alle diese Gruppen, aber es gibt Unterschiede in Bezug auf Lernsituation, Lebensphase und Lehrmaterial.

Damit Sie sich besser vorstellen können, wie man diese Tipps umsetzt, erzählen wir dazu Geschichten von verschiedenen Menschen, die diese Strategien auf die eine oder andere Weise bereits für sich erprobt haben und damit sehr erfolgreich sind.

Lerntipps für Schule und Studium

Am erfolgreichsten sind diejenigen, die ihren Lernprozess selbst steuern und dabei diszipliniert eine klare Strategie verfolgen. Das hat Ihnen vielleicht nie jemand erklärt, aber es *geht,* und die Ergebnisse dürften so manchen angenehm überraschen.

Bitte beachten Sie, dass ernsthaftes Lernen häufig (oder eher üblicherweise) nicht problemlos abläuft. Es wird Enttäuschungen geben, aber die künden von Leistungsbereitschaft, nicht von Versagen. Rückschläge gehören dazu, wenn man weiterkommen will, doch intensives Bemühen zahlt sich aus. Wenn der Kopf raucht, beginnt der Umbau im Gehirn – so entstehen neue Verbindungen und mentale Modelle, und man wird Schritt für Schritt schlauer. Das hat weitreichende Folgen, denn wir können unsere intellektuellen Fähigkeiten dadurch in erheblichem Maße selbst beeinflussen. Und wenn man das weiß, lohnt sich plötzlich jede Mühe!

Die drei nachfolgenden Strategien sind für den Lernerfolg elementar. Gewöhnen Sie sich diese Methoden an, und reservieren Sie beim Lernen regelmäßig Zeit dafür.

Neuen Stoff aktiv aus dem Gedächtnis abrufen

Was bedeutet das? »Bewusstes Abrufen« heißt, sich selbst Fragen zu stellen. Kenntnisse und Fähigkeiten aus dem Gedächtnis abzurufen sollte nach Möglichkeit das nochmalige Lesen ersetzen.

So nutzt man aktives Abrufen als Lernmethode: Wenn Sie einen Text oder Ihre eigenen Notizen nachträglich durchlesen, sollten Sie immer wieder innehalten und sich Fragen stellen, ohne in den Text zu blicken, zum Beispiel: Was sind die Kernpunkte? Welche Begriffe oder Konzepte sind mir neu? Wie würde ich sie definieren? Wie passen die Konzepte zu dem, was ich schon weiß?

Viele Lehrbücher stellen am Ende eines Kapitels Fragen, anhand derer man gut überprüfen kann, ob man alles verstanden hat und selbst erklären kann. Aber es hilft auch, sich eigene Fragen zu überlegen und die Antworten schriftlich zu formulieren.

Reservieren Sie sich im gesamten Semester jede Woche etwas Zeit, um sich zum durchgenommenen Stoff eigene Fragen zu stellen, und beziehen Sie dabei auch immer wieder den Stoff der Vorwochen ein.

Bei eigenständigen Lernkontrollen müssen Sie stets die Antwort überprüfen, um sicherzugehen, dass Sie Ihren Wissensstand korrekt einschätzen.

Aktives Abrufen durch Fragen zeigt auch die Wissenslücken auf, an denen man noch konzentriert arbeiten sollte.

Je mühsamer es ist, den neuen Stoff aus dem Gedächtnis abzurufen, desto mehr profitieren Sie davon. Fehler sind dabei kein Problem, sofern Sie Ihre Antworten stets überprüfen und den Fehler richtigstellen.

Was die Intuition nahelegt: Eine bevorzugte Lernmethode ist das Unterstreichen und Hervorheben im Text, aber auch in Notizen und Schaubildern. Es kommt einem so vor, als würde man lernen, wenn man etwas wiederholt durchliest, bis Text und Terminologie gut verständlich erscheinen.

Warum aktives Abrufen besser ist: Sobald man einen Text ein- bis zweimal gelesen hat, ist Selbstbefragung weitaus wirkungsvoller für den Lernerfolg als nochmaliges Lesen. Wie kommt das? In Kapitel 2 haben wir dieses Phänomen genauer erläutert, und es gibt dazu einige zentrale Punkte.

Dass ein Text einem nach mehrmaligem Lesen gut verständlich erscheint, erzeugt die Illusion des Wissens, ist jedoch kein zuverlässiger Maßstab dafür, dass man den Stoff auch beherrscht. Geläufigkeit ist in doppelter Hinsicht gefährlich: Sie ist in Bezug auf das eigene Wissen irreführend, und sie nährt den Trugschluss, dass das Gelernte Ihnen bei Bedarf auch einfallen wird.

Wer sich hingegen zu den zentralen Aussagen und der Bedeutung der Fachbegriffe selbst befragt, konzentriert sich mehr auf die Grundsätze als auf Nebensächliches oder auf die Formulierung des Professors. Lernkontrollen vermitteln einen zuverlässigen Eindruck vom tatsächlichen Lernstand und dem, was noch fehlt. Hinzu kommt, dass Abfragen die Vergessenskurve stoppt. Vergessen liegt in der menschlichen Natur, und nur wer sich neu Gelerntes gezielt ins Gedächtnis ruft, kann es sich so merken, dass es bei Bedarf bereitsteht.

Wenn man neues Wissen und neue Fähigkeiten in regelmäßigen Abständen durch Selbsttests übt, stärkt dies nicht nur den Lernerfolg, sondern auch die Fähigkeit, das Neue mit altem Wissen zu verbinden.

Und wer über das gesamte Halbjahr oder Semester hinweg regelmäßig aktiv wiederholt, braucht am Ende weder zu büffeln, noch Nachtschichten einzulegen. So wird die Prüfungsvorbereitung nicht zur Mammutaufgabe, denn das Material am Vorabend noch einmal durchzugehen, ist natürlich viel einfacher, als es auf den letzten Drücker noch zu lernen.

Wie sich das anfühlt: Im Gegensatz zu mehrmaligem Lesen fühlen sich Selbstbefragungen mühsam und frustrierend an, besonders wenn das neue Thema noch nicht richtig sitzt. Das erscheint intuitiv weniger produktiv als nochmaliges Durchlesen des Mitschriebs und der hervorgehobenen Textpassagen. Doch wann immer Sie sich intensiv bemühen, einen Gedächtnisinhalt abzurufen, stärken Sie diese Erinnerung, auch wenn Sie das während des frustrierend zähen Lernens nicht spüren. Wenn man etwas noch einmal gründlich durcharbeitet, was einem zuvor nicht eingefallen ist, wird es sicherer im Gedächtnis verankert, als wenn man diese Mühe nicht auf sich genommen hätte. Der angestrengte Versuch, etwas abzurufen, sorgt dafür, dass diese Themen oder Fähigkeiten in Zukunft besser sitzen und leichter zugänglich sind.

Zeitlich versetztes Abrufen

Was bedeutet das? Zeitlich versetztes Abrufen bedeutet, dass man den Lernstoff mehrfach durchgeht, aber dazwischen einige Zeit verstreichen lässt.

So nutzt man zeitlich versetztes Abrufen als Lernmethode: Planen Sie regelmäßige Zeitpunkte ein, zu denen Sie sich zwischen den Unterrichtseinheiten selbst abfragen. Wie groß sollte der Abstand sein? Das hängt vom Stoff ab. Namen und Gesichter sollte man innerhalb weniger Minuten nach der ersten Begegnung wiederholen, weil solche Assoziationen schnell verloren gehen. Einen neuen Text müssen Sie möglicherweise schon innerhalb von circa 24 Stunden nach dem ersten Lesen erneut durchgehen. Danach kann er mehrere Tage oder eine Woche ruhen. Wenn Sie glauben, etwas Neues schon ziemlich gut zu beherrschen, sollten Sie sich einmal im Monat dazu testen. Im Verlauf des Halbjahrs oder Semesters lohnt es sich, beim Rückruf von neuem Stoff auch ältere Punkte erneut aufzugreifen. Fragen Sie sich, wie das frühere Wissen mit dem zusammenhängt, was Sie danach gelernt haben.

Wer Lernkarten verwendet, sollte auch die Karten, die mehrfach richtig beantwortet wurden, gelegentlich erneut durchgehen. Mischen Sie sie immer wieder unter, bis sie gut sitzen. Erst danach kommen die Karten in den Könnerstapel, doch auch diesen sollten Sie gelegentlich zur Hand nehmen, zum Beispiel einmal im Monat. Alles, was dauerhaft verfügbar bleiben soll, muss von Zeit zu Zeit abgerufen werden.

Eine andere Methode zeitversetzten Übens ist die abwechselnde Beschäftigung mit zwei oder mehr Themen. Das Umschalten zwischen den Themen verlangt, dass man das jeweilige Thema bei jeder Rückkehr kurz auffrischen muss.

Was die Intuition nahelegt: Intuitiv möchten wir uns längere Zeit ausschließlich mit nur einem Thema auseinandersetzen. Wir möchten etwas so lange üben, bis wir es beherrschen, weil wir glauben, dass man nur durch ständige Wiederholung (»Üben, üben, üben«) richtig gut wird. Diese Überzeugung ist aus zweierlei Gründen naheliegend und schwer auszurotten. Erstens beobachten wir immer wieder, dass unsere Leistung besser wird, wenn wir etwas andauernd wiederholen. Diese Wahrnehmung bestärkt uns in dieser Strategie. Und zweitens übersehen wir, dass die Verbesserung während des konzentrierten Wiederholens aus dem Kurzzeitgedächtnis stammt und schnell verpufft. Da wir nicht registrieren, wie schnell das Gewonnene zerrinnt, bleibt der Eindruck haften, dass Büffeln produktiv ist.

Zudem verschieben die meisten Schüler und Studenten aufgrund ihres (irrigen) Glaubens an die Paukerei das Wiederholen auf den Zeitraum kurz vor der Prüfung. Erst dann vertiefen sie sich intensiv in den Stoff, gehen ihn immer wieder durch und versuchen, sich alles ins Gehirn zu hämmern.

Warum zeitlich versetztes Üben besser ist: Dass man sich etwas durch stures Wiederholen merken kann, ist ein verbreiteter Irrtum. Viel Üben hilft – mit passenden Pausen dazwischen.

Wenn Sie beim Üben in erster Linie auf Selbsttests setzen und Ihre Lerneinheiten so ansetzen, dass seit der letzten

Einheit ein gewisses Vergessen einsetzen konnte, müssen Sie sich mehr anstrengen, um das bereits Gelernte zu rekonstruieren. Das ist sozusagen ein »Reload« aus dem Langzeitgedächtnis. Die Mühe, die es kostet, das Gelernte zu rekonstruieren, lässt dem Gehirn die Kernpunkte begehrenswerter und eingängiger erscheinen und verbindet sie fester mit anderem Wissen und neueren Inhalten. Das ist eine sehr wirkungsvolle Lernstrategie. (Wie und warum sie hilft, wurde in Kapitel 4 detailliert erläutert.)

Wie sich das anfühlt: Stures Wiederholen fühlt sich produktiver an als zeitlich versetztes Üben, aber das ist es nicht. Bei längeren Pausen kommt einem das Wiederholen schwieriger vor, weil die Verbindungen schon etwas eingerostet sind und der Abruf mühsamer erfolgt. Man hat das Gefühl, es nicht mehr richtig zu beherrschen, dabei geschieht in Wahrheit das Gegenteil: Wenn Sie Kenntnisse und Fähigkeiten aus dem Langzeitgedächtnis rekonstruieren, mag sich das zwar unangenehm anfühlen, aber Sie stärken sowohl Ihr Können als auch Ihr Gedächtnis.

Zwischen verschiedenen Problemstellungen umschalten

Was bedeutet das? Gesetzt den Fall, Sie möchten mathematische Formeln lernen, so sollten Sie sich mehrere Formeln auf einmal vornehmen, sodass Sie zwischen verschiedenen Aufgabenstellungen mit verschiedenen Lösungsansätzen wechseln müssen. Auch beim Unterscheiden biologischer Arten, holländischer Maler oder der Prinzipien der Makroökonomie sollten Sie die Beispiele mischen.

So nutzt man Themenwechsel als Lernmethode: Viele Lehrbücher sind thematisch in Themenblöcke gegliedert: Sie präsentieren die Herangehensweise für eine bestimmte Problemstellung (beispielsweise die Berechnung eines Rotationsellipsoids) und liefern diverse Übungsaufgaben, die zu lösen sind, ehe die nächste Problemstellung angegangen wird (einen Kegel berechnen). Blockweise zu üben, ist jedoch weniger wirkungsvoll als regelmäßiges Umdenken, deshalb sollte man lieber folgendermaßen vorgehen:

Strukturieren Sie die Vorgehensweise so, dass Sie eine neue Problemstellung und deren Lösungsansatz ab dem Punkt, wo Sie diese einigermaßen verstehen, aber noch nicht richtig beherrschen, erst einmal hintanstellen und mit einer anderen Aufgabe weitermachen. So üben Sie die unterschiedlichen Problemarten abwechselnd und wiederholen jedes Mal den passenden Lösungsweg.

Sobald Sie merken, dass Sie bei einem Thema oder bei Ihrem Tun in stures Wiederholen verfallen, sorgen Sie für Abwechslung: Üben Sie zwischendurch andere Themenfelder, um ständig auch die Fähigkeit zu schulen, das jeweilige Problem zu erkennen und die passende Lösung auszuwählen.

Um auf ein Sportbeispiel aus Kapitel 4 zurückzukommen: Ein Baseballspieler, der erst 15 Fast-Bälle annimmt, dann 15 Curvebälle und dann 15 Change-ups, hat im Training zwar mehr Erfolgserlebnisse als ein Spieler, der nie weiß, was kommt, aber der Spieler, der ständig mit allem rechnen muss, schult seine Fähigkeit, jeden Wurf zu beurteilen und passend zu reagieren. So wird er insgesamt der bessere Schlagmann.

Was die Intuition nahelegt: Die meisten üben am liebsten viele gleichartige oder sehr ähnliche Aufgaben. Sie möchten erst die eine Sorte »im Schlaf beherrschen«, ehe sie die nächste angehen.

Warum Themenwechsel besser ist: Aufgabenstellungen und Beispiele zu mischen verbessert die Fähigkeit, verschiedene Aufgabentypen zu unterscheiden und Gemeinsamkeiten zu erkennen. Das erhöht die Erfolgsaussichten bei einem späteren Test oder unter Realbedingungen, wo man erst einmal das Problem durchschauen muss, ehe man die passende Lösung wählt. (Dieses Thema beleuchten wir in Kapitel 3 genauer.)

Wie sich das anfühlt: Themenblöcke abzuarbeiten – indem man ein bestimmtes Problem so lange übt, bis es sitzt, und dann zum nächsten Thema übergeht –, fühlt sich so an (und sieht nach außen hin so aus!), als würde man erkennbare Fortschritte machen. Umgekehrt fühlt es sich irritierend und kontraproduktiv an, wenn man das Lernen an einem Thema unterbricht, um zwischendurch etwas anderes zu tun. Obwohl beim Umschalten zwischen unterschiedlichen Aspekten und Themen mehr herauskommt, fühlt sich das blockweise Üben subjektiv produktiver an. Vielleicht ergeht es Ihnen auch so, doch Sie wissen jetzt, dass dieser Glaube aus wissenschaftlicher Sicht einer Illusion entspringt.

Weitere wirksame Lernstrategien

Elaboration verbessert die Beherrschung von neuem Stoff und vervielfacht die verfügbaren Anknüpfungspunkte für den späteren Abruf und Einsatz (siehe Kapitel 4).

Was ist das? Elaboration ist ein Prozess, bei dem man neuem Material zusätzliche Bedeutung zuweist.

Zum Beispiel: Sie könnten beispielsweise das neue Material mit dem verbinden, was Sie bereits wissen, es einem Lernpartner in eigenen Worten erklären oder ihm erklären, wie es auf das normale Leben übertragbar ist.

Dem neuen Lernstoff eine passende Metapher oder ein Bild zuzuweisen ist ebenfalls Elaboration und sehr hilfreich. Um also die physikalischen Prinzipien des Drehimpulses besser zu begreifen, könnten Sie sich vorstellen, wie eine Rollkunstläuferin sich schneller dreht, sobald sie die Arme an den Körper zieht. Geht es um die Wärmeübertragung, so hilft die Vorstellung, wie man sich an einer heißen Tasse Kakao die Hände wärmt. Und wie die Sonne sich im Winter im Wohnzimmer sammelt, erklärt wunderbar das Prinzip der Strahlung. Bei Konvektion denken wir an die lebensrettende Luft aus der Klimaanlage in den malerischen, aber drückend heißen Gassen von Atlanta. Bei der Erklärung der Atomstruktur kann der Lehrer einen Vergleich mit dem Sonnensystem anstellen – die Sonne als Atomkern, um den die Elektronen wie Planeten herumschwirren. Je besser Sie aktiv herausarbeiten, wie das frisch Gelernte mit vorhandenem Wissen zusammenhängt, desto mehr Querverbindungen entstehen und desto besser sitzt der neue Stoff.

Ab Seite 309 schildern wir, wie die Biologieprofessorin Mary Pat Wenderoth ihre Kursteilnehmer zum Elaborieren zwingt, indem sie die Erstellung großer Schaubilder einfordert. Wer bei ihr studiert, muss auf jeweils einem Blatt die diversen biologischen Systeme darstellen, die in der jeweiligen Woche behandelt wurden, und dabei grafisch und durch Stichworte die wechselseitigen Bezüge veranschaulichen. Eine derartige Elaboration gibt dem Stoff weitere Bedeutungsschichten und fördert das konzeptuelle und strukturelle Lernen. Falls Sie nicht das Glück haben, bei Wenderoth zu studieren, können Sie sich diese Strategie ruhig abgucken.

Generierung macht das Gehirn aufnahmefähiger für neue Inhalte.

Was ist das? Generierung ist der Versuch, eine Frage zu beantworten oder ein Problem zu lösen, ohne die korrekte Antwort oder den Lösungsweg zu kennen.

Zum Beispiel: Schon das Einsetzen eines fehlenden Worts in einen Text (bei dem man das Wort selbst generieren muss, weil es nicht schon dasteht) führt dazu, dass der Text besser verstanden wird und sich besser einprägt, als wenn man einen fertigen Text einfach durchliest.

Viele Menschen sind der Ansicht, dass eigenes Experimentieren sie am weitesten bringt – sie erarbeiten sich ihr Wissen lieber selbst, als etwas zu lesen oder einem Vortrag zu lauschen. Experimentieren ist eine Form der Generierung: Sie wollen eine Aufgabe lösen, stehen vor einem Problem und greifen auf das vorhandene Wissen und die eigene Kreativität zurück, um weiterzukommen. Bei Bedarf kann man an diesem Punkt Experten hinzuziehen und Handbücher oder das Internet durchstöbern. Wer sich mutig ins Unbekannte vorwagt und eigene Lösungen findet, wird mit höherer Wahrscheinlichkeit dazulernen und sich an die Lösung dann auch erinnern, als wenn sie einem jemand beibringt. Die preisgekrönte Gärtnerin und Autorin Bonnie Blodgett aus Kapitel 4 ist ein gutes Beispiel für diese Lernmethode.

Beim Durchgehen von neuem Stoff können Sie Generierung einsetzen, indem Sie vorab überlegen, welche Kernpunkte voraussichtlich behandelt werden und in welchem Bezug diese zu Ihrem bisherigen Wissen stehen dürften. Erst danach lesen Sie die Texte und finden heraus, ob Sie richtig lagen. Nachdem Sie am Anfang selbst aktiv waren, wird es Ihnen leichterfallen, das Wesentliche herauszufiltern und die Relevanz richtig einzuschätzen, wobei beide Faktoren von Ihren Erwartungen abweichen könnten.

Wenn es in Naturwissenschaften oder Mathematik um verschiedene Lösungsansätze für unterschiedliche Problemstellungen geht, können Sie versuchen, vor dem Unterricht eigene Lösungen zu finden. Am Institut für Physik der Washington University in St. Louis wird dies den Studierenden inzwischen abverlangt. Manche protestieren gegen diese Vorgabe und sind der Ansicht, es sei die Aufgabe der Professoren, ihnen die Lösung zu zeigen, doch die Universität hat verstanden, dass der Lernerfolg besser ist, wenn man sich vorab mit dem Thema auseinandergesetzt hat.

Reflexion kombiniert Selbstbefragung und Elaboration. Das ergänzt den Lernprozess um zusätzliche Elemente und stärkt die Ausführung.

Was ist das? Reflexion bedeutet, dass man ein paar Minuten bewusst überlegt, was in einer Unterrichts- oder Übungsstunde eigentlich behandelt wurde, und sich selbst Fragen dazu stellt. Was ist gut gelaufen? Was hätte besser sein können? An welches andere Wissen oder welche Erfahrungen erinnert mich das? Was sollte ich noch lernen, um besser zu werden, oder mit welchen Strategien könnte ich nächstes Mal bessere Ergebnisse erzielen?

Zum Beispiel: Die Biologin Mary Pat Wenderoth gibt ihren Studierenden jede Woche bestimmte »Lernabschnitte« auf, anhand derer sie überlegen sollen, was sie in der Vorwoche gelernt haben und wie sie diese Lerninhalte auf das Leben außerhalb des Unterrichts übertragen könnten. Diese Lernstrategie kann jeder und jede eigenständig umsetzen, denn sie ist deutlich fruchtbarer, als stundenlang Folien oder Mitschriebe ins eigene Heft zu übertragen.

Kalibrierung bedeutet, dass man die eigene Einschätzung über das, was man weiß und nicht weiß, mit objektivem Feedback abgleicht. So geht man weniger leicht der Illusion auf den Leim, ein Thema zu beherrschen, die vielen Schülern und Studenten bei der Prüfung einen Strich durch die Rechnung macht.

Was ist das? Alle Menschen können diversen kognitiven Illusionen erliegen, wie sie teilweise in Kapitel 5 dargestellt wurden. Dass wir glauben, ein Thema zu beherrschen, nur weil wir einen Text darüber problemlos lesen können, ist nur eines von vielen Beispielen. Zum Kalibrieren benötigen Sie ein objektives Instrument, das mit Illusionen aufräumt und die Selbsteinschätzung besser an die Realität anpasst. So können Sie sicher sein, dass Ihre Einschätzung dessen, was Sie wissen und können, korrekt ist.

Zum Beispiel: Piloten überprüfen anhand ihrer Cockpitinstrumente, ob ihre Wahrnehmungen sie in Bezug auf wichtige Faktoren (zum Beispiel die Flughöhe) womöglich täuschen. In Schule und Studium vermitteln Quizfragen und Übungstests ein realistisches Bild vom eigenen Wissen. Wir betonen ausdrücklich, wie wichtig es ist, solche selbst gestellten Fragen auch wirklich zu beantworten. Denn häufig wirft man lediglich einen Blick auf so eine Lernkontrolle, denkt: »Ja, das weiß ich«, und geht zum nächsten Punkt über, ohne sich die Mühe zu machen, die Antwort auch hinzuschreiben. Wenn Sie keine Antwort erstellen, geben Sie sich möglicherweise der Illusion des Wissens hin, obwohl es Ihnen in Wahrheit schwerfallen würde, eine korrekte oder vollständige Antwort zu produzieren. Betrachten Sie Testfragen bitte als Ernstfall, überprüfen Sie Ihre Antworten und nehmen Sie sich danach das vor, was noch nicht sicher sitzt.

Mnemotechniken sind Abrufhilfen, mit denen Sie auf das Gelernte zugreifen und sich beliebige Informationen einprägen können (siehe Kapitel 7).

Was ist das? Die Silbe »mnemo« geht auf das griechische Wort für Gedächtnis zurück. Mnemotechniken sind wie Aktenschränke im Gehirn. Sie tragen dazu bei, Informationen gut geordnet zu speichern und bei Bedarf wiederzufinden.

Zum Beispiel: Bei der Reihenfolge der Himmelsrichtungen auf der Nordhalbkugel führt der Spruch »**N**ie **o**hne **S**eife **w**aschen« im Uhrzeigersinn vom **N**orden über **O**sten und **S**üden nach **W**esten. Mark Twain nutzte Mnemotechniken, um seinen Kindern die Abfolge der Könige und Königinnen von England beizubringen, indem er die Länge der jeweiligen Herrschaft anhand von Pflöcken entlang der gewundenen Straße über sein Grundstück absteckte, den Weg mit den Kindern abschritt und ihnen passende Geschichten dazu erzählte. Die Psychologiestudenten am Bellerbys College in Oxford verwenden die Mnemotechnik Gedächtnispalast, um ihren Lernstoff zu organisieren und in den Essays für ihre A-Level-Examen gut abzuschneiden. Mnemotechniken sind keine Lernhilfen im engeren Sinne, sondern erzeugen mentale Strukturen, die den Abruf des gelernten Stoffs erleichtern.

Zwei Beispiele von Studenten, die mit solchen Strategien in ihren Kursen Spitzenplätze errungen haben, sollten dies verdeutlichen.

Michael Young, Medizinstudent

Michael Young ist ein ehrgeiziger Medizinstudent im vierten Studienjahr an der Georgia Regents University, der sich durch eine Umstellung seiner Lerntechniken von ganz unten hochgearbeitet hat.

Als Young an die Universität kam, hatte er nicht die üblichen Vorbereitungskurse für Mediziner besucht. Alle seine

Kommilitonen besaßen Hintergrundwissen in Biochemie, Pharmakologie und dergleichen. Ein Medizinstudium ist ohnehin sehr schwer, doch Young fehlten in vieler Hinsicht die Grundlagen.

Wie groß seine Lücken waren, zeigte sich ziemlich prompt. Obwohl er jede freie Minute büffelte, erzielte er im ersten Examen nur klägliche 65 von 100 Punkten. »Das war wie ein Tritt in den Hintern«, räumt er ehrlich ein. »Ich war fassungslos. Es war wirklich unglaublich schwer. Mit dem Unterricht, den ich zuvor gehabt hatte, hatte dieses Studium rein gar nichts mehr zu tun. Ich meine, man kommt in die Vorlesung, und im Laufe des Tages werden locker 400 Folien präsentiert, gespickt mit Informationen.«[1] Noch mehr Lernzeit stand nicht zur Verfügung, deshalb musste Young effektivere Lernmethoden finden.

Dazu las er empirische Studien zur Lernforschung und entdeckte fasziniert den Testing-Effekt. An diesem Punkt wandte er sich an uns: Per E-Mail fragte er bei uns an, wie sich die Methode zeitlich versetzter Abrufübungen im Medizinstudium umsetzen ließe. Rückblickend sagt Young über diese stressige Zeit: »Ich wollte nicht einfach einen Tipp, wie ich lernen sollte. Tipps kann jeder geben. Ich suchte handfeste Daten, belegbare Ergebnisse zu diesem Thema.«

Sie fragen sich nun vielleicht, wie er ohne diese Vorbereitungskurse ein Medizinstudium aufnehmen konnte. Young hatte bereits einen Master in Psychologie und praktische Erfahrung in seinem Fach. Zuletzt hatte er Drogenabhängige beraten. Dabei arbeitete er mit vielen Ärzten zusammen und fragte sich allmählich, ob er in der Medizin nicht besser aufgehoben wäre. Hatte er seinen Beruf verfehlt? »Ich hielt mich nicht für sonderlich intelligent, aber ich wollte mehr aus meinem Leben machen, und der Gedanke ließ mich nicht mehr los.« Irgendwann marschierte er in die biologische Fakultät seiner Universität, der Columbus State in Georgia, und erkundigte sich, mit welchen Kursen er Medizin studieren könne. Seine Ansprechpartner lachten nur. »Sie sagten: ›Niemand von dieser Uni wird Arzt. Medizin studieren Absolventen der University of Georgia oder der Georgia Tech. Von uns hat seit zehn Jahren niemand ein Medizinstudium aufgenommen.‹« Doch Young ließ sich nicht abschrecken und belegte einige Kurse. Die Vorgaben für Biologie waren an der Columbus State allerdings nur über einen Angelkurs zu erfüllen. Das war sein Biologiekurs. Nach einem Jahr hatte er alles absolviert, was vor Ort an Hintergrundwissen zu haben war, paukte einen Monat lang für den Medizinertest und schnitt gerade so gut genug ab. Damit schrieb er sich an der Georgia Regents ein.

Dann jedoch stellte er fest, dass er noch lange nicht über den Berg war. Das erste Examen zeigte nur allzu deutlich, welch steiler Weg noch vor ihm lag. Um diesen Berg also zu erklimmen, musste er seine Lernstrategien ändern. An welchen Schrauben drehte er? Lassen wir es Young selbst erklären:

Ich hatte immer viel gelesen, aber mehr verstand ich nicht vom Lernen. Also las ich die Texte durch, ohne zu wissen, was ich noch damit anstellen könnte. Wenn ich später feststellte, dass die Inhalte nicht hängengeblieben waren, war ich ratlos. Als ich die Studien [zum Lernen] las, ging mir auf, dass man Informationen nicht nur passiv aufnehmen sollte.

Es ging in erster Linie um die Frage, wie man Informationen aus dem Gedächtnis abruft, denn das ist bei der Prüfung nun einmal erforderlich. Wenn das beim Lernen nicht gelingt, bist du auch beim Examen nicht dazu in der Lage.

Auf diese Erkenntnis achtete er künftig beim Lernen. »Ich hielt inne. ›Hm, was habe ich da eben gelesen? Worum geht es hier?‹ Dann musste ich darüber nachdenken. ›Also, ich glaube, das geht so: Das Enzym macht erst dies und dann das.‹ Und dann kehrte ich zum Text zurück und überprüfte, ob ich die Passage richtig verstanden hatte.«

Diese Umstellung erfolgte nicht automatisch. »Erst einmal kommt einem das irritierend vor. Wenn du innehältst, das Gelesene noch einmal rekapitulierst und dir selbst Fragen dazu stellst, dauert das einfach deutlich länger. Wenn dann nächste Woche ein Test ansteht und noch so viel zu lernen ist, macht diese Verzögerung einen ganz schön nervös.« Doch die einzige Methode, mit der er seiner Erfahrung nach mehr Stoff bewältigen konnte – sein gewohntes, wiederholtes, stundenlanges Lesen –, brachte nicht das gewünschte Ergebnis. Also nahm er sich vor, dieses mühsamere Lernen mit Selbstbefragung wenigstens so lange beizubehalten, bis er sah, ob es sich auszahlte. »Dazu muss man auf den Prozess vertrauen, und dieses Vertrauen war für mich wirklich die größte Hürde. Doch am Ende bewährte sich mein Vorgehen richtig gut.«

Richtig gut! Zu Beginn des zweiten Studienjahrs war Young nicht mehr unter den Schlusslichtern seiner

200 Kommilitonen, sondern gehörte zu den Jahrgangsbesten, was auch so blieb.

Er berichtete uns, wie er die Grundprinzipien des zeitversetzten Abfragens und der Elaboration auf das Medizinstudium übertrug, wo er nicht nur enorme Stoffmengen lernen, sondern auch komplexe Systeme samt ihren Wechselbeziehungen zu anderen Systemen durchschauen musste. Seine Kommentare sind aufschlussreich.

Entscheiden, was wichtig ist: »Bei 400 Folien zu einer Vorlesung hat man keine Zeit, sich jedes Detail einzuprägen. Man muss sich entscheiden: ›Das hier ist wichtig und das hier nicht so wichtig.‹ Im Medizinstudium geht es auch darum, sich seine Zeit gut einzuteilen.«

Die Fragen tatsächlich beantworten: »Wenn du etwas noch einmal durchgehst, anstatt es nur erneut durchzulesen, willst du erkennen, ob du den Stoff wirklich beherrschst. Weiß ich wirklich, worum es hier geht? Mit solchen Fragen fängst du an. Und wenn es dir dann nicht einfällt, nimmst du dir das Thema noch einmal vor und wiederholst danach den Selbsttest.«

Die richtigen Abstände: »Mir war bewusst, dass zeitlich versetztes Üben hilft, und ich wusste, je länger man zwischen den Lernkontrollen wartet, desto besser für das Gedächtnis. Aber man muss auch einbeziehen, wie erfolgreich man bei dem Abrufversuch sein wird. Will man sich beispielsweise lange Enzymnamen und die einzelnen Schritte, an denen diese beteiligt sind, einprägen, so muss man vielleicht nach zehn Schritten pro Enzym kurz Pause machen und überlegen: Weiß ich noch, welche zehn Schritte das sind? Nachdem ich die passende Strategie für die Länge des zeitlichen Abstands gefunden hatte und sich der Erfolg stabilisierte, wurde es einfacher, so weiterzumachen. Denn jetzt vertraute ich dem Prozess und war voller Zuversicht.«

Langsamer werden, um die Bedeutung zu erfassen: Young bremste auch sein Lesetempo, indem er zwischendurch über die Bedeutung des neuen Stoffs nachdachte und Elaborationstechniken einsetzte, um alles besser zu verstehen und im Gedächtnis zu verankern. »Wenn ich lediglich lese, dass Dopamin in der Area tegmentalis ventralis freigesetzt wird, hat das noch keine Bedeutung.« Es geht darum, Wörter nicht »einfach durch das Gehirn zu schieben«. Um also die Aussage zum Dopamin besser zu verstehen, arbeitete er sich tiefer ein, identifizierte die zugehörige Struktur im Gehirn und sah sich Aufnahmen davon an, bis er innerlich eine klare Vorstellung davon hatte. »Eine derartige Visualisierung – wie sieht das aus und wo liegt es [anatomisch] – ist für mich eine gute Gedächtnisstütze.« Young sagt, er habe nicht ausreichend Zeit, um zu jedem Thema alles zu lernen, doch wenn er innehalte, um dem Stoff Bedeutung zu verleihen, könne er sich das Wichtige besser merken.

Weder seine Professoren noch seine Kommilitonen haben seine beeindruckenden Leistungen übersehen. Inzwischen arbeitet er als Tutor für Studierende, die sich schwertun, eine Ehre, die nur wenigen zuteilwird. So konnte er seine Techniken weitergeben und auch anderen zu besseren Noten verhelfen.

»Das Interesse der anderen fasziniert mich. Ich habe allen meinen Freunden erklärt, wie ich beim Lernen vorgehe, und jetzt sind auch sie mit Feuereifer dabei. Die Leute wollen wissen, wie man lernt.«

Timothy Fellows, Erstsemester Psychologie

Stephen Madigan ist Professor an der University of Southern California. Er staunte über die Leistungen eines Studenten im Seminar Einführung in die Psychologie. »Der Kurs ist schwer«, sagt Madigan. »Ich verwende das schwerste Lehrbuch und bombardiere meine Studierenden mit Material. Nach drei Vierteln des Kurses fiel mir dieser Timothy Fellows auf, der grundsätzlich 90 bis 95 Prozent der Punkte erreichte, ob bei schriftlichen Prüfungen, Studienarbeiten, kurzen Testfragen oder Multiple-Choice-Tests. Das sind exzellente Noten. So gute Studenten – also, das ist definitiv die Ausnahme. Also nahm ich ihn irgendwann beiseite und sagte: ›Möchten Sie mir verraten, wie Sie lernen?‹«[2]

Das war im Jahr 2005. Madigan kannte Fellows nur aus seinem Unterricht, sah ihn aber auf dem Campus und beim Football, wusste also, dass der Mann nicht pausenlos lernte. »Psychologie war nicht sein Hauptfach, aber doch eines, das ihm wichtig war, und er brachte sich einfach intensiv ein.« Noch immer besitzt Madigan die Liste der Lernmethoden, die Fellows ihm skizzierte, und bis heute weist er Studienanfänger auf diese Techniken hin.

Zu den wichtigsten Punkten zählte:

- Fellows liest stets vor der Vorlesung seinen Stoff.
- Beim Lesen legt er sich Testfragen und passende Antworten zurecht.
- Während der Vorlesung beantwortet er im Kopf rhetorische Fragen, um zu prüfen, ob er noch weiß, was er gelesen hat.
- Geht Lernhilfen durch, pickt Begriffe heraus, an die er sich nicht mehr erinnert oder die er nicht kennt, und lernt diese nach.
- Schreibt fett gedruckte Begriffe und ihre Definition in ein separates Heft und achtet darauf, dass er sie versteht.
- Absolviert den Online-Übungstest seines Professors, erkennt daran, was er noch nicht beherrscht, und lernt gezielt diese Themen.
- Verarbeitet die Kursinformation zu einem selbst gestalteten Kursheft.
- Skizziert Konzepte, die detailreich oder wichtig sind, hängt sie über sein Bett und testet sich hin und wieder dazu.
- Lernt und wiederholt Inhalte über den gesamten Kursverlauf hinweg.

Fellows' Lerntechniken sind ein gutes Beispiel dafür, wie man sinnvoll vorgeht und dranbleibt, damit das Gelernte zum Zeitpunkt der Prüfung fest verankert ist.

Tipps für lebenslanges Lernen

Die zuvor fürs Studium vorgestellten Lernstrategien helfen in jedem Alter. Allerdings ging es dabei um formell vermittelten Lehrstoff. Dieselben Prinzipien lassen sich beim lebenslangen Lernen auch in weniger strukturierten Szenarien umsetzen.

In gewisser Hinsicht lernen wir alle natürlich unser Leben lang. Von Geburt an erforschen wir unsere Welt, experimentieren, machen Fehler und werden mit diversen Herausforderungen konfrontiert, bei denen wir uns ins Gedächtnis rufen müssen, was wir letztes Mal unter ähnlichen Umständen getan haben. Das bedeutet, dass die in diesem Buch vorgestellten Methoden (Generierung, zeitversetztes Üben und so weiter) zwar kontraintuitiv erscheinen, aber unserem Wesen entsprechen. Deshalb überrascht es kaum, dass viele Menschen längst erkannt haben, wie gut sie sowohl die persönliche als auch die berufliche Entwicklung unterstützen.

Aktives Abrufen

Nathaniel Fuller ist Schauspieler am Guthrie Theater in Minneapolis. Wir wurden auf ihn aufmerksam, als Guthries renommierter Regisseur, Joe Dowling, der von unserer Arbeit gehört hatte, spontan vorschlug, mit Fuller zu reden. Fuller ist in der Lage, sich seine Sprechparts und Bewegungen für eine Rolle, für die er als Zweitbesetzung vorgesehen ist, so perfekt einzuprägen, dass er im letzten Moment auf die Bühne gehen kann und mit großem Erfolg seinen Auftritt absolviert, obwohl er seine Rolle nie auf normale Weise gelernt und geprobt hat.

Auf der Bühne ist Fuller ein absoluter Profi, der seine Techniken für das Erlernen einer Rolle über viele Jahre verfeinert hat. Häufig bekommt er eine Hauptrolle, mitunter aber auch Nebenrollen in einem Stück, wo er nebenbei die Hauptrolle als Zweitbesetzung mitlernt. Wie macht er das?

Wenn Fuller ein neues Skript bekommt, packt er es in einen Ordner, geht es durch und markiert alle seine Textzeilen. »Ich überlege mir, wie viel ich lernen muss. Dann schätze ich ab, wie viel ich an einem Tag schaffe, und sehe zu, dass ich früh genug anfange, um es zu schaffen.«[3] Dank der Hervorhebungen findet er auf Anhieb alles, was er sprechen muss, und durchschaut die Struktur des Stücks. Deshalb ist Markieren in diesem Fall etwas Anderes als bei Lehrbuchtexten, wo man sich lediglich das anstreicht, was man noch einmal lesen will. »Man entwickelt ein Gefühl für die komplette Linie und für das Hin und Her.«

Zusätzlich setzt Fuller verschiedene Übungsansätze ein. Zuerst nimmt er ein unbeschriebenes Blatt Papier und deckt damit eine Seite des Skripts ab. Er zieht sie abwärts und spricht dabei im Stillen die Zeilen der Schauspieler mit, die mit ihm auftreten, weil diese Zeilen den Hinweisreiz auf seine Parts liefern und die Emotionen der anderen von seiner eigenen Rolle gespiegelt werden. Sein eigener Text bleibt jeweils abgedeckt, und er versucht, ihn aus dem Gedächtnis aufzusagen. Danach prüft er, ob er es richtig gemacht hat. Wenn eine Zeile falsch war, deckt er sie wieder zu und spricht sie noch einmal. Erst nachdem er sie richtig gesprochen hat, nimmt er sich die nächste Passage vor.

»Die Hälfte der Arbeit ist nicht, den Text zu lernen, sondern zu wissen, wann er kommt. Ich bin keineswegs ein Gedächtniskünstler, aber meiner Erfahrung nach kommt es darauf an, dass ich mich bemühen muss, meinen Text zu sagen, ohne zuvor noch einmal hinzusehen. Ich brauche diese Anstrengung, damit ich es mir gut merken kann. Ich arbeite wie verrückt. Wenn ich das Gefühl habe, dass es schlechter läuft, höre ich auf. Am nächsten Tag mache ich an dieser Stelle weiter, und meistens fällt es mir nicht ein. An diesem Punkt geraten viele Freunde von mir in Panik. Ich hingegen vertraue darauf, dass der Text in meinem Kopf steckt und nächstes Mal etwas leichter abrufbar sein wird. Dann nehme ich mir die nächste Passage vor und so weiter, bis zum Ende.«

Während er sich so durch das Skript arbeitet und kontinuierlich von bereits bekannten Seiten und Szenen zu neuerem Text vorrückt, nimmt das Stück für ihn Gestalt an, wie wenn sich Fäden zu einem großen Wandbehang verknüpfen, denn jede Szene bekommt durch das, was zuvor geschehen ist, Bedeutung und spinnt ihrerseits die Handlung weiter. Sobald er am Ende ankommt, übt er rückwärts und kehrt von der weniger bekannten Schlussszene wieder zu dem zurück, was davor war und vertrauter erscheint, um dann erneut die Schlussszene durchzugehen. Dann geht er zu dem Teil, der diesen beiden Szenen vorausging und übt von da aus bis zum Ende. So arbeitet er sich schrittweise rückwärts durch das Stück, ganz bis zum Anfang zurück.

Dieses Vorwärts- und Rückwärtsarbeiten hilft ihm, weniger vertraute Passagen mit besser beherrschten zu verknüpfen, und vertieft zugleich seine Beherrschung des Stücks insgesamt.

Textzeilen lernt man visuell (so wie sie im Skript stehen), doch Fuller zufolge geht es hierbei auch um eine körperliche Komponente, eine muskuläre. Das bedeutet, er spricht die Zeilen im Einklang mit der Rolle und ihren Emotionen. Fuller untersucht die Sprache des jeweiligen Stücks, die Wortwahl und die sprachliche Gestaltung auf ihre Bedeutung. Er arbeitet heraus, wie seine Figur sich verhält, wie er sich auf der Bühne bewegen muss, welche Mimik damit verbunden ist, also lauter Facetten, welche in einer Szene die passenden Emotionen ausdrücken. Diese Formen der Elaboration helfen ihm, emotionalen Zugang zu der Rolle zu finden und eine tiefere Verbindung zu der Figur aufzubauen.

An diesem Punkt beginnt er anders zu üben. Anstatt das Skript nachzusprechen, spricht er jetzt den gesamten Text der anderen Schauspieler des Stücks in ein handgroßes Aufnahmegerät, und zwar so »rollengetreu«, wie es ihm möglich ist. Dieses Gerät behält er in der Hand. Die Bedienung kennen seine Finger auswendig. Der Daumen drückt auf »Play«, Fuller hört den Text der anderen, dann sein Stichwort. Hier drückt der Daumen auf Pause, und er spricht seinen eigenen Text aus dem Gedächtnis. Wenn er sich nicht absolut sicher ist, liest er noch einmal nach, spielt die Passage bei Bedarf wieder ab, spricht erneut seinen Text und fährt dann fort.

Als Zweitbesetzung übt Fuller seine Rolle zu Hause, noch

bevor Regisseur und Besetzung die verschiedenen Szenen ausgetüftelt haben und wissen, wie sich die Schauspieler in Bezug zueinander und zur Bühne bewegen. Bis dahin dient ihm sein Wohnzimmer als Probenraum, und er malt sich aus, was auf der Bühne geschehen könnte. Während er Szenen mit seinem Rekorder durchgeht, den Text der anderen hört und seinen eigenen spricht, stellt er sich alles genau vor und reagiert mit dem ganzen Körper auf die möglichen Requisiten. Wenn der Schauspieler, für den er die Zweitbesetzung ist, dann probt, schaut Fuller vom Hintergrund des Saals aus zu und führt dort dieselben Bewegungen aus wie die anderen auf der Bühne. Später übt er dann zu Hause weiter und baut im Wohnzimmer eine Ersatzbühne auf, denn jetzt stehen die Abläufe fest.

Fullers Lernprozess verbindet nahtlos diverse wünschenswerte Erschwernisse: bewusstes Abrufen, zeitlich versetztes Üben, Themenwechsel, Generierung (das Innenleben seiner Figur, ihre Bewegungen, Motive und Eigenheiten) sowie Elaboration. Mithilfe dieser Techniken lernt er die Rolle und die diversen Bedeutungsebenen, die einem Stück Leben einhauchen.

Generierung

2013 veröffentlichte John McPhee im *New Yorker* einen Artikel über seine Schreibblockade. Damals war McPhee 82 Jahre alt und schrieb von hoher Warte aus, denn er hatte in seiner glänzenden Karriere viele Preise erhalten und galt als Pionier kreativer Sachbücher. Eine Schreibblockade ist die schier unüberwindliche Hürde, die ein Autor irgendwie überwinden muss, um sein Thema ernsthaft zu bearbeiten. Wie jede andere Kunst ist auch das Schreiben ein iterativer Prozess, bei dem jemand auf eine schöpferische Entdeckungsreise geht. Viele Möchtegern-Autoren scheitern daran, dass sie denken, erst dann in ein Thema eintauchen zu können, wenn ihnen ganz klar ist, was sie ausdrücken wollen. McPhee hat hierfür eine einfache Lösung: Er schreibt einen Brief an seine Mutter. Er erzählt ihr, wie schlecht es ihm geht, was er sich von dem Thema erhofft hat, über das er schreiben will (ein Bär), aber dass er keine Ahnung hat, wie er anfangen soll, und irgendwie glaubt, dass er wohl doch nicht das Zeug zum Schriftsteller hat. Er würde gern die beeindruckende Größe eines Bären herüberbringen, wie endlos faul er ist, indem er am liebsten 15 Stunden vom Tag verschläft, und so weiter. »Anschließend nehmen Sie sich den Text wieder vor, streichen das ›Liebe Mama‹ und das ganze Gejammer und behalten nur den Teil über den Bären.«

McPhees erster Entwurf ist ein »grässliches Geblubber«. »Danach legen Sie den Text beiseite. Sie steigen in den Wagen und fahren nach Hause. Unterwegs strickt Ihr Kopf weiter passende Sätze. Ihnen fallen bessere Ausdrucksweisen ein, gute Ideen für bestimmte Schwachstellen. Ganz ohne einen allerersten Entwurf würden Sie logischerweise nicht darüber nachdenken, wie man diesen verbessern kann. Auf diese Weise schreibt man am Ende vielleicht nur zwei bis drei Stunden am Tag, aber innerlich gärt das Thema natürlich 24 Stunden vor sich hin – ja, auch im Schlaf –, doch das geschieht nur, wenn bereits ein Entwurf oder eine

Vorabversion existiert. Bis dahin hat der Schreibprozess noch nicht ernsthaft begonnen.«[4]

Denn das ist die Crux: Lernen verläuft genauso wie McPhees »grässliches Geblubber«. Eine unbekannte Materie erscheint einem anfangs häufig sperrig und vage. Sobald man sich jedoch darauf einlässt, etwas Neues begreifen zu wollen, beginnt das Gehirn selbstständig, an dem Problem zu »stricken«. Diese aktive Auseinandersetzung findet nicht statt, wenn man einen Text mehrfach liest oder passiv Folien betrachtet. Richtig aktiv wird das Gehirn erst, wenn man versucht, die Materie mit eigenen Worten auszudrücken, indem man Fakten verbindet, anschaulich darstellt und mit eigenem Vorwissen verknüpft. Wie beim Schreiben geht es auch beim Lernen um den aktiven Einsatz. Solange Sie ein Rätsel lösen wollen, ist die Kreativität gefragt, und der Verstand sucht nach Parallelen und Metaphern aus dem eigenen Erleben, nach Wissen, das sich auf dieses Gebiet übertragen ließe. Damit wächst der Hunger auf die Lösung. Und wenn diese Lösung endlich gefunden ist, ist sie fester mit dem Vorwissen und vorhandenen Fähigkeiten verknüpft als alles, was zuvor an Seheindrücken nur die Oberfläche des Gehirns erreicht hat.

Wir lernen also von McPhee: Wenn du etwas Neues bewältigen willst, streich das Gejammer und ring mit dem Bären!

Reflexion

In Kapitel 2 haben wir geschildert, wie Mike Ebersold von der Mayo Clinic durch gewohnheitsmäßige Reflexion seine Operationskünste verbessert. Reflexion beinhaltet Abrufen (Was habe ich getan? Wie ist das gelaufen?) und Generierung (Wie könnte ich es nächstes Mal besser machen?), aber auch Vorstellungsvermögen und mentale Probeläufe (Was wäre, wenn ich etwas kleinere Stiche setze?). Dank seiner gewohnheitsmäßigen Reflexion konnte Ebersold sich ein Vorgehen für die Reparatur eines empfindlichen Gefäßes im Gehirn zurechtlegen, das sich nicht abklemmen lässt, weil es so flach ist, dass es beim Schließen der Naht zerreißen würde.

Vince Dooley, der Coach der Georgia Bulldogs aus Kapitel 3, ließ seine Spieler mittels Reflexion und mentalem Üben ihre Playbooks und die Züge für das nächste Spiel lernen. David Garman, der Polizist aus Minneapolis (Kapitel 5), nutzt Reflexion, um seine Vorgehensweise bei Undercover-Einsätzen zu verbessern. Wie hilfreich Reflexion als Lerntechnik ist, kann man in der Autobiografie *Man muss kein Held sein* von Flugkapitän Chesley Sullenberger nachlesen.[5] »Sully« ist der Pilot, der 2009 beim US-Airways-Flug 1549 erfolgreich auf dem Hudson River aufsetzte. Ein Wunder? Beim Lesen seiner Autobiografie wird immer wieder erkennbar, wie er durch Training, persönliche Erfahrung und genaue Beobachtung anderer immer mehr über das Fliegen und die Beherrschung seiner Maschine lernte. Dieser Prozess begann mit seinen ersten Einsätzen im Cockpit eines einmotorigen Sprühflugzeugs. Es folgte eine Ausbildung zum Kampfpiloten, dann untersuchte er Unglücke bei kommerziellen Flügen und analysierte haarklein die wenigen bekannten Beispiele für Notwasserungen kommerzieller Maschinen, wobei er insbesondere auf Anflugwinkel, Tempo und Flügelebene achtete. Sullenbergers Werdegang zeigt, dass gewohnheitsmäßige Reflexion nicht nur persönliche Erfahrungen oder Beobachtungen umfasst. Im Idealfall ist das Gehirn in Form von Generierung, Visualisierung und mentalem Üben intensiv beteiligt.

Elaboration

Als wir die Pianistin Thelma Hunter kennenlernten, erarbeitete diese sich gerade vier neue Stücke (von Mozart, Fauré, Rachmaninoff und William Bolcom) für ein anstehendes Konzert. Hunter war zu diesem Zeitpunkt 88 Jahre alt, hatte ihre erste Auszeichnung als Pianistin mit fünf Jahren in New York erhalten und trat seither regelmäßig auf. Sie sei kein Wunderkind, sagte sie, nicht einmal sonderlich bekannt, aber eine ordentliche Pianistin. Mit ihrem Mann Sam, einem Herzchirurgen, hat sie sechs Kinder großgezogen und sich als Pianistin beständig weiterentwickelt, gelehrt und öffentlich vorgetragen. Als angesehene, hingebungsvolle Künstlerin spielte sie bis ins hohe Alter.

Hunter ging es vor allem darum, neuen Stücken diverse Bedeutungsebenen zuzuschreiben. Ihre Herangehensweise ist ein gutes Beispiel dafür, wie Elaboration das Lernen selbst und das Gedächtnis unterstützt. Wenn Hunter etwas

Neues einstudierte, lernte sie körperlich über die Fingerarbeit, akustisch über den Klang, visuell über die Noten im Satz und intellektuell über die Art und Weise, wie sie die Übergänge bewältigte.

Dabei musste sie gewisse Zugeständnisse an das Alter machen. Früher hatte sie sich vor dem Spielen nie aufwärmen müssen, doch in fortgeschrittenem Alter wurde das notwendig. »Meine Ausdauer ist nicht mehr so ausgeprägt wie früher. Meine Reichweite weniger groß. Wenn ich etwas auswendig lernen will, muss ich heute darüber nachdenken. Früher war das alles nicht nötig. Ich habe einfach alle Aspekte durchgearbeitet, und dann konnte ich sie auch.«[6] Inzwischen musste sie sich den Satz vorstellen und ihn im Geiste bearbeiten. »Beim Üben sage ich mitunter laut: ›An dieser Stelle eine Oktave höher‹, aber vor dem inneren Auge visualisiere ich zugleich auch das Notenblatt.« Den Zeitpunkt, an dem sie ein Stück beinahe beherrscht, kommentiert Hunter ähnlich wie John McPhee das Schreiben: »Dann bin ich im Fluss und kann über das gesamte Stück nachdenken, den Gesamteindruck, als wäre ich der Dirigent. Und ich denke: ›Oh, diese Passage gewinnt, wenn ich hier beim Tempo zulege. Das muss ich üben, damit es schneller klappt.‹ Das sind die großen Punkte, über die ich auch abseits vom Flügel nachdenken kann.«

Hunter übte täglich, erarbeitete sich neue Stücke, wurde langsamer, um schwierige Passagen zu zerlegen, und danach ging sie die Stücke noch einmal mit ihrem Ensemble durch, um die individuellen Interpretationen für Cello, Violine und Piano zusammenzuführen.

In Kapitel 7 schildern wir Anders Ericssons Forschungen

zum Thema, wie Experten durch viele tausend Stunden konzentrierter Arbeit ganze Bibliotheken an mentalen Modellen erstellen, die sie später in unterschiedlichsten Situationen ihres Fachs abrufen können. Die Schilderungen von Hunter scheinen Ericssons Theorie zu untermauern. Manchmal saß sie am Flügel und überlegte sich den passenden Fingersatz für eine schwierige Passage. Nachdem sie das Stück anschließend eine Woche zur Seite gelegt hatte, verwendete sie beim Spielen jedoch merkwürdigerweise einen Fingersatz, den sie so gar nicht geplant hatte, der sich aber völlig natürlich und vertraut anfühlte. Einerseits klingt das paradox, andererseits gar nicht so überraschend. Hunter verwies dazu auf ihr Unterbewusstsein, das auf langjährige Erfahrung zugreifen konnte und dadurch eine flüssigere Lösung fand als alles, was ihr beim bewussten Nachdenken eingefallen war. Vielleicht ging es aber auch – wie bei McPhees Ringen mit dem Bären – um das Bemühen an den Tasten, das ihren Verstand darauf ansetzte, in den Hinterstübchen ihres Gedächtnisses nach einer eleganteren, natürlicheren Vorgehensweise zu stöbern.

Tipps für Lehrkräfte

Mit konkreten Tipps sind wir eher zurückhaltend. Beim Unterrichten kommt es immer darauf an, was in der eigenen Klasse angemessen ist. Doch einige Punkte können hilfreich sein. Deshalb nennen wir hier einige grundlegende Strategien, die den individuellen Lernerfolg in der Klasse oder im Seminar erheblich verbessern können. Anschließend folgen Darstellungen, wie diese Punkte sich praktisch umsetzen lassen. Bei den Empfehlungen und den Beispielen finden Sie hoffentlich Anregungen, die Sie für Ihre Zwecke aufgreifen und anpassen können.

Erklären Sie, wie unser Gehirn lernt

In der Schule wie auch an der Universität kursieren viele Mythen und Fehlinformationen über das Lernen, die dazu verleiten, intellektuelle Risiken, Methodik und Zeiteinteilung falsch einzuschätzen. Der Lehrer sollte erklären, was empirische Studien zum Lernen herausgefunden haben, damit Schüler und Schülerinnen ihrerseits sinnvoll vorgehen können.

Zu den wichtigsten Ergebnissen, die sich in Schule und Universität herumsprechen sollten, gehören:

- Bestimmte Erschwernisse beim Lernen führen zu einem besseren und anhaltenderen Lernerfolg.
- Wenn das Lernen leicht erscheint, ist es häufig nur oberflächlich und schnell vergessen.
- Nicht alle intellektuellen Fähigkeiten sind festgelegt. Vielmehr verändern Lernprozesse, die Mühe kosten, das Gehirn, erzeugen neue Verbindungen und verbessern die intellektuellen Fähigkeiten.
- Wer sich mit neuen Problemen zunächst selbst auseinandersetzt, ohne die Lösung zu kennen, lernt besser, als wenn die Lösung sofort erklärt wird.

- Um Spitzenleistungen zu erzielen, muss man ständig danach streben, seine gegenwärtigen Fähigkeiten zu übertreffen.
- Der Versuch, besser zu werden, geht mit Rückschlägen einher, die allerdings häufig die entscheidenden Informationen liefern, um die eigene Strategie anzupassen und dadurch weiterzukommen.

Diese Punkte, die dieses Buch wie rote Fäden durchziehen, sind in Kapitel 4 und 7 näher erläutert.

Lehren Sie das Lernen

Schüler und Studenten lernen selten, wie man sinnvoll lernt, oder bekommen die falschen Ratschläge. Deshalb neigen sie zu suboptimalen Methoden wie nochmaligem Durchlesen, gründlichem Üben oder kurzfristigem Einpauken.

Zu Beginn dieses Kapitels haben wir effektive Lernstrategien präsentiert. Lehrkräfte sollten ihren Schülern und Studenten diese Strategien vermitteln und sie darin so lange unterstützen, bis sie die Früchte ernten, an denen sie anfangs vielleicht noch zweifeln.

Im Unterricht wünschenswerte Erschwernisse einbauen

Setzen Sie nach Möglichkeit *häufige Tests* an, die den Lernprozess konsolidieren und die Vergessenskurve unterbrechen. Die Grundregeln sollten dabei sowohl für die Schüler und Studenten als auch für Sie akzeptabel sein. Lernende lassen sich bereitwilliger testen, wenn der Zeitpunkt vorab festgelegt ist und im Einzelfall wenig auf dem Spiel steht. Lehrkräfte führen Tests bereitwilliger durch, wenn sie einfach und schnell verlaufen und es keine Nachholtermine gibt. (Zum Beispiel fragt Kathleen McDermott, deren Unterrichtsweise wir nachfolgend vorstellen, ihre Kursteilnehmer täglich.)

Das Unterrichtsmaterial sollte Elemente wie *bewusstes Abrufen, Generierung* und *Elaboration* einbeziehen. Hierzu zählen:

- Übungen, bei denen die Schüler oder Kursteilnehmer versuchen müssen, ein neuartiges Problem zu lösen, bevor es im Unterricht besprochen wird
- Übungstests, die man downloaden und mit deren Hilfe der Stoff eigenständig wiederholt werden kann (was auch den Blick dafür schärft, was man weiß und was nicht)
- schriftliche Aufgaben, für die der Stoff der letzten Stunde reflektiert und mit anderen Aspekten des Lebens oder Vorwissen verknüpft werden muss
- Übungen, die den Lernenden das Generieren kurzer Zusammenfassungen von kürzlich gelerntem Stoff abverlangen.

Sowohl das Abfragen als auch Übungsaufgaben sollten zumindest in geringem Maße in die Note einfließen. Wenn die praktische Ausarbeitung und Testergebnisse in die Note eingehen, ist der Lernerfolg besser als in Klassen, wo dieselben Übungen für die Endnote nicht berücksichtigt werden.

Tests und Übungen sollten so gestaltet sein, dass sie *früher behandelte Konzepte und Stoff aufgreifen*, um das aktive Abrufen fortzusetzen. Das führt zu kumulativem Lernen und verhilft zu komplexeren mentalen Modellen, stärkt das konzeptuelle Lernen und vertieft das Verständnis für Zusammenhänge. (Ein Beispiel dazu steht in Kapitel 2, wo wir schildern, wie Andy Sobel in seinem Kurs für Wirtschaftspolitik auf kumulatives Abfragen setzt.)

Unterrichtsthemen und Aufgabenstellungen sollten zeitlich versetzt, abwechselnd und in Varianten behandelt werden, damit die Schüler immer wieder umschalten und »nachladen« müssen, was sie über das jeweilige Thema bereits wissen, um herauszufinden, inwiefern die neue Aufgabe dazu passt oder davon abweicht.

Transparent bleiben

Vermitteln Sie Ihren Schülern, wie und warum Sie wünschenswerte Erschwernisse in den Unterricht einflechten. Seien Sie darauf gefasst, dass diese Lehrmethode den Beteiligten frustrierend und schwierig erscheint, und erklären Sie, warum sich das Durchhalten trotzdem lohnt. Ab einem gewissen Alter hilft es ihnen vielleicht, den Abschnitt über den Medizinstudenten Michael Young zu lesen (siehe Seite 286), der die Schwierigkeiten und letztlichen Vorzüge dieser Strategien anschaulich darlegt.

Mary Pat Wenderoth, Biologieprofessorin, University of Washington

Mary Pat Wenderoth nutzt wünschenswerte Erschwernisse, um ihren Studierenden zu einem erfolgreichen Kursabschluss zu verhelfen. Außerdem erarbeitet sie mit ihnen die nötige Methodik für ihr persönliches Lernmanagement – damit sie in ihrem Fach so erfolgreich studieren können, wie sie es sich wünschen. Dabei geht sie zugleich eine zweite Herausforderung an und lehrt, wie man anhand der Bloomschen Taxonomie überprüft, wie gut man den Stoff schon beherrscht, und wie man die Ebenen der Synthese und Evaluation erreicht.

Die Bloomsche Taxonomie unterscheidet beim kognitiven Lernen sechs Ebenen. Entwickelt wurde sie 1956 von einem Ausbildungskomitee unter der Leitung des Psychologen Benjamin Bloom. Die sechs Ebenen reichen vom Erwerb von *Wissen* (das Fundament allen Lernens) über das *Verstehen* der grundlegenden Fakten und Vorstellungen und die *Anwendung* zur Problemlösung bis hin zur *Analyse* von Konzepten und Bezügen, um logische Schlussfolgerungen zu ziehen. Darauf baut die Fähigkeit zur neuartigen *Synthese* von Wissen und Vorstellungen auf, die einen im Idealfall in die Lage versetzt, das Gelernte zu nutzen, um Thesen zu *evaluieren* und sie anhand von Evidenz und objektiven Kriterien zu beurteilen.

Sehen wir uns einmal an, welche Methoden Wenderoth bevorzugt einsetzt.

Transparenz. Zu Beginn erklärt Wenderoth ihren Studierenden den Testing-Effekt, das Prinzip der wünschenswerten Erschwernisse und die Gefahren der »Illusion des Wissens«. Sie verspricht ihnen, ihre Unterrichtsabläufe transparent zu gestalten und diese Prinzipien im Unterricht umzusetzen. Hierzu erklärte sie uns: »Beim Testing-Effekt geht es insgesamt darum, dass man durch Selbstbefragung mehr lernt als durch Nachlesen. Natürlich ist es sehr schwer, die Studenten dazu zu bewegen, nachdem man ihnen so lange eingebläut hat, einfach immer wieder ihre Texte zu lesen.«[7]

> *Unzählige Male haben mir die Studenten ihr Buch gezeigt, wo sie alles Wichtige in vier verschiedenen Farben markiert hatten. Ich sage ihnen: »Mir ist bewusst, dass Sie viel gearbeitet haben und wirklich erfolgreich abschneiden wollen. Schließlich sehe ich in Ihrem Buch jede Menge blaue, gelbe, orange und grüne Hervorhebungen.« Aber dann muss ich ihnen klarmachen, dass jedes erneute Lesen nach dem ersten Markieren Zeitverschwendung war. Sie fragen: »Wie kann das sein?« Und ich: »Sie sollten immer erst ein Stückchen lesen und sich dann dazu abfragen«, aber sie wissen nicht so recht, wie das gehen könnte.*
>
> *Also veranschauliche ich das im Unterricht für sie. Alle fünf Minuten oder so stelle ich zu dem, was wir gerade besprechen, eine Frage, und ich sehe, wie sie prompt in ihre Notizen schauen. Dann sage ich: »Stopp! Sehen Sie jetzt nicht nach. Nehmen Sie sich einfach Zeit, selbst nachzudenken.« Und ich erkläre ihnen, dass das Gehirn einem Wald gleicht, in dem irgendwo die Er-*

innerung steckt. Du bist hier und die Erinnerung da hinten. Je öfter du den Weg zu dieser Erinnerung läufst, desto erkennbarer wird der Pfad, und wenn du die Erinnerung das nächste Mal benötigst, ist er schon besser ausgetreten. Der Blick in die eigenen Aufzeichnungen ist eine Abkürzung. Damit sucht man den Weg nicht mehr selbst, sondern verlässt sich ganz auf den Wegweiser.

Manchmal stellt Wenderoth ihrem Kurs auch eine Frage und lässt die Anwesenden darüber nachdenken. Sie lässt drei denkbare Antworten an die Tafel schreiben und danach abstimmen, welche Antwort wohl die richtige ist – die Anzahl der Meldungen pro Antwort wird an der Tafel notiert. Dann bittet sie die Anwesenden darum, jemanden zu finden, »der anders abgestimmt hat als sie, um miteinander zu diskutieren und herauszufinden, welche Antwort richtig war«.

Damit erscheint Lernen in neuem Licht, und Wenderoth gibt ihren Studierenden ein neues Vokabular zur Beschreibung von Misserfolgen an die Hand. Wenn jemand in der Prüfung an einer Fragestellung scheitert, wird dies gern auf eine gemeine Formulierung geschoben. Diese Problemverlagerung ist laut Wenderoth allerdings keine gute Basis für eine Lösung. Inzwischen kommen ihre Studierenden nach einer enttäuschenden Prüfung zu ihr und sagen: »Ich habe Illusionen über mein Wissen. Wie kann ich besser werden?« Bei *diesem* Problem kann Wenderoth ihnen helfen.

Prüfungsgruppen. Wenderoth animiert dazu, nicht »Lerngruppen«, sondern »Prüfungsgruppen« zu bilden. In einer Lerngruppe redet in der Regel die Person, die am meisten weiß. Die anderen hören zu. Es geht darum, sich Dinge einzuprägen. In einer Prüfungsgruppe hingegen kämpfen alle zusammen mit einer Fragestellung, ohne das Lehrbuch aufzuschlagen. »Jeder verfügt über gewisse Informationen, kann mit den anderen diskutieren, und so kommen sie auf eine Lösung.« Das Augenmerk liegt so auf dem Explorieren und Verstehen.

Wenderoth fragt die Teilnehmer einer solchen Prüfungsgruppe, bei welchen Punkten sie noch unsicher sind. Dann bittet sie einen ihrer Studierenden an die Tafel, der das Konzept erklären soll. Wenn er oder sie dabei ins Straucheln kommt und gewisse Aspekte der erarbeiteten Antwort unklar bleiben, soll der Rest ihrer Gruppe dieses Wissen herauskitzeln, indem sie Fragen stellen, deren Beantwortung zum eigentlichen Ziel führt. Die Lehrbücher bleiben die ganze Zeit zugeklappt.

Freies Erinnern. Wenderoth fordert ihre Studierenden auf, sich jeden Abend vor ein leeres Blatt zu setzen und darauf alles aufzuschreiben, woran sie sich noch aus dem Unterricht erinnern. Dafür sollen sie sich zehn Minuten Zeit nehmen. Diese Aufgabe ist zugegebenermaßen unangenehm, denn nach zwei Minuten fällt einem nicht mehr viel ein, aber sie sollen trotzdem dranbleiben. Erst nach diesen zehn Minuten sollten sie ihre Aufzeichnungen zur Hand nehmen, um festzustellen, was ihnen eingefallen ist und was sie vergessen haben. Dann können sie gezielt das Vergessene lernen. Was ihnen bei dieser Übung auffällt, notieren sie als Frage oder Beitrag für die nächste Stunde. In Wenderoths Augen unterstützt das freie Erinnern die Studierenden bei der Unterrichtsvorbereitung und verhilft zu einem besseren Verständnis der Zusammenhänge.

Zusammenfassungen. Jeden Montag müssen Wenderoths Teilnehmer ein einzelnes Blatt in einer bestimmten Größe abgeben, auf dem sie den Stoff der Vorwoche anhand von Zeichnungen darstellen und mit Kernpunkten, Pfeilen sowie Grafiken versehen sollen. Wenderoth lehrt Physiologie, also körperliche Abläufe, weshalb diese Zusammenfassungen wie große Cartoons aussehen, in denen es vor Textboxen, Vergrößerungen, Pfeilen und dergleichen nur so wimmelt. Diese Bögen helfen ihren Teilnehmern, die Informationen einer ganzen Woche zusammenzufügen und dabei zu durchschauen, wie Systeme miteinander verknüpft sind: »Das eine erzeugt das andere und das wiederum das nächste, was bestimmte andere Faktoren beeinflusst. In der Physiologie brauchen wir eine Menge Pfeile. Meine Studenten dürfen ruhig zusammenarbeiten, das stört mich nicht. Nur das Blatt, das sie einreichen, muss von ihnen selbst stammen.«

Lernparagrafen. Von Zeit zu Zeit (und wenn sie das Gefühl hat, ihre Studierenden damit nicht zu überlasten) lässt Wenderoth freitags »Lernparagrafen« schreiben, die zu einem kleinen Prozentsatz in die Note einfließen. Dafür stellt sie eine Frage, die in fünf bis sechs Sätzen zu beantworten ist. Eine solche Frage wäre: »Inwiefern ähnelt der Verdauungstrakt dem Atmungssystem?« Oder: »Sie haben gerade Ihre Tests zurückbekommen. Was würden Sie nächstes Mal anders machen?« Hier geht es ihr darum, Abrufen und Reflexion anzuregen und den Wochenstoff noch einmal zu festigen, ehe er zwischen den diversen anderen Sorgen und Ablenkungen des College-Lebens untergeht. »Im Laufe der Jahre habe ich festgestellt – wenn ich bis zur Klausur nichts tue, bleiben auch meine Studierenden bis zum Tag vor der Klausur untätig.« Ihre fortgeschrittenen Studierenden schulen anhand der Lernparagrafen zugleich eine klare Ausdrucksweise. Die Antworten liest Wenderoth durch und kommentiert sie im Unterricht, das heißt, jeder weiß vorab, dass die eigene Formulierung vorgelesen wird.

Bloomsche Taxonomie des Lernens. Um die Bloomsche Taxonomie weniger abstrakt darzustellen, übertrug Wenderoth ihr Unterrichtsmaterial im Auswertungsschlüssel für ihre Tests auf die verschiedenen Ebenen der Taxonomie. Für jede gestellte Frage liefert sie dort eine passende Antwort auf dem entsprechenden Level der Taxonomie: eine für das reine Wissen, eine ausgefeiltere, die das Verstehen belegt, eine noch komplexere Antwort auf der Ebene der Analyse und so weiter. Bei der Rückgabe der Arbeiten erhalten die Studierenden auch den Auswertungsbogen und mit ihm die Aufgabe, zu prüfen, in welche Kategorie der Taxonomie ihre Antworten einzuordnen wären. So konnten sie überlegen, was sie noch wissen müssten, um auf einem höheren Lernniveau zu antworten.

Naturwissenschaftliche Lücken schließen. Wenderoth und ihre Kollegen haben mit der Kursstruktur und den Prinzipien des aktiven Lernens herumexperimentiert, um Wissenslücken in den Naturwissenschaften zu schließen. Schlecht vorbereitete Studenten bewältigen einen naturwissenschaftlichen Grundkurs nur selten. Deshalb bleiben Neueinsteiger, deren Interessen und Fähigkeiten später durchaus eine erfolgreiche Karriere in der Wissenschaft vermuten lassen, in der Regel vor der Tür. Aus unterschiedlichsten Gründen wurde diesen Studierenden in der Schule oder in der Familie nicht vermittelt, wie man im anspruchsvolleren akademischen Umfeld erfolgreich lernt.

»Für die meisten von uns, die einen naturwissenschaftlichen Weg eingeschlagen haben«, so Wenderoth, »gab es bei jedem Misserfolg jemanden, der uns aufgeholfen hat und zumindest sagte: ›So rappelst du dich wieder auf.‹ Wir haben gelernt, dass man dranbleibt, auch wenn es mal nicht so gut läuft. Wir halten durch.«

In ihren Experimenten verglichen Wenderoth und ihr Team die Ergebnisse aus »strukturarmen« Kursen (traditioneller Unterricht mit Klausuren in der Mitte und am Ende des Semesters) mit denen aus »strukturstarken« Kursen (tägliche und wöchentliche Übungen, die nur geringfügig in die Note eingingen, aber ständig die analytischen Fähigkeiten schulten, die für ein gutes Abschneiden in den Klausuren nötig waren). Außerdem lehrten sie die Bedeutung eines wachstumsorientierten, »dynamischen Selbstbilds« (siehe unsere Ausführungen zu den Erkenntnissen von Carol Dweck in Kapitel 7), dem zufolge Lernen harte Arbeit ist, was wiederum die intellektuellen Fähigkeiten hebt.

Das Ergebnis? In strukturstarken Biologie-Einführungskursen fielen am Ende deutlich weniger Studierende durch als in strukturschwachen Kursen. Damit schloss sich ein Stück weit die Kluft zwischen den unterschiedlichen Vorkenntnissen, und gleichzeitig wurden (gemessen an der Bloomschen Taxonomie) bessere Ergebnisse erzielt. Dabei geht es nicht nur darum, ob jemand jeden einzelnen Übungstest bewältigt. In den Kursen, wo die Übungen (in geringem Maße) in die Kursnote einfließen, sind die Teilnehmer auf die Dauer erfolgreicher als in Kursen, wo dieselben Übungen nicht gewertet werden.

»Wir erklären unseren Studierenden, dass es hierbei um mentale Gewohnheiten geht«, sagt Wenderoth. »Es geht um die nötige Disziplin für eine naturwissenschaftliche Laufbahn. Darüber hatten sie nie nachgedacht – dass jedes Fach seine eigene Kultur hat. Wir lehren sie, wie jene Profis zu denken, die sie einmal werden wollen. Und wenn sie ins Straucheln geraten, zeigen wir ihnen, wie man wieder aufsteht.«[8]

Michael D. Matthews, Psychologieprofessor an der Militärakademie West Point

Pädagogisch fußt der Unterricht an der amerikanischen Militärakademie USMA in West Point auf der Thayer-Methode, die vor knapp 200 Jahren von Sylvanus Thayer entwickelt wurde, einem frühen Leiter der Akademie. Diese Methode setzt für jeden Kurs konkrete Lernziele an, überträgt den Studierenden die Verantwortung, diese Ziele zu erreichen, und baut in jede Unterrichtsstunde Abfragesequenzen und Übungen ein.

Bewertet werden an der Akademie drei Ausbildungsbereiche, der akademische, der militärische und der körperliche. Laut Mike Matthews, der dort Ingenieurpsychologie lehrt, müssen die Studierenden ein enormes Pensum bewältigen, das die verfügbare Zeit letztlich übersteigt. Um an der Akademie zu bestehen, müssen die West-Point-Kadetten daher die Fähigkeit entwickeln, das jeweils Wichtigste zu erkennen und den Rest zu übergehen. »Es geht darum, dass wir auf diversen Ebenen sehr hohe Erwartungen haben und sie rundum auslasten«, sagt Matthews. Daher erklärt er ihnen (so widersinnig es auch klingt): »Wenn Sie jedes Wort in diesem Kapitel lesen, gehen Sie nicht sonderlich effizient vor.« Es käme nicht darauf an, »den Blick über die Wörter zu lenken«. Der Ausgangspunkt sind Fragen, und das Lesen dient ihrer Beantwortung.[9]

In Matthews Kursen wird kaum oder gar kein Wissen präsentiert. Zu Beginn des Unterrichts werden die Lernziele aus dem aufgetragenen Lesepensum abgefragt. Ab da heißt es für die Studierenden zumeist: »An die Tafeln!« Die Seminarräume haben an allen vier Wänden klassische Tafeln, und jeder Tafel wird eine Gruppe Studenten zugewiesen, die gemeinsam eine Frage des Professors beantworten sollen. Dabei geht es um schwierigere Fragen als die, die im täglichen Wissensquiz gestellt werden, denn die Studenten müssen dafür Konzepte aus ihren Lehrbüchern einbeziehen und auf konzeptueller Ebene anwenden. So verbinden sie das bewusste Abrufen mit Generierung und Peer Instruction. Jede Gruppe wählt einen Vertreter, der anschließend dem ganzen Kurs die von der Gruppe erarbeitete Antwort erläutert. Danach wird diese Antwort gemeinsam analysiert. Im Unterricht geht es grundsätzlich um Grundkonzepte, nicht um die Fakten selbst, und an den

Tagen, wo die Studenten nicht an der Tafel arbeiten, sind sie aktiv an anderen Übungen, Erklärungen oder Gruppenarbeiten beteiligt, die darauf abzielen, das eigentliche Konzept hinter der vordergründigen Frage zu durchschauen und zu formulieren.

Dank klarer Lernziele bei Kursbeginn in Kombination mit täglichem Abfragen und aktiver Problemlösung mit Feedback sind die Studenten ständig konzentriert und hellwach am Arbeiten.

Eine der wichtigsten Fähigkeiten, die man in West Point lernt, wird außerhalb des Seminarraums erworben: die Azimutbestimmung. Diese Technik ist erforderlich, um in unbekanntem Terrain nicht die Orientierung zu verlieren. Dafür klettert man auf einen hohen Baum oder ersteigt einen Aussichtspunkt und legt in der gewünschten Richtung einen Orientierungspunkt in der Ferne fest. Mit dem Kompass stellt man nun fest, wie viel Grad dieser Punkt von der Nord-Süd-Richtung abweicht. Anschließend geht man wieder ins Gelände hinunter und schlägt sich weiter in diese Richtung durch. Unterwegs wird dieses Vorgehen mehrfach wiederholt, um sicherzustellen, dass der Kurs noch stimmt. Abfragen gleicht einer Azimutbestimmung im Seminar, denn es zeigt, ob man auf dem Weg zum Ziel tatsächlich vorankommt.

Matthews freut sich besonders, dass zwei seiner Kadetten mit Rhodes-Stipendien ausgezeichnet wurden, zuletzt Kiley Hunkler (inzwischen Second Lieutenant Hunkler). Somit wird Hunkler die nächsten zwei Jahre in Oxford studieren und sich danach an der Johns Hopkins Medical School einschreiben. Sie erklärte uns, was es mit dem Azimut auf sich hat. »An der Akademie dreht sich alles um Selbstverantwortung: Es ist deine persönliche Aufgabe, zum gewünschten Ziel zu gelangen«, sagt sie.[10] Der Zulassungstest zum Medical College umfasst beispielsweise vier Kursblöcke: Lesen, Chemie, Physiologie und Schreiben. Für jeden dieser Blöcke ermittelte Hunkler Lernziele, die sie für maßgeblich hielt, und suchte während des Lernens nach passenden Antworten. »Alle drei Tage habe ich mein Wissen überprüft, festgestellt, wo ich Fehler machte, und nachjustiert.« Azimutbestimmung. »Viele andere machen sich monatelang verrückt und versuchen, alles auswendig zu lernen, aber mir ging es eher um die Konzepte. Meine Azimutüberprüfung lautete also: Okay, wonach wird hier gefragt? Was ist das eigentliche Thema und wie passt das zu meinen Lernzielen für diesen Abschnitt?«

Einer von uns Autoren (Henry Roediger) besuchte an der Riverside Military Academy in Gainesville, Georgia, die Highschool. Riverside nutzt eine abgewandelte Form der Thayer-Methode – auch hier werden die Schüler im Unterricht täglich abgefragt, mit Problemen konfrontiert oder bekommen Übungsaufgaben. Die Fähigkeiten dieser jüngeren Kadetten wiesen eine deutlich größere Streuung auf als an der Eliteakademie in West Point, aber die Thayer-Methode funktionierte dennoch gut. Genau genommen hilft eine solche Methodik, die eine tägliche Beteiligung erfordert, besonders denjenigen, die aus eigenem Antrieb außerhalb des Unterrichts eher weniger tun. Die Thayer-Methode ist ein gutes Instrument, um solche Schüler und Studenten bei der Stange zu halten, und bestätigt, was Mary Pat Wenderoth in ihren empirischen Studien beobachtete:

Dass ein strukturbetonter Unterricht denen hilft, die noch keine effektiven Lerntechniken gewohnt sind.

Kathleen McDermott, Psychologieprofessorin, Washington University in St. Louis

In ihrem Seminar zu Lernen und Gedächtnis beim Menschen fragt Kathleen McDermott täglich ab und lässt die Ergebnisse in die Note einfließen. 14 Wochen lang (abzüglich der Zwischen- und Abschlussklausuren) treffen sich ihre 25 Studierenden zweimal pro Woche. In den letzten drei bis fünf Minuten jeder Unterrichtseinheit stellt sie vier kurze Fragen zu den wichtigsten Punkten der aktuellen Lektion, dem Lesepensum oder beidem. Wenn die Teilnehmer alles verstanden haben, können sie die vier Fragen richtig beantworten, müssen allerdings dazu kurz nachdenken. In diesem Test kann grundsätzlich alles drankommen, was im Kurs bis dato behandelt wurde, und manchmal greift sie tatsächlich auf frühere Stunden zurück, wenn sie glaubt, dass hier noch etwas wiederholt werden sollte.

Die Grundregeln erläutert McDermott zu Beginn des Semesters in aller Klarheit. Sie stellt Ergebnisse aus der Lernforschung und zum Testing-Effekt vor und erklärt, warum das Abfragen zwar unangenehm erscheint, aber dennoch hilfreich ist. Viermal pro Semester dürfen ihre Studierenden einen Test auslassen. Sie müssen sich für ihr Fernbleiben nicht entschuldigen, können den versäumten Test jedoch auch nicht nachholen.

Anfangs sind die Teilnehmer nicht sonderlich glücklich

über diese Prozedur, weshalb McDermott in den ersten Semesterwochen immer wieder E-Mails erhält, warum jemand einen guten Grund für sein Fehlen hatte und den verpassten Test gern nachholen möchte. Dann wiederholt sie die Regeln: Viermal Fehlen erlaubt, keine Ersatztermine.

McDermott zufolge sind die Tests ein Anreiz, auch wirklich am Unterricht teilzunehmen, und bieten zuverlässig die Chance, die eigene Note zu verbessern, indem man alle vier Fragen richtig beantwortet. Am Ende des Semesters sagen ihre Studierenden, dass die Fragen ihnen geholfen haben, im Kurs am Ball zu bleiben und festzustellen, an welchen Stellen sie sich mehr anstrengen mussten.

»Wichtig ist, dass für die Tests eindeutige Regeln bekanntgegeben werden und dass sie für mich als Professorin überschaubar bleiben«, sagt McDermott. »Als Student bist du entweder da und machst mit oder eben nicht. Als Professorin muss ich mich nicht mit Nachholterminen herumschlagen.«[11]

Insgesamt machen die Testergebnisse 20 Prozent der Semesternote aus und werden durch zwei Zwischenklausuren und eine Abschlussklausur ergänzt. Die letzten beiden Klausuren sind kumulativ. Kumulative Prüfungen verstärken den Lernerfolg, weil die Studierenden dazu zeitlich versetzt üben müssen.

Columbia, Illinois, Public School District

In Kapitel 2 haben wir geschildert, wie wir mit den Lehrkräften einer Mittelstufe in Columbia, Illinois, zusammengearbeitet haben, um herauszufinden, wie sich geringfügig gewertete Tests in das Curriculum einbetten lassen. Dort übernahmen anschließend auch andere Lehrer die Methodik regelmäßiger Testfragen und anderer Abrufformen. Das ursprüngliche Forschungsprojekt wurde inzwischen auch auf den Geschichts- und Naturwissenschaftsunterricht der dortigen Highschool ausgeweitet, wo häufiges Abrufen dazu dient, den Stoff besser zu verankern, und gleichzeitig den Lehrkräften zeigt, was ihre Schüler noch nicht ausreichend verstehen oder beherrschen.

Und das Illinois State Board of Education hat als zuständige Schulbehörde im Einklang mit der Initiative für gemeinsame Bildungsstandards (der Common Core State Standards Initiative) neue Bildungsvorgaben für Mathematik und Englisch vom Kindergarten bis zum Ende der Highschool (K-12) erstellt und vom nationalen Bildungsminister genehmigen lassen. Common Core legt die Standards fest, die Highschool-Absolventen für den Übergang aufs College oder in den Arbeitsmarkt beherrschen sollten. Auch der Columbia School District gestaltet sein Curriculum und seine Prüfungsverfahren strenger als bisher und verlangt seinen Schülern mehr schriftliche Aufgaben und Analysen ab, um die höherwertigen Fähigkeiten (Konzepte durchschauen, logisches Denken, Probleme lösen) zu fördern, mit denen die Schüler die staatlichen Vorgaben bewältigen können. Zum Beispiel wird der Lehrplan für Naturwissenschaften vertikal angepasst, um bestimmte Themen im Laufe der Schulzeit mehrfach auf immer höherem Niveau anzusprechen. Das stärkt das zeitlich versetzte Lernen und das Umschalten zwischen den Themenblöcken. In Physik werden beispielsweise in der Unterstufe Grundlagen der Mechanik und ihre Wirkweise vermitteln (schiefe Ebene, Keil, Schraube, Hebelwirkung, Rad und Achse). In späteren Klassenstufen kann man dann auf diesen Grundlagen aufbauen, die physikalischen Gesetze dahinter erarbeiten und durchnehmen, wie sich diese Grundwerkzeuge kombinieren und zur Lösung unterschiedlicher Probleme einsetzen lassen.

Tipps für die Erwachsenenbildung

Die Prinzipien für den Unterricht an Schule und Universität lassen sich durchaus auf diverse Angebote für die Fort- und Weiterbildung übertragen, deren Strukturen etwas anders aussehen.

Betriebsinterne Weiterbildung

In vielen Berufen ist regelmäßige Fortbildung Pflicht, das heißt, man muss eine bestimmte Anzahl Fortbildungspunkte (oder Credits) pro Jahr nachweisen. Für Ärzte werden solche Fortbildungen gern in Form eines Symposiums oder Kongresses angeboten (siehe den Bericht des Kinderneurologen Doug Larsen in Kapitel 3). Mit Rücksicht auf die zeitlich stark eingespannten Teilnehmer findet so etwas in einem Kongresszentrum oder Hotel statt, wo sich Vorträge und Mahlzeiten abwechseln. Abrufen, zeitlich versetztes Üben und Themenwechsel sind dabei kein großes Thema. Ob viel von dem Gelernten hängenbleibt, ist somit eher fraglich.

Doch auch im Rahmen eines solchen Szenarios kann man aktiv werden:

(1) Lassen Sie sich die Präsentation im Anschluss zuschicken (oder nutzen Sie den Downloadlink) und befragen Sie sich anhand dieser Stichworte zu den Kernpunkten, so wie Nathaniel Fuller bei einem Stück den großen Bogen, seinen Text und die verschiedenen Facetten seiner Figur durchgeht.

(2) Schicken Sie sich selbst jeden Monat Nachfassfragen an Ihr E-Mail-Postfach, um wichtige Punkte aus dem Seminar zu wiederholen.

(3) Kontaktieren Sie Ihren Berufsverband und bitten Sie darum, bei Fortbildungsveranstaltungen die in diesem Buch dargestellten Strategien einzubeziehen.

Auf dem Testing-Effekt basiert die kommerzielle Fortbildungsplattform Qstream, die den Anbietern ermöglicht, ihren Teilnehmern in bestimmten Abständen Quizfragen auf mobile Endgeräte zu schicken, um durch zeitlich versetztes Abrufen den Lerneffekt zu verbessern. Die Plattform osmosis.org setzt auf mobile, internetbasierte Software, um Lernwilligen Zugang zu vielen tausend Übungsfragen und Erklärungen zu medizinischen Themen zu vermitteln. Osmosis kombiniert den Testing-Effekt, zeitlich versetztes Üben und soziale Interaktion, um selbstgesteuertes Social Learning zu erleichtern. Osmosis ist aus dem Crowd-Projekt osmose-it.com hervorgegangen und bietet genau wie Qstream interessante Ansätze für neue Fortbildungskonzepte für Berufstätige. Viele andere Anbieter arbeiten an vergleichbaren Programmen.

Kathy Maixner, Business Coach

Die Maixner Group ist eine Consulting-Firma aus Portland, Oregon, die Unternehmen darin unterstützt, Wachstumsstrategien zu ermitteln und ihre Verkaufstaktiken zu verbessern. Kathy Maixner berät große und kleine Firmen. Ein großer Kunde konnte seinen Jahresertrag nach ihrer Beratung um 21 Millionen Dollar steigern. Einem kleineren Kunden – Inner Gate Acupuncture – half sie, ein vernünftiges Business Management einzuführen (mehr dazu am Ende dieses Kapitels), nachdem die Praxis schneller wuchs, als die Kontrollsysteme bewältigen konnten.

Maixner interessierte uns, weil die Beratungsansätze, die sie im Laufe ihrer Karriere entwickelt hat, so gut zu den hier dargestellten Lernprinzipien passen. Maixner sieht sich selbst als Beraterin, die ihren Klienten dabei hilft, an den äußerlichen Symptomen vorbei direkt zur Wurzel ihrer Probleme vorzustoßen, Lösungsmöglichkeiten zu überlegen und die Auswirkungen der jeweiligen Strategie zunächst mental durchzuspielen.

Sie sagte zu uns: »Wenn man jemandem die Lösung präsentiert, muss die Person nicht mehr nachvollziehen, wie man darauf gekommen ist. Wenn sie die Lösung selbst generiert, ist sie diejenige, die sich auf den Weg macht. Soll sie links oder rechts abbiegen? Diese Optionen sprechen wir durch.«[12]

Dank langjähriger Erfahrung mit Klienten aus unterschiedlichen Branchen kann Maixner auch Risiken hinter der nächsten Ecke erkennen. Häufig greift sie zum Rollenspiel, um Probleme zu simulieren, und bringt ihre Kunden so dazu, selbst Lösungen zu finden, sie durchzuspielen, sich Feedback zu holen und zu üben, was funktionieren könnte. Das heißt, sie gibt Erschwernisse vor, die den Lerneffekt verstärken und genauer widerspiegeln, womit der Kunde draußen im Markt konfrontiert sein wird.

Farmers Insurance

Vertreterschulungen sind gar nicht so einfach. Üblicherweise geht es dabei um Unternehmenskultur, Überzeugungen, Verhaltensweisen und Lernprozesse, welche die Marke fördern und bewahren sollen. Es geht aber auch um die Merkmale und Vorzüge des konkreten Produkts. Und teilweise geht es um Strategie, um Kenntnisse über den gewünschten Markt, um den Zugang zu Interessenten und natürlich den Abschluss. Die Versicherungsgruppe Farmers Insurance verfügt über rund 14 000 exklusive, unabhängige Vertreter, deren Schulung diese Personen in die Lage versetzen soll, bei Aufbau und Führung ihrer eigenen Agentur auch unternehmerisch erfolgreich zu sein.

Farmers verkauft Gebäude- und Unfallversicherungen sowie Kapitalanlagen wie Annuitäten und Investmentfonds im Wert von rund 20 Milliarden US-Dollar pro Jahr. Der vollständige Umfang ihrer Schulungen würde ganze Bände füllen, deshalb schildern wir hier lediglich, wie Farmers neue Vertreter in die vier Bereiche Sales, Marketingsysteme, Geschäftsplanung und Markentreue einführt. Die Einstiegsschulungen für neue Vertreter sind ein hervorragendes Beispiel für das Switchen zwischen unterschiedlichen, einander ergänzenden Themen, was letztlich zur generellen Kompetenzerweiterung führt.

Das Unternehmen rekrutiert über 2000 neue Vertreter pro Jahr. Viele haben vorher anderswo als Angestellte gearbeitet und möchten sich gern selbstständig machen und dabei auf eine etablierte Marke setzen. Neue Vertreter absolvieren zunächst eines von zwei Campus-Trainings in Form eines einwöchigen Intensivprogramms voller Lernübungen, die spiralförmig immer komplexer werden.

Zunächst erhalten die Teilnehmer einen Stoß Magazine, Scheren und Textmarker für ein Poster, auf dem sie darstellen, wie sie sich selbst als erfolgreicher Farmers-Vertreter in fünf Jahren sehen. Auf manchen Postern tauchen schicke Häuser und Autos auf. Auf anderen sieht man Kinder, die aufs College gehen, oder alternde Eltern, für die gesorgt ist. Die Lektion ist einfach: Wenn die persönliche Definition von Erfolg beispielsweise 250 000 Dollar Jahresertrag und 2500 aktive Policen erfordert, ist es notwendig, diesen Weg rückwärts zu verfolgen, um zu erkennen, welche Kennzahlen man dafür in vier oder drei Jahren oder auch schon in drei Monaten erreichen sollte. Das Bild auf dem

Poster symbolisiert das persönliche Ziel, die Kennzahlen sind die Wegweiser und die Fähigkeiten, die diese Vertreter in den kommenden Tagen und Monaten lernen werden, das nötige Rüstzeug für die Reise.

Ab da geht es in dieser Woche weniger um Wissensvermittlung – keine PowerPoint-Lektionen im engeren Sinne – als vielmehr um Grundsätzliches wie: »Was muss ich wissen und können, um Erfolg zu haben?«

Das Lernen erfolgt über eine Abfolge praktischer Übungen, welche die zentralen Aspekte von Vertrieb, Marketingsystemen, Geschäftsplanung und Identifikation mit den Werten und Marken des Unternehmens ansprechen, immer wieder darauf zurückkommen und die Teilnehmer auf diese Weise dazu bringen, sich das zuvor Gelernte ins Gedächtnis zu rufen und in neuem, erweitertem Kontext anzuwenden.

Zu Beginn erfolgt beispielsweise eine Zuteilung zur roten, blauen oder grünen Gruppe. Die rote Gruppe bekommt den Auftrag, sich mit den Anwesenden bekanntzumachen. Die blaue Gruppe wird angewiesen, drei Dinge über eine Person im Raum herauszufinden. Die grüne Gruppe soll ein anderes Kursmitglied zu dessen Familie, dem letzten Job und den liebsten Freizeitbeschäftigungen befragen und herausfinden, was ihm oder ihr am meisten Spaß macht. Wenn der Kurs wieder zusammenkommt, teilen sie einander mit, was sie übereinander in Erfahrung gebracht haben. Dabei zeigt sich rasch, dass die grüne Gruppe, die ein klares Gesprächskonzept hatte, viel mehr herausgefunden hat als die anderen.

Später in der Woche kommt dann beim Thema Vertrieb die Frage auf, wie man am besten mehr über einen möglichen Kunden herausfindet. Und irgendjemand wird sich an die Kennenlernübung erinnern, die sich als besonders fruchtbar erwies: Fragen Sie Ihren Gesprächspartner nach seiner Familie, nach seinem Beruf, danach, wie er seine Freizeit verbringt, und was ihm Freude macht. Dieser Eisbrecher verwandelt sich jetzt in das geeignete Instrument, um künftige Kunden kennenzulernen, und bekommt das Akronym FORE (**F**amily, **O**ccupation, **R**ecreation, **E**njoyment).

Die ganze Woche hindurch werden die vier Hauptthemen immer wieder aufgegriffen, es kommt ein Punkt hinzu, und dann geht es mit verwandten Fragen weiter. In einer Sitzung findet ein Brainstorming zu möglichen Marketing- und Entwicklungsstrategien statt, mit denen man die nötigen Kontakte erzeugt, um die eigenen Vertriebsziele zu erreichen. Eine effektive Sales- und Marketingstrategie hat die Struktur 5-4-3-2-1: Fünf neue Business-Marketing-Initiativen pro Monat, je vier bereits etablierte Cross-Marketing- und Kundenpflege-Programme, drei Terminvereinbarungen pro Tag, zwei tatsächliche Termine (Interessenten müssen häufig umplanen), ein neuer Kunde, dem man im Schnitt zwei Policen pro Termin verkauft. Bei 22 Arbeitstagen im Monat macht das 500 neue Policen pro Jahr, womit die anvisierten 2500 Policen für die nächsten fünf Jahre durchaus realistisch erscheinen.

Üben ist eine zentrale Lernstrategie. Geübt wird zum Beispiel das Kundengespräch. Um die Produkte des Unternehmens zu verkaufen, muss man natürlich etwas vom Vertrieb verstehen, aber man muss auch seine Produkte kennen, und das lernt niemand, indem er PowerPoint-Folien über sich ergehen lässt und lange Listen mit den Eckpunkten der Produkte anstarrt. Sie sind der Vertreter, ich bin der Kunde. Und dann tauschen wir!

Dazwischen kommen andere Übungen, die den neuen Vertretern die Geschichte des Unternehmens vermitteln, wofür es steht und welchen Wert seine Produkte für das Leben der Kunden haben, zum Beispiel, wie sie ihnen helfen konnten, sich nach Katastrophen wie Hurrikan Katrina wieder aufzurappeln.

Angesichts der Betonung auf Marketing und der begrenzten Investitionen, die neue Vertreter aufbringen können, ist es wichtig herauszufinden, welche Strategien sich auszahlen. Die Frage lautet somit: Welche Rücklaufquote kann man vernünftigerweise bei persönlichen Werbeanschreiben per Post erwarten? Die Vertreter grübeln hin und her und raten wild herum. Aber einer oder mehrere in der Runde haben normalerweise Erfahrung mit Briefkastenwerbung und kennen die ernüchternde Antwort: Die Rücklaufquote liegt eher bei einem Prozent als bei den 50 Prozent, auf die viele getippt hatten.

Wenn Sie nun einen Interessenten aufgetan haben, wie finden Sie heraus, für welche seiner Bedürfnisse die Firma passende Produkte bereithält? Hier kommt erneut das praktische Akronym FORE ins Spiel. An dieser Stelle werden die Standardfragen nach familiärer Situation, Beruf, Hobbys und dem, was einem Freude macht, weit mehr als der klassische Eisbrecher. Jetzt bieten sie Zugang zu vier der wichtigsten Lebensbereiche eines potenziellen Kunden, in denen Versicherungen und Finanzprodukte dem Gesprächspartner helfen können, seinen Besitz zu schützen und die eigenen finanziellen Ziele zu erreichen. Wann immer man vom einen Thema zum anderen zurückkehrt, wächst ein tieferes Verständnis, und die neuen Fähigkeiten werden geschärft.

Und so lernen die neuen Vertreter – stets mit Blick auf ihren Fünf-Jahres-Plan und die Kennzahlen – mittels Generierung, zeitlich versetztem Üben und Themenwechsel, was sie wie tun müssen, um im Verbund mit Farmers Insurance auch selbst zu gedeihen.

Jiffy Lube

Von seiner Autowerkstatt erwartet wohl kaum jemand innovative Schulungen, doch der Ansatz von Jiffy Lube belehrt uns eines Besseren. Unter dem Namen Jiffy Lube University bietet Jiffy Lube seinen Franchise-Nehmern ein mehrstufiges Fortbildungskonzept für Kundengewinnung, geringere Fluktuation unter den Mitarbeitern, ein breiteres Serviceangebot und besseren Vertrieb an.

Jiffy Lube ist ein Netzwerk aus über 2000 Werkstätten in den USA und Kanada, die Öl- und Reifenwechsel und ähnliche Dienstleistungen rund ums Automobil anbieten. Die Kette gehört zwar zum Shell-Konzern, aber jede Werkstatt ist inhabergeführt und wird von einem unabhängigen Franchisenehmer betrieben, der mit seinen Angestellten die lokalen Kunden bedient.

Wie vieles andere musste sich auch das Ölwechselgeschäft an veränderte Marktbedingungen und den technischen Fortschritt anpassen. Dank synthetischer Additive sind Ölwechsel seltener erforderlich, und weil die Fahrzeugtechnik insgesamt komplizierter geworden ist, müssen die Mitarbeiter regelmäßig geschult werden, um Fehlercodes zu verstehen und das Problem korrekt zu beheben.

Wer nicht entsprechend zertifiziert ist, darf den Kundenwagen nicht berühren. Diese Zertifizierung liefert die Jiffy Lube University, eine Lernplattform im Internet. Der Zertifizierungsprozess beginnt mit einem interaktiven E-Learning-Kurs mit häufigen Testfragen und Feedback. Dieser Kurs erklärt, was zu einem bestimmten Auftrag gehört und wie man ihn durchführt. Erst wenn die Mitarbeiter bei der Prüfung mindestens 80 Prozent erreichen, beginnt die praktische Schulung, bei der sie anhand eines schriftlichen Leitfadens, der jede Tätigkeit in ihre Einzelkomponenten zerlegt, die neuen Vorgehensweisen einüben. Das können bis zu 30 Einzelschritte sein, die im Team und häufig auf Zuruf erfolgen (zum Beispiel weil ein Mechaniker von oben am Motor arbeitet und der andere von unten). Dabei wird der Mitarbeiter oder die Mitarbeiterin von einem Ausbilder überwacht, der jeden Schritt bewertet. Erst wenn das neue Verfahren sicher sitzt, wird das Zertifikat in die persönliche Akte aufgenommen und vom Ausbilder oder der Ausbilderin unterzeichnet. Alle zwei Jahre ist eine Rezertifizierung erforderlich, um das Wissen und Können aufzufrischen und zu aktualisieren. Auch schwierigere Tätigkeiten wie eine Bremsenreparatur oder die Diagnostik am laufenden Motor werden in dieser Form vermittelt.

Das E-Learning wie auch die praktische Unterweisung sind aktive Lernstrategien, die immer wieder auf Testfragen, Feedback, zeitlich versetztes Üben und Themenwechsel zurückgreifen. Alle Fortschritte werden auf einem virtuellen »Dashboard« aufgezeichnet, das den individuellen Lernplan bereitstellt und Beschäftigten ermöglicht, ihre Leistung korrekt einzuschätzen. So können sie sich gezielt verbessern und in dem Tempo vorankommen, das ihr Arbeitgeber von ihnen erwartet. Jiffy Lubes Mitarbeiter sind in der Regel zwischen 18 und 25, und es ist ihr erster Job. Sobald jemand für eine Tätigkeit qualifiziert ist, folgt der nächste Baustein, bis er oder sie sämtliche Tätigkeiten einschließlich des Managements beherrscht.

Nach Aussage von Ken Barber, Fortbildungsmanager bei Jiffy Lube International, muss eine Schulung so interessant sein, dass die Beschäftigten freiwillig dabeibleiben. Zum Zeitpunkt unseres Gesprächs gab er gerade einer Computersimulation für Führungskräfte den letzten Schliff, die spielerisch durch einen typischen Manager-Tag im Betrieb führt. Die Betriebsleitung sieht sich immer neuen Herausforderungen gegenüber und muss aus den möglichen Lösungsansätzen den sinnvollsten auswählen. Diese Entscheidungen prägen den Spielverlauf, liefern Feedback und bieten eine Chance, auf bessere Ergebnisse hinzuarbeiten und klügere Entscheidungen zu treffen.

Die Jiffy Lube University wurde 2008 gegründet, ist bei den Ausbildern sehr angesehen und wurde vom American Council on Education offiziell akkreditiert.

Wenn Angestellte, die alle Ausbildungsstufen durchlaufen haben, später studieren möchten, werden ihnen sieben College-Credits anerkannt. Seit Beginn des Programms ist die Mitarbeiterfluktuation zurückgegangen und die Kundenzufriedenheit gestiegen.

»Für die meisten Beschäftigten ist die Arbeit bei einem Jiffy-Lube-Franchisenehmer der Einstieg in die Arbeitswelt. Das Lehrgangskonzept hilft ihnen, sich gezielt weiterzubilden«, sagte Barber. »Es hilft ihnen, einen Weg zum Erfolg zu finden.«[13]

Andersen Windows and Doors

Der Türen- und Fensterhersteller Andersen Windows and Doors hat das Lernen auf den Kopf gestellt: Hier lernt das Management von den Produktionskräften, wie die Firma besser laufen könnte.

Andersens Geschichte unterscheidet sich in zweierlei Hinsicht ein Stück weit von den anderen Beispielen in diesem Kapitel, denn es geht teilweise darum, eine bestimmte Lernkultur am Arbeitsplatz zu schaffen, und teilweise um die Frage, wie man Mitarbeiter in die Lage versetzen kann, ihre Erfahrung für eine Veränderung ihres Arbeitsplatzes zu nutzen. Indem die Firma ihre Mitarbeiter dazu ermuntert, Probleme bei den Arbeitsabläufen zu identifizieren, unterstützt sie eine der mächtigsten bisher geschilderten Lernmethoden, nämlich die persönliche Auseinandersetzung mit dem Problem.

Einen guten Einblick vermittelt hierzu der Firmenzweig Renewal, der Austauschfenster aller Art und Größe produziert: geteilt, ein- oder zweiflügelig, zum Schieben, mit Kassetten oder in ungewöhnlichen Formen.

In diesem Zweigbetrieb in Cottage Grove, Minnesota, arbeiten allein in der Produktionslinie der geteilten Fenster

36 Beschäftigte täglich acht Stunden in den drei Arbeitsbereichen Rahmenfertigung, Schiebefenster und Endmontage. Jeder Arbeitsbereich besteht aus vier Stationen und wird von einem Schichtführer geleitet, der für Sicherheit, Qualität, Kosteneffizienz und Auslieferung zuständig ist. Alle zwei Stunden tauschen die Mitarbeiter die Station, um repetitive Stressverletzungen zu vermeiden und auch die anderen Arbeitsabläufe zu beherrschen. So, wie man beim Lernen immer wieder zwischen zwei oder mehr verwandten Themen umschalten sollte, trägt auch im Beruf der häufige Wechsel zwischen unterschiedlichen Tätigkeiten dazu bei, dass man versteht, wie der jeweilige Schritt zum Gesamtprozess beiträgt. Dadurch können die Mitarbeiter auf unerwartete Ereignisse adäquater reagieren.

Selbstverständlich existiert für jede Tätigkeit eine schriftliche Vorgabe, die genau beschreibt, was an dieser Stelle wie auszuführen ist. Diese Vorgabe ist für einheitliche Produkte und Qualität unerlässlich. Ansonsten, sagt Betriebsleiter Rick Wynveen, würden vier verschiedene Leute den Job auf vier verschiedene Arten und Weisen ausführen und vier verschiedene Produktversionen produzieren.

Neue Mitarbeiter oder Mitarbeiterinnen durchlaufen eine festgelegte Grundausbildung nach dem Motto »Erklären, zeigen, selber machen, überprüfen«. Dem neuen Mitarbeiter wird eine erfahrene Kraft zur Seite gestellt, das Gelernte wird sofort umgesetzt, und die prompte Rückmeldung sorgt dafür, dass Lernprozess und Leistung der Vorgabe entsprechen.

Aber wie schulen die Mitarbeiter ihre Manager? Wenn jemand eine Idee hat, wie sich die Produktivität verbessern ließe, und das Management darauf anspringt – zum Beispiel, Teile in anderer Form zum Arbeitsplatz anliefern zu lassen, um die Arbeitsabläufe zu verbessern und das Produktionstempo zu erhöhen –, wird derjenige, der den Vorschlag gemacht hat, in der Produktion freigestellt und hilft stattdessen mit, den neuen Standard umzusetzen. »Jede und jeder hat wertvolle Ideen«, sagt Wynveen, »ob Ingenieur, Servicetechniker oder die Mitarbeiter in der Produktion.«[14] Auch wenn eines der Produktionsteams seine Zielvorgaben nicht erfüllt, sind die Teams selbst gefragt, das Problem zu benennen und den Produktionsprozess entsprechend anzupassen.

Wie lehrreich die Einbeziehung der Mitarbeiter ist, illustriert Wynveen anhand des Kaizen-Events. *Kaizen* ist Japanisch und bedeutet »Verbesserung«. Diese Vorgehensweise hat maßgeblich zum Erfolg der Toyota Motor Company beigetragen und wurde von vielen anderen Firmen aufgegriffen, um eine Kultur der ständigen Verbesserung zu implementieren.

Als Wynveen eine deutliche Produktivitätssteigerung bei den geteilten Fenstern anstrebte, stellte er ein Team für ein Kaizen-Event zusammen. Dieses Team bestand aus einem Ingenieur, einem Servicetechniker, einem Vorarbeiter und fünf Mitarbeitern aus der Produktion. Die Ziele waren ambitioniert, denn es ging um eine 40-prozentige Verkleinerung der Produktionsfläche bei verdoppelter Produktivität. (Derartige »Stretch Goals« sind nicht durch schrittweise Veränderungen zu erreichen, sondern erfordern eine weitgehende Neuorganisation.) Eine Woche lang versammelte sich dieses Team täglich acht Stunden im

Konferenzraum, und alle erklärten einander die verschiedenen Elemente, Kapazitäten und Grenzen des Produktionsprozesses und überlegten, wie man diesen auf weniger Fläche effektiver gestalten könnte. In der Folgewoche marschierten sie bei Wynveen auf und präsentierten ihre Ergebnisse.

Wynveen legte ihren Plan jeder der zwölf Stationen vor und stellte allen dieselbe Frage: »Welche Veränderungen sind erforderlich, damit dieser Plan funktioniert?« Die Mitarbeiter und ihre Führungskräfte berieten sich und entwarfen die jeweiligen Komponenten so, dass sie zu dem neuen Plan passen würden. Die Produktion wurde komplett zerlegt und an zwei Wochenenden in zwei Abschnitten wiederaufgebaut, neu gestartet und im Verlauf der Folgemonate feingeschliffen, wobei weitere 200 Verbesserungsvorschläge der Mitarbeiter einbezogen wurden: Ein Lernprozess mit Testen, Feedback und Korrektur.

Das Ergebnis? Nach fünf Monaten waren Wynveens Ziele erreicht, und die Kosten hatten sich halbiert. Während der gesamten Umstellung konnte das Team jeden Liefertermin halten und hatte keinerlei Qualitätsprobleme. Die Mitarbeiter auf allen Ebenen des Betriebs aktiv in den Dialog einzubeziehen, ist ein zentrales Element der Firmenkultur im Sinne stetiger Verbesserung. »Dialog beruht auf Vertrauen und auf der Bereitschaft, miteinander zu reden«, sagte Wynveen. Die Produktionsteams lernten, bei ihrer Arbeit die Produktionsplanung zu verbessern, und die Firma lieferte den nötigen Rahmen, mit dem Vorschläge Gehör fanden und die Beschäftigten an der Umsetzung beteiligt wurden.

Eine Kultur des Lernens überträgt die Verantwortung für Lernaufgaben den Mitarbeitern und lässt sie selbst das System verändern. Probleme sind dann nicht Steine im Weg, sondern Informationen. So wird Lernen durch Problemlösung (Generierung) und Erklären (Elaboration) zum Motor für ständige Leistungsverbesserung jedes Einzelnen, aber auch der gemeinsamen Produktionslinie.

Inner Gate Acupuncture

Mitunter kann die richtige Lern- und Lehrmethode ein Leben von Grund auf verändern. Ein Beispiel hierfür ist Erik Isaacman, verheiratet, in den Dreißigern, Vater von zwei Kindern und begeisterter TCM-Therapeut, der Akupunktur, Massage und Heilkräuter gemäß den Prinzipien der Traditionellen Chinesischen Medizin anbietet. Die Geschichte über einen Wendepunkt in der Entwicklung seiner Praxis Inner Gate Acupuncture in Portland, Oregon, bildet den Abschluss dieses Kapitels. Inner Gate war therapeutisch erfolgreich, aber nicht geschäftlich.

Zusammen mit seinem Geschäftspartner Oliver Leonetti hatte Erik die Praxis 2005 eröffnet, nachdem er seinen Abschluss in TCM erworben hatte. Über Networking und kreatives Marketing bauten sich die beiden einen festen Kundenstamm auf, zudem ist Portland für alternative Therapien ein gutes Pflaster. Die Praxis florierte, aber damit stiegen auch die Ausgaben: Sie mieteten größere Räume, stellten eine Mitarbeiterin für Terminvereinbarung und Büroorganisation ein, holten einen dritten Therapeuten ins

Boot und heuerten schließlich noch jemanden fürs Backoffice an. »Wir wuchsen jährlich um 35 bis 50 Prozent«, erinnerte sich Erik in unserem Gespräch. »Deshalb übersahen wir bestimmte Punkte: Wir hatten keine Systeme für das Kostenmanagement. Wir hatten weder klare Geschäftsziele noch eine Managementhierarchie. Schon bald wurde uns klar, dass wir keine Ahnung von Geschäftsführung hatten.«[15]

Zu Eriks Patientinnen zählte auch die Unternehmensberaterin Kathy Maixner. Sie bot ihre Hilfe an. »Unkontrolliertes Wachstum ist einschüchternd«, erklärte sie uns. »Man springt ins kalte Wasser, und plötzlich gerät man ins Trudeln.« Maixners Fragen zeigten Erik und Oliver rasch auf, welche wichtigen Punkte sie zu wenig beachtet hatten. Daraufhin vereinbarten die drei etliche eng getaktete Coaching-Sitzungen, zwischen denen Erik und Oliver bestimmte Elemente für die fehlende Infrastruktur erstellen mussten: Dienstvorschriften, Jobbeschreibungen, finanzielle Ziele sowie Kennzahlen zur Leistungsmessung für ihre Therapeuten.

Jede Firma dient zwei Herren: dem Kunden und der Gewinnerzielung. »Unsere Therapeuten müssen mehr beherrschen als lediglich die Ausführung der Traditionellen Chinesischen Medizin«, sagte Erik, als er über seine und Olivers Lernkurve nachdachte. »Sie müssen verstehen, wie man einen Patiententermin in eine Beziehung verwandelt und wie man dem Patienten hilft, die Leistungen seiner Versicherung korrekt einzuschätzen. Die Kundenzufriedenheit hat bei uns oberste Priorität. Aber wir müssen auch unsere Rechnungen zahlen können.«

In ihren Sitzungen nutzte Maixner Generierung, Reflexion, Elaboration und Probeläufe. Ihre Fragen zeigten auf, woran die beiden noch nicht gedacht hatten, oder regten dazu an, sich mit ihrem Verhalten und den nötigen Verfahren auseinanderzusetzen, um besser zu delegieren und ihren Mitarbeitern mehr Verantwortung zu übertragen.

Sie entwickelten ein System zur Auswertung von Praxisdaten wie der Anzahl der Patientenbesuche, versäumten Terminen und Herkunft der Überweisungen. Sie lernten, sich von den Versicherungen angemessen bezahlen zu lassen, denen sie ihre Auslagen bisher nur zu 30 Prozent in Rechnung gestellt hatten. Sie erstellten eine einheitliche Vorgabe für ihre Therapeuten beim Erstkontakt mit neuen Patienten. Auch Gespräche zwischen ihnen und ihren Angestellten spielten sie durch.

Um die Praxis auf eine gesunde Basis zu stellen, musste insbesondere Erik lernen, seine Mitarbeiter sinnvoll zu beraten und anzuleiten. »Wir überlassen nicht mehr alles der Intuition«, sagt er. Klare Vorgaben für den Ersttermin helfen den Therapeuten beispielsweise bei der Klärung, was den Patienten hergeführt hat, welche Therapien hilfreich sein könnten, wie man sie so erklärt, dass der Patient es am ehesten versteht, welche Gebühren anfallen und welche Erstattungsmöglichkeiten dafür bestehen, und natürlich bei der Erstellung eines Behandlungsplans.

»Mit den Therapeuten führe ich Rollenspiele durch: Unser Therapeut spielt den Patienten, und ich spiele den Therapeuten. Wir werfen Fragen auf, bringen Einwände, üben die passende Reaktion und finden so eine Lösung, die dem Patienten und der Praxis gerecht wird. Und dann tauschen wir die Rollen. Dieses Rollenspiel zeichnen wir auf und achten bei der Wiedergabe auf die Unterschiede: Wie hast du auf den Patienten reagiert, wie habe ich reagiert?«

Sprich, er greift zu Lernen durch Simulation, Generierung, Testen, Feedback und praktische Übungen.

Während wir dies schreiben, geht Inner Gate ins achte Jahr und ernährt vier Therapeuten sowie zweieinhalb Verwaltungsangestellte. Eine fünfte Therapeutenstelle ist anvisiert, und die Partner möchten eine Zweigstelle eröffnen. Indem Erik und Oliver sich sowohl als Lernende als auch als Lehrer betrachten, haben sie ihre Akupunkturpraxis in ein solides Unternehmen verwandelt, das in Portland hohes Ansehen genießt.

In diesem Buch haben wir nicht das Thema Bildung behandelt, sondern das Thema Lernen. Die Verantwortung für das Lernen an sich obliegt dem Einzelnen, die Verantwortung für Bildung und Weiterbildung hingegen liegt bei den jeweiligen gesellschaftlichen Institutionen. Beim Thema Bildung geht es um diverse schwierige Fragen: Lehren wir das Richtige? Erreichen wir die Kinder früh genug? Wie sollten wir die Ergebnisse beurteilen? Muss unsere Jugend eine Hypothek auf die Zukunft aufnehmen, indem wir sie für ihren Collegeabschluss zahlen lassen?

Das sind drängende Fragen für die Gesellschaft. Aber während wir uns damit auseinandersetzen, können die in diesem Buch dargestellten effektiven Lerntechniken überall umgesetzt werden, wo gelernt, gelehrt oder ausgebildet wird. Sie sind kostenlos, sie erfordern keine Strukturreform, und es winken dadurch reale, langfristige Vorteile.

Quellen und Anmerkungen

1. Lernen geht anders

1 Der Ausdruck »mentales Modell« wurde für Vorstellungen von komplexen Konzepten geprägt, z. B. die Arbeitsweise eines Stromnetzes oder eines KFZ-Motors. Hier erweitern wir ihn auf motorische Fähigkeiten, die auch als Bewegungsabläufe oder Bewegungsmuster bezeichnet werden.

2 Die Daten zu Lernstrategien stammen aus der Umfrage zu J. D. Karpicke, A. C. Butler, & H. L. Roediger, Metacognitive strategies in student learning: Do students practice retrieval when they study on their own?, *Memory* 17 (2010), 471–479.

3 Peter Brown: Interview mit Matt Brown, 28. März 2011, Hastings, MN. Alle Zitate von Matt Brown stammen aus diesem Interview.

4 Zitiert nach: http://caps.gmu.edu/educationalprograms/pamphlets/StudyStrategies.pdf; Zugriff 1. November 2013.

5 Zitiert nach: www.dartmouth.edu/~acskills/docs/study_actively.doc; Zugriff 1. November 2013.

6 Der Lerntipp aus der St. Louis Post-Dispatch wird über *Newspapers in Education* empfohlen und ist online einsehbar auf »Testing 1, 2, 3! How to Study and Take Tests«, S. 14; verfügbar auf *http://nieonline.com/includes/hottopics/Testing%20Testing%20123.pdf*, Zugriff 2. November 2013.

7 Die Studien zur Nutzlosigkeit blinder Wiederholung in Bezug auf die Einzelheiten eines Geldstücks oder die Frage, wo der nächste Feuerlöscher steht, sind abgedruckt in R. S. Nickerson & M. J. Adams, Long term memory of a common object, *Cognitive Psychology* 11 (1979), 287–307; und A. D. Castel, M. Vendetti, & K. J. Holyoak, Inattentional blindness and the location of fire extinguishers, *Attention, Perception and Performance* 74 (2012), 1391–1396.

8 Das Experiment, auf das sich Tulving bezog, ist beschrieben in E. Tulving, Subjective organization and the effects of repetition in multi-trial free recall learning, *Journal of Verbal Learning and Verbal Behavior* 5 (1966), 193–197.

9 Das Experiment, in dem gezeigt wird, dass erneutes Lesen das Langzeitgedächtnis nicht sonderlich unterstützt, ist zu finden in A. A. Callender & M. A. McDaniel, The limited benefits of rereading educational texts, *Contemporary Educational Psychology* 34 (2009), 30–41.

10 Die Umfrage, der zufolge nochmaliges Durchlesen zu den bevorzugten Lernstrategien zählt, findet sich bei Karpicke et al., *Metacognitive strategies*. Es wurden auch Daten verwendet aus J. McCabe, Metacognitive awareness of learning strategies in undergraduates, *Memory & Cognition* 39 (2010), 462–476.

11 Illusionen über den eigenen Wissensstand werden in diesem Buch immer wieder behandelt. Hierzu lohnt sich auch die Lektüre von: Thomas Gilovich, *How We Know What Isn't So: The Fallibility of Human Reason in Everyday Life* (New York: Free Press, 1991).

12 R. J. Sternberg, E. L. Grigorenko, & L. Zhang, Styles of learning and thinking matter in instruction and assessment, *Perspectives on Psychological Science* 3 (2008), 486–506.

13 Das Projekt an der Columbia Middle School wird geschildert bei M. A. McDaniel, P. K. Agarwal, B. J. Huelser, K. B. McDermott, & H. L. Roediger (2011), Test-enhanced learning in a middle school science classroom: The effects of quiz frequency and placement, *Journal of Educational Psychology*, 103, 399–414.

14 Wie Tests zum Lernen beitragen, wird in Kapitel 2 genauer erläutert. Wer insgesamt mehr über die in diesem Kapitel behandelten Punkte (und andere Umsetzungen von Erkenntnissen der Kognitionspsychologie im Bildungswesen) erfahren möchte, sei verwiesen auf: M. A. McDaniel & A. A. Callender, Cognition, memory, and education, in H. L. Roediger, *Cognitive Psychology of Memory, vol. 2 of Learning and Memory: A Comprehensive Reference* (Oxford: Elsevier, 2008), 819–844.

2. Und … Zugriff!

1 Peter Brown: Interview mit Michael Ebersold, 31. Dezember 2011, Wabasha, MN. Alle Zitate von Ebersold stammen aus diesem Interview.

2 Ebbinghaus, Hermann. Über das Gedächtnis: Untersuchungen zur experimentellen Psychologie. Duncker & Humblot, Leipzig 1885. Das Buch des deutschen Psychologen wurde 1913 ins Englische übersetzt. Ebbinghaus gilt vielfach als Vater der wissenschaftlichen Gedächtnisforschung.

3 Aristoteles und Bacon wurden in der Originalfassung zitiert nach H. L. Roediger & J. D. Karpicke, The power of testing memory: Basic research and implications for educational practice, *Perspectives on Psychological Science 1* (2006), 181–210. Die deutsche Fassung des Aristoteleszitats stammt von Dr. phil. Lorenz Wilkens, Berlin, & Dr. phil. Karsten Wilkens, Altphilologe, Konstanz.

4 Benedict Carey, »Forget what you know about good study habits«, *New York Times*, September 7, 2010. Die diesem Artikel zugrunde liegende Studie war: H. L. Roediger & J. D. Karpicke, Test-enhanced learning: Taking memory tests improves long-term retention, *Psychological Science 17* (2006), 249–255.

5 A. I. Gates, Recitation as a factor in memorizing, *Archives of Psychology* 6 (1917) und H. F. Spitzer, Studies in retention, *Journal of Educational Psychology* 30 (1939), 641–656. Diese beiden breit angelegten Studien mit Grund- und Mittelschülern zählen zu den ersten Belegen dafür, dass Testen oder stilles Rezitieren von Lehrbuchtexten den Stoff besser im Gedächtnis verankern.

6 Ob wiederholtes Testen oder wiederholtes Lesen besser wirken, untersuchte die Studie von E. Tulving, The effects of presentation and recall of material in free-recall learning, *Journal of Verbal Learning and Verbal Behavior* 6 (1967), 175–184. Dass Testen besser vor dem Vergessen bewahrt, wurde nachgewiesen in: M. A. Wheeler & H. L. Roediger, Disparate effects of repeated testing: Reconciling Ballard's (1913) and Bartlett's (1932) results, *Psychological Science* 3 (1992), 240–245.

7 Die positiven Auswirkungen von Wissensgenerierung finden sich in: L. L. Jacoby, On interpreting the effects of repetition: Solving a problem versus remembering a solution, *Journal of Verbal Learning and Verbal Beha-*

vior 17 (1978), 649–667. Dieses Experiment unter Laborbedingungen konnte zeigen, dass die Erzeugung der gewünschten Information nicht sonderlich komplex sein muss, damit Lerninhalte besser erinnerbar sind als durch wiederholtes Lesen.

8 Die Studien an der Columbia Middle School wurden veröffentlicht in H. L. Roediger, P. K. Agarwal, M. A. McDaniel, & K. McDermott, Test-enhanced learning in the classroom: Long-term improvements from quizzing, *Journal of Experimental Psychology: Applied* 17 (2011), 382–395; und M. A. McDaniel, P. K. Agarwal, B. J. Huelser, K. B. McDermott, & H. L. Roediger, Test-enhanced learning in a middle school science classroom: The effects of quiz frequency and placement, *Journal of Educational Psychology* 103 (2011), 399–414. Diese Begleitstudien waren die ersten, die unter gut kontrollierten Bedingungen untersuchten, inwiefern sich Quizübungen bei Schülern der Unter- und Mittelstufe auf Klassenarbeiten in Sozialkunde und Geschichte auswirken können. Die Ergebnisse zeigen, dass Quiztests im Vergleich zu Unterricht oder reiner Wiederholung ohne Quiz sowohl bei der Klassenarbeit als auch bei der Jahresabschlussprüfung zu signifikanten Verbesserungen führen. Teilweise konnte bereits ein einziges gut platziertes Wiederholungsquiz genauso solide Examensergebnisse provozieren wie wiederholte Quiztests. Siehe P. K. Agarwal, P. M. Bain, & R. W. Chamberlain, The value of applied research: Retrieval practice improves classroom learning and recommendations from a teacher, a principal, and a scientist, *Educational Psychology Review* 24 (2012), 437–448.

9 Peter Brown: Interview mit Roger Chamberlain, 27. Oktober 2011, Columbia Middle School, Illinois. Alle Zitate von Chamberlain stammen aus diesem Interview.

10 Peter Brown: Interview mit Andrew Sobel, 22. Dezember 2011, St. Louis, Missouri. Alle Zitate von Sobel stammen aus diesem Interview.

11 Die hier beschriebenen Experimente stehen bei H. L. Roediger & J. D. Karpicke, Test-enhanced learning: Taking memory tests improves long-term retention, *Psychological Science* 17 (2006), 249–255. Experimenten zufolge waren aktiv erarbeitete Prosapassagen nach zwei und sieben Tagen besser abrufbar, als wenn sie lediglich noch einmal gelesen wurden. Zu einer früheren Studie mit demselben Ergebnis anhand von Wortlisten siehe auch C. P. Thompson, S. K. Wenger, & C. A. Bartling,

How recall facilitates subsequent recall: A reappraisal, *Journal of Experimental Psychology: Human Learning and Memory* 4 (1978), 210–221. Dieses Experiment zeigte, dass intensives Pauken für einen unmittelbar bevorstehenden Test besser hilft, nicht jedoch für einen zeitverzögerten Test.

12 Zur Wirkung von Feedback gibt es zahlreiche Studien, darunter A. C. Butler & H. L. Roediger, Feedback enhances the positive effects and reduces the negative effects of multiple-choice testing, *Memory & Cognition* 36 (2008), 604–616. Die Experimente ergaben, dass Feedback die Testwirkung verstärkt und dass dieses Feedback noch wirksamer sein könnte, wenn es leicht verzögert erfolgen würde. Die Autoren zeigen außerdem auf, dass Feedback bei Multiple-Choice-Tests die positive Wirkung verstärkt und die negative Wirkung mindert. Ein Standardwerk zu den motorischen Fähigkeiten ist A. W. Salmoni, R. A. Schmidt, and C. B. Walter, Knowledge of results and motor learning: A review and critical reappraisal, *Psychological Bulletin* 95 (1984), 355–386. Die Autoren stellen hier die Guidance-Hypothese zu den Auswirkungen von Feedback auf das motorische Lernen zur Diskussion. Häufiges, promptes Feedback könne den langfristigen Lernerfolg beeinträchtigen, selbst wenn es kurzfristig die Leistung verbessere, weil es beim Üben eine Krücke darstelle, die später bei der Prüfung fehle.

13 Der Test mit dem aufgeschlagenen Buch findet sich bei P. K. Agarwal, J. D. Karpicke, S. H. K. Kang, H. L. Roediger, & K. B. McDermott, Examining the testing effect with open- and closed-book tests, *Applied Cognitive Psychology* 22 (2008), 861–876.

14 Vergleichsstudien zu unterschiedlichen Testformen sind: S. H. Kang, K. B. McDermott, H. L. Roediger, Test format and corrective feedback modify the effect of testing on long-term retention, *European Journal of Cognitive Psychology* 19 (2007), 528–558 sowie M. A. McDaniel, J. L. Anderson, M. H. Derbish, & N. Morrisette, Testing the testing effect in the classroom, *European Journal of Cognitive Psychology* 19 (2007), 494–513. Diese parallel durchgeführten Experimente (eines unter Laborbedingungen, eines in einem College-Kurs) ergaben, dass ein Quiz, das kurze Antworten verlangt und Feedback gibt, bei der Abschlussprüfung zu besseren Ergebnissen führt als ein reiner Ankreuztest mit Feedback. Das bedeutet, dass der Testing-Effekt robuster ist, wenn das Abrufen mehr Mühe erfordert – Ankreuzaufgaben sind in der Regel weniger aufwändig

als die Formulierung einer kurzen Antwort. Einige Studien belegen aber auch, dass Multiple-Choice-Tests (besonders wiederholte Tests) im Unterricht genauso wirksam sein können wie die Suche nach eigenen kurzen Antworten. Siehe hierzu K. B. McDermott, P. K. Agarwal, L. D'Antonio, H. L. Roediger, & M. A. McDaniel, Both multiple-choice and short-answer quizzes enhance later exam performance in middle and high school classes, *Journal of Experimental Psychology: Applied* 20(1), 3–21.

15 Die folgenden Studien untersuchten, inwiefern Lernende Tests als Lernmethode einsetzen: J. D. Karpicke, A. C. Butler, & H. L. Roediger, III, Metacognitive strategies in student learning: Do students practice retrieval when they study on their own?, *Memory* 17 (2009), 471–479; und N. Kornell & R. A. Bjork, The promise and perils of self regulated study, *Psychonomic Bulletin & Review* 14 (2007), 219–224. Diese Studien enthalten Umfragen unter College-Studierenden zum Einsatz von Übungstests beim Lernen.

16 Einen Test zu absolvieren, verbessert den Lernerfolg einer neuen Lektion selbst dann, wenn man beim Abfragen nicht die richtige Antwort weiß. Siehe K. M. Arnold & K. B. McDermott, Test-potentiated learning: Distinguishing between the direct and indirect effects of tests, *Journal of Experimental Psychology: Learning, Memory and Cognition* 39 (2013), 940–945.

17 Zu häufigen, weniger wichtigen Tests existiert folgende Studie: F. C. Leeming, The exam-a-day procedure improves performance in psychology classes, *Teaching of Psychology* 29 (2002), 210–212. Dem Autor zufolge nahmen Studierende, denen er zu Beginn jeder Stunde einen kurzen Test vorlegte, regelmäßiger am Unterricht teil und hatten das Gefühl, mehr zu arbeiten und zu lernen als eine Vergleichsgruppe, die im Semesterverlauf lediglich vier Tests schrieb. Die Ergebnisse der Abschlussprüfungen für die verschiedenen Gruppen (mit oder ohne tägliches Quiz) bestätigten diesen subjektiven Eindruck. Eine weitere interessante Studie zum Lernerfolg ist K. B. Lyle & N. A. Crawford, Retrieving essential material at the end of lectures improves performance on statistics exams, *Teaching of Psychology* 38 (2011), 94–97. Zwei Analysen zu Untersuchungen zu Übungsmethoden und Tests finden sich in H. L. Roediger & J. D. Karpicke, The power of testing memory: Basic research and implications for educational practice, *Perspectives on Psychological Sci-*

ence 1 (2006), 181–210. Diese Studie bietet eine umfassende Übersicht über knapp hundert Jahre Labor- und Unterrichtsstudien und belegt, dass Tests eine wirkungsvolle Lernmethode darstellen können. Eine neuere Übersichtsarbeit betont die vielen Vorteile häufiger Tests in Ergänzung zum unmittelbaren Nutzen von Übungstests. H. L. Roediger, M. A. Smith, & A. Putnam, Ten benefits of testing and their applications to educational practice, in J. Mestre & B. H. Ross (eds.), *Psychology of Learning and Motivation* (San Diego: Elsevier Academic Press, 2012). Dieses Kapitel fasst die vielfältigen Chancen zusammen, die Testen als Lernmethode bietet.

3. Wie üben künftige Meister?

1 Der Bericht zur Bohnensäckchen-Studie steht bei R. Kerr & B. Booth, Specific and varied practice of motor skill, *Perceptual and Motor Skills* 46 (1978), 395–401.

2 Viele gut kontrollierte Experimente mit einer Vielzahl von Materialien und Übungsaufgaben liefern handfeste Beweise, dass Pauken (immer wieder dasselbe wiederholen, was eine bevorzugte Lernstrategie darstellt) in Bezug auf Lernprozess und langfristiges Behalten zeitversetztem, abwechslungsreichem Üben unterlegen ist. Eine Literaturübersicht zum zeitversetzten Lernen findet sich bei N. J. Cepeda, H. Pashler, E. Vul, J. T. Wixted, & D. Rohrer, Distributed practice in verbal recall tasks: A review and quantitative synthesis, *Psychological Bulletin* 132 (2006), 354–380.

3 Die Chirurgenstudie ist: C-A. E. Moulton, A. Dubrowski, H. MacRae, B. Graham, E. Grober, & R. Reznick, Teaching surgical skills: What kind of practice makes perfect?, *Annals of Surgery* 244 (2006), 400–409. Der Volltext ist als PDF einsehbar unter https://www.academia.edu/33221958/Teaching_Surgical_Skills_What_Kind_of_Practice_Makes_Perfect. Für diese Studie nahmen künftige Chirurgen in der Facharztausbildung entweder an einer normalen eintägigen Schulung zu einem chirurgischen Verfahren teil oder an vier einzelnen Schulungsterminen über mehrere Wochen hinweg. Nachdem die Operationstechnik nach den zeitlich versetzten Einheiten besser beherrscht und

umgesetzt wurde, stellte die ausbildende Universität ihre Unterrichtsmethodik – kurzfristiges Einüben einer bestimmten Technik in einem Intensivkurs – noch einmal auf den Prüfstand.

4 Dass bei mathematischen Problemen Abwechslung sinnvoller ist, belegen D. Rohrer & K. Taylor, The shuffling of mathematics problems improves learning, *Instructional Science* 35 (2007), 481–498. Üblicherweise stellen Mathematikbücher Aufgaben nach bestimmten Problemtypen zusammen. Das geschilderte Laborexperiment zeigte, dass dieses Standardvorgehen bei einem Abschlusstest, in dem es für jede Problemstellung neue Aufgaben gab, schlechtere Ergebnisse erbrachte, als wenn in der Übungsphase abwechselnd unterschiedliche Problemstellungen präsentiert wurden (gemischte Aufgaben).

5 Dass unterschiedliche Übungsstrategien das motorische Gedächtnis unterschiedlich konsolidieren, schildern S. S. Kantak, K. J. Sullivan, B. E. Fisher, B. J. Knowlton, & C. J. Winstein, Neural substrates of motor memory consolidation depend on practice structure, *Nature Neuroscience* 13 (2010), 923–925.

6 Die Anagramm-Studie ist: M. K. Goode, L. Geraci, & H. L. Roediger, Superiority of variable to repeated practice in transfer on anagram solution, *Psychonomic Bulletin & Review* 15 (2008), 662–666. In dem Test sollten Anagramme für bestimmte Wörter gelöst werden. Eine Gruppe erhielt bei jedem Übungstest dasselbe Anagramm für ein bestimmtes Zielwort (reine Wiederholung); die Vergleichsgruppe erhielt für ein bestimmtes Zielwort jedes Mal ein anderes Anagramm (wechselnde Anforderungen). Erstaunlicherweise erzielte die zweite Gruppe im Abschlusstest, in dem genau das Anagramm präsentiert wurde, das die erste Gruppe mehrfach geübt hatte, bessere Ergebnisse.

7 Die Studie zum Erkennen von Kunststilen ist: N. Kornell & R. A. Bjork, Learning concepts and categories: Is spacing the »enemy of induction«?, *Psychological Science* 19 (2008), 585592. In diesen Experimenten sollten College-Studenten sich den Malstil einer Reihe eher unbekannter Künstler einprägen. Sie lernten dabei besser, wenn die Gemälde der Künstler abwechselnd präsentiert wurden, als wenn jeder Künstler intensiv einzeln vorgestellt wurde. Trotz der objektiven Ergebnisse beharrten die meisten darauf, dass sie in den auf eine Person konzentrierten Einheiten besser gelernt hätten. Sehr aufschlussreich ist auch die

Studie von S. H. K. Kang & H. Pashler, Learning painting styles: Spacing is advantageous when it promotes discriminative contrast, *Applied Cognitive Psychology* 26 (2012), 97–103. Sie belegt, dass eine Mischung der Gemäldebeispiele die Unterschiede zwischen den Malstilen besser hervorheben konnte (was als diskriminativer Kontrast bezeichnet wird).

8 Die Erkenntnis, dass eine bessere Unterscheidung zwischen Beispielen das konzeptuelle Lernen unterstützt, wird formuliert bei L. L. Jacoby, C. N. Wahlheim, & J. H. Coane, Test-enhanced learning of natural concepts: Effects on recognition memory, classification, and metacognition, *Journal of Experimental Psychology: Learning, Memory, and Cognition* 36 (2010), 1441–1442.

9 Peter Brown: Interview mit Douglas Larsen, 23. Dezember 2011, St. Louis, MO. Alle Zitate von Larsen stammen aus diesem Interview.

10 Doug Larsens Arbeiten sind zu finden in D. P. Larsen, A. C. Butler, & H. L. Roediger, Repeated testing improves long-term retention relative to repeated study: A randomized controlled trial. *Medical Education* 43 (2009), 1174–1181; D. P. Larsen, A. C. Butler, A. L. Lawson, & H. L. Roediger, The importance of seeing the patient: Test-enhanced learning with standardized patients and written tests improves clinical application of knowledge, *Advances in Health Science Education* 18 (2012), 1–17; und D. P. Larsen, A. C. Butler, & H. L. Roediger, Comparative effects of test-enhanced learning and self-explanation on long-term retention, *Medical Education* 47, 7 (2013), 674–682.

11 Peter Brown: Interview mit Vince Dooley, 18. Februar 2012, Athens, GA. Alle Zitate von Dooley stammen aus diesem Interview.

12 In der Lernforschung wird schon lange zwischen momentaner Leistung und echtem Lernen unterschieden (das nach einer Pause mit eingeflochtenen Erinnerungsanstößen messbar ist). Zum Beispiel könnte uns jemand erzählen, dass James Monroe der fünfte Präsident der USA war. An diesem Tag oder in dieser Woche wüssten wir das vielleicht noch vom vorherigen Hören (welches die Kurzzeitstärke fördert, die das Psychologenpaar Robert und Elizabeth Bjork als *Abrufstärke* bezeichnen). Wenn man uns jedoch ein Jahr später nach dem fünften Präsidenten fragt, bräuchten wir die Kraft der Gewohnheit oder die Speicherungsstärke, wie die Bjorks sie nennen. Mehr dazu in: R. A. Bjork & E. L. Bjork,

A new theory of disuse and an old theory of stimulus fluctuation, in A. F. Healy, S. M. Kosslyn, & R. M. Shiffrin (eds.), *From learning processes to cognitive processes: Essays in honor of William K. Estes* (vol. 2, pp. 35–67) (Hillsdale, NJ: Erlbaum, 1992). Eine aktuellere Diskussion findet sich bei N. C. Soderstrom & R. A. Bjork, Learning versus performance, in D. S. Dunn (ed.), *Oxford Bibliographies online: Psychology* (New York: Oxford University Press, 2013); doi:10.1093/obo/9780199828340-0081.

4. An Schwierigkeiten wachsen

1 Alle Zitate von Mia Blundetto stammen aus Telefongesprächen zwischen Peter Brown, in Austin, TX, und Blundetto, im Camp Fuji, Japan, am 9. Februar und 2. März 2013.

2 Erstmals verwendet wurde der Ausdruck »wünschenswerte Erschwernisse beim Lernen« bei R. A. Bjork & E. L. Bjork, A new theory of disuse and an old theory of stimulus fluctuation, in A. F. Healy, S. M. Kosslyn, & R. M. Shiffrin (eds.), *From learning processes to cognitive processes: Essays in honor of William K. Estes* (vol. 2, pp. 35–67) (Hillsdale, NJ: Erlbaum, 1992). Diese Vorstellung erscheint kontraintuitiv, denn wie kann es sein, dass man etwas besser lernt und länger behält, wenn einem die Aufgabe erschwert wird? Der Rest dieses Kapitel befasst sich mit diesem scheinbaren Widerspruch und seinen Hintergründen.

3 Die Psychologie unterscheidet beim Lern- und Erinnerungsprozess drei Stadien: Enkodierung (Wissenserwerb), Speicherung (langfristige Erhaltung der Informationen) und Abruf (spätere Nutzung der Informationen). Wann immer man sich erfolgreich an ein Ereignis erinnert, haben alle drei Stadien funktioniert. Vergessen (oder das Auftauchen falscher Erinnerungen, bei denen die Erinnerung fehlerhaft ist, auch wenn man sie für richtig hält) kann in jedem Stadium auftreten.

4 Eine klassische Konsolidierungsstudie ist beispielsweise J. L. McGaugh, Memory – a century of consolidation, *Science* 287 (2000), 248–251. Eine etwas neuere und längere Abhandlung findet sich in Y. Dudai, The neurobiology of consolidations, or, how stable is the engram?, *Annual Review of Psychology* 55 (2004), 5186. Zum Nachweis, dass Schlafen und Träumen die Gedächtniskonsolidierung unterstützen, siehe E. J. Wams-

ley, M. Tucker, J. D. Payne, J. A. Benavides, & R. Stickgold, Dreaming of a learning task is associated with enhanced sleep-dependent memory consolidation, *Current Biology* 20 (2010), 850–855.

5 Endel Tulving betonte den entscheidenden Anteil der Abrufhilfen am Erinnerungsprozess und hob hervor, dass Erinnern stets ein Produkt aus gespeicherten Informationen (der Gedächtnisspuren) und Umgebungsreizen ist, die an diese Informationen gemahnen können. Bei stärkeren Abrufhilfen können auch schwächere Gedächtnisspuren wieder zugänglich werden. Siehe: E. Tulving, Cue dependent forgetting, *American Scientist* 62 (1974), 74–82.

6 Robert Bjork betont, dass ein gewisses Vergessen des ursprünglichen Ereignisses dazu beiträgt, dass man bei einer erneuten Konfrontation mit demselben Ereignis mehr lernt. Ein Beispiel hierfür ist der Einfluss zeitlich versetzter Ereignisse (der *Spacing Effect*). Mehr dazu bei N. C. Soderstrom & R. A. Bjork, Learning versus performance, in D. S. Dunn (ed.), *Oxford Bibliographies online: Psychology* (New York: Oxford University Press, 2013); doi:10.1093/obo/9780199828340-0081.

7 Dass alte Lernerfahrungen sich mit neueren mischen, wird in der Psychologie als *negativer Transfer* bezeichnet. Mehr zu der Frage, wie das Vergessen alter Informationen das Lernen neuerer Informationen unterstützen kann, steht bei R. A. Bjork, On the symbiosis of remembering, forgetting, and learning, in A. S. Benjamin (ed.), *Successful Remembering and Successful Forgetting: A Festschrift in Honor of Robert A. Bjork* (pp. 1–22) (New York: Psychology Press, 2010).

8 Die Situation, dass Informationen noch im Gedächtnis vorhanden sind, sich aber nicht aktiv abrufen lassen, gilt als Schlüsselproblem der Erinnerung (Tulving, *cue-dependent forgetting*). Gespeicherte Informationen gelten als »verfügbar«, abrufbare Informationen hingegen als »zugänglich«. Das Beispiel in diesem Kapitel (dass jemand sich nicht mehr an eine frühere Adresse erinnern kann, sie aber unter mehreren Möglichkeiten problemlos erkennt) ist typisch für den Einfluss der Abrufhinweise: Erst sie ermöglichen dem Bewusstsein den Zugang zu verfügbaren Erinnerungen. Wiedererkennungstests liefern normalerweise stärkere Hinweisreize als Erinnerungstests.

9 Die Studie zu den Baseballspielern und ihrem Schlagtraining wird beschrieben in K. G. Hall, D. A. Domingues, & R. Cavazos, Contextual inter-

ference effects with skilled baseball players, *Perceptual and Motor Skills* 78 (1994), 835–841.

10 Die Rekonstruktion eines Konzepts oder einer Fähigkeit nach einer gewissen Pause bezeichnen die Bjorks mit dem Terminus »Reload«. Eine gute, verfügbare Quelle zu diesem Thema ist E. L. Bjork & R. A. Bjork, Making things hard on yourself, but in a good way: Creating desirable difficulties to enhance learning, in M. A. Gernsbacher, R. W. Pew, L. M. Hough, & J. R. Pomerantz (eds.), *Psychology and the real world: Essays illustrating fundamental contributions to society* (pp. 56–64) (New York: Worth, 2009).

11 Dem Begriff der Rekonsolidierung kommen in Psychologie und Neurowissenschaft diverse Bedeutungen zu. Im Zentrum steht das Wiederaufgreifen einer Originalerinnerung, die danach noch einmal gefestigt (konsolidiert) wird, wie es bei Übungstests der Fall ist. Allerdings kann die Originalerinnerung durch die Rekonsolidierung auch verändert werden, wenn bei der Reaktivierung der Originalerinnerung neue Informationen hinzukommen. Die Rekonsolidierung ist sowohl in der Neurobiologie als auch in der kognitiven Psychologie ein wichtiges Thema. Erste Einblicke in dieses Gebiet vermitteln D. Schiller, M. H. Monfils, C. M. Raio, D. C. Johnson, J. E. LeDoux, & E. A. Phelps, Preventing the return of fear in humans using reconsolidation update mechanisms, *Nature* 463 (2010), 49–53, und B. Finn & H. L. Roediger, Enhancing retention through reconsolidation: Negative emotional arousal following retrieval enhances later recall, *Psychological Science* 22 (2011), 781–786.

12 Den Themenwechsel beim Lernen untersuchten M. S. Birnbaum, N. Kornell, E. L. Bjork, & R. A. Bjork, Why interleaving enhances inductive learning: The roles of discrimination and retrieval, *Memory & Cognition* 41 (2013), 392–402.

13 Dass man sich nach dem Lesen besser an Inhalte erinnert, auch wenn es durch die Auslassung von Buchstaben oder eine ungewöhnliche Typografie erschwert wird, konnten verschiedene Studien nachweisen, darunter M. A. McDaniel, G. O. Einstein, P. K. Dunay, & R. Cobb, Encoding difficulty and memory: Toward a unifying theory, *Journal of Memory and Language* 25 (1986), 645–656, und C. Diemand-Yauman, D. Oppenheimer, & E. B. Vaughn, Fortune favors the bold (and the italicized): Effects of disfluency on educational outcomes, *Cognition* 118 (2010), 111–115. Die Studie, in der der Unterricht mal zum Kapitel passte und

mal nicht, ist: S. M. Mannes & W. Kintsch, Knowledge organization and text organization, *Cognition and Instruction* 4 (1987), 91–115.

14 Zu den Studien, denen zufolge generatives Lernen das Behalten verbessern kann, gehören L. L. Jacoby, On interpreting the effects of repetition: Solving a problem versus remembering a solution, *Journal of Verbal Learning and Verbal Behavior* 17 (1978), 649–667, und N. J. Slamecka & P. Graf, The generation effect: Delineation of a phenomenon, *Journal of Experimental Psychology: Human Learning and Memory* 4 (1978), 592–604. Später wurde belegt, dass generatives Vorgehen vor einer Lerneinheit ebenfalls die Leistung verbessert; siehe L. E. Richland, N. Kornell, & L. S. Kao, The pretesting effect: Do unsuccessful retrieval attempts enhance learning? *Journal of Experimental Psychology: Applied* 15 (2009), 243–257.

15 Die zitierte Studie zum Schreiben als Lernmethode ist: K. J. Gingerich, J. M. Bugg, S. R. Doe, C. A. Rowland, T. L. Richards, S. A. Tompkins, & M. A. McDaniel, Active processing via write-to-learn assignments: Learning and retention benefits in introductory psychology, *Teaching of Psychology*, 41 (4), 303–308.

16 B. F. Skinner hatte viele einflussreiche und interessante Ideen zum Lernen in der Schule und zu anderen Themen der amerikanischen Gesellschaft. Sein wichtiges Werk *Science and Human Behaviour* kann auf der Website der B. F. Skinner Foundation kostenlos heruntergeladen werden. (Deutsche Fassung: B. F. Skinner, *Wissenschaft und menschliches Verhalten.* Aus dem Amerikanischen übersetzt von Edwin Ortmann. Kindler, München 1983) Siehe auch B. F. Skinner, Teaching machines, *Science* 128 (1958), 969–977. Fehlerfreies Lernen ist beim Unterrichten von Menschen mit Gedächtnisproblemen durchaus von Bedeutung, doch in den meisten Unterrichtssituationen schaden Fehler nichts (solange sie korrigiert werden) und können den Lernprozess sogar fördern. Siehe zum Beispiel B. J. Huelser & J. Metcalfe, Making related errors facilitates learning, but learners do not know it, *Memory & Cognition* 40 (2012), 514–527.

17 Die französische Studie zu Schulkindern bei der Anagramm-Lösung ist beschrieben in F. Autin & J. C. Croizet, Improving working memory efficiency by reframing metacognitive interpretation of task difficulty, *Journal of Experimental Psychology: General* 141 (2012), 610–618. Das Pariser

Fehlerfestival ist geschildert bei Lizzy Davis, »Paris Stages ›Festival of Errors‹ to Teach French Schoolchildren How to Think,« *Guardian*, July 21, 2010, http://www.guardian.co.uk/world/2010/jul/21/france-paris-festival-of-errors, Zugriff 22. Oktober 2013. Siehe auch Pressemeldung *Détrompez-vous! Un festival d'erreur,* http://www.cahiers-pedagogiques.com/Detrompez-vous-Un-festival-d-erreurs; Zugriff 24. April 2019.

18 Peter Brown: Telefoninterview mit Bonnie Blodgett, 10. März 2013, St. Paul, MN. Alle Zitate von Blodgett stammen aus diesem Interview.

19 Die Bjorks sind zitiert nach: E. L. Bjork & R. A. Bjork, Making things hard on yourself, but in a good way: Creating desirable difficulties to enhance learning, in M. A. Gernsbacher, R. W. Pew, L. M. Hough, and J. R. Pomerantz (eds.), *Psychology and the real world: Essays illustrating fundamental contributions to society* (pp. 56–64) (New York: Worth, 2009).

5. Ich glaube, das weiß ich

1 Das Thema Metakognition – was wissen wir über das, was wir wissen, und wie beurteilen wir unsere Leistung? – boomt in der Psychologie. Einen guten Überblick über Metakognition vermitteln John Dunlosky und Janet Metcalfe in ihrem Buch *Metacognition* (Los Angeles: Sage, 2009). Das Buch von Daniel Kahneman, *Schnelles Denken, langsames Denken,* aus dem amerikanischen Englisch übersetzt von Thorsten Schmidt, Pantheon Verlag, München 2014, beleuchtet unter anderem die diversen Illusionen, denen der Verstand zum Opfer fallen kann. Eine frühere Diskussion vieler Illusionen findet sich bei Thomas Gilovich, *How We Know What Isn't So: The Fallibility of Human Reason in Everyday Life* (New York: Free Press, 1991). Knapper dargestellt ist das Thema bei H. L. Roediger, III, & A. C. Butler, Paradoxes of remembering and knowing, in N. Kapur, A. Pascual-Leone, & V. Ramachandran (eds.), *The Paradoxical Brain* (pp. 151–176) (Cambridge: Cambridge University Press, 2011).

2 Peter Brown: Interview mit David Garman, 12. Dezember 2011, Minneapolis, MN. Alle Zitate von Garman stammen aus diesem Interview.

3 Der offizielle Bericht zum Zwischenfall mit China Airlines steht in: National Transportation Safety Board, »Aircraft Accident report-China Airlines Boeing 747-SP N4522V, 300 Nautical Miles Northwest of San Fran-

cisco, California, February 19, 1985«, March 29, 1986, und ist nachlesbar unter: http://www.rvs.uni-bielefeld.de/publications/Incidents/DOCS/ComAndRep/ChinaAir/AAR8603.html; Zugriff 24. Oktober 2013. Ein deutschsprachiger Bericht findet sich bei: J. W. Braun, Sturzflug im Jumbo-Jet: Noch 40 Sekunden bis zum Tod, *Spiegel Online*, 17. Dezember 2010, https://www.spiegel.de/einestages/sturzflug-im-jumbo-jet-a-946913.html; Zugriff 25. April 2019.

Der Bericht über die Untersuchung des Unfalls von Carnahan durch das National Transportation Safety Board steht bei: D. A. Lombardo, »›Spatial disorientation‹ caused Carnahan crash,« *Aviation International News*, AINonline, July 2002; und ist zu finden unter: http://www.ainonline.com/aviation-news/aviation-international-news/2008-04-16/spatial-disorientation-caused-carnahan-crash; Zugriff 24. Oktober 2013.

Der Bericht über die Untersuchung des Unfalls von J. F. Kennedy Jr. durch das National Transportation Safety Board steht bei: N. Sigelman, »NTSB says spatial disorientation caused Cape Air crash,« *Martha's Vineyard Times*, mntimes.com; und ist zu finden unter: http://www.mvtimes.com/ntsb-says-spatial-disorientation-caused-cape-air-crash-960/; Zugriff 24. Oktober 2013.

4 E. Morris, »The anosognosic's dilemma: Something's wrong but you'll never know what it is« (pt. 5), *New York Times*, June 24, 2010.

5 L. L. Jacoby, R. A. Bjork, & C. M. Kelley, Illusions of comprehension, competence, and remembering, in D. Druckman & R. A. Bjork (eds.), *Learning, remembering, believing: Enhancing human performance* (pp. 57–80) (Washington, DC: National Academy Press, 1994).

6 Von der Studie zu Carol Harris/Helen Keller berichten R. A. Sulin & D. J. Dooling, Intrusion of a thematic idea in retention of prose, *Journal of Experimental Psychology* 103 (1974), 255–262. Einen Überblick über Erinnerungsverfälschungen liefern H. L. Roediger & K. B. McDermott, Distortions of memory, in F. I. M. Craik & E. Tulving (eds.), *The Oxford Handbook of Memory* (pp. 149–164) (Oxford: Oxford University Press, 2000).

7 Pseudoerinnerungen wurden sowohl in Studien zu frühen Erinnerungen als auch unter Laborbedingungen nachgewiesen. Zwei wegweisende Studien hierzu sind: M. Garry, C. G. Manning, E. F. Loftus, & S. J. Sherman, Imagination inflation: Imagining a childhood event inflates confidence

that it occurred, *Psychonomic Bulletin & Review* 3 (1996), 208–214; und L.M. Goff & H.L. Roediger, Imagination inflation for action events: Repeated imaginings lead to illusory recollections, *Memory & Cognition* 26 (1998), 20–33.

8 Das Experiment mit den Suggestivfragen steht bei E.F. Loftus & J.C. Palmer, Reconstruction of automobile destruction: An example of the interaction between language and memory, *Journal of Verbal Learning and Verbal Behavior* 13 (1974), 585–589.

9 Den gefährlichen Einfluss von Hypnose auf Erinnerungen beschreibt der Artikel von P.A. Register & J.F. Kihlstrom, Hypnosis and interrogative suggestibility, *Personality and Individual Differences* 9 (1988), 549558. Einen Überblick über Fragen zu rechtlich relevanten Erinnerungen vermittelt die Arbeit von H.L. Roediger & D.A. Gallo, Processes affecting accuracy and distortion in memory: An overview, in M.L. Eisen, G.S. Goodman, & J.A. Quas (eds.), *Memory and Suggestibility in the Forensic Interview* (pp. 3–28) (Mahwah, NJ: Erlbaum, 2002).

10 Die Geschichte von Don Thomson ist nachzulesen in B. Bower, Gone but not forgotten: Scientists uncover pervasive unconscious influences on memory, *Science News* 138, 20 (1990), 312–314.

11 Den Fluch des Wissens, Rückschaufehler und verwandte Themen behandeln unter anderem Jacoby, Bjork, & Kelley, Illusions of comprehension, competence, and remembering (siehe Anmerkung 5). Einen relativ neuen Überblick zu den Auswirkungen der Fluency vermittelt D.M. Oppenheimer, The secret life of fluency, *Trends in Cognitive Science* 12 (2008), 237–241.

12 Soziale Ansteckung bei Erinnerungen: H.L. Roediger, M.L. Meade, & E. Bergman, Social contagion of memory, *Psychonomic Bulletin & Review* 8 (2001), 365–371

13 Einen guten Überblick über die Forschung zur Konsensüberschätzung liefern L. Ross, The false consensus effect: An egocentric bias in social perception and attribution processes, *Journal of Experimental Social Psychology* 13 (1977), 279–301; und G. Marks, N. Miller, Ten years of research on the false-consensus effect: An empirical and theoretical review, *Psychological Bulletin* 102 (1987), 72–90.

14 Zu den Blitzlichterinnerungen bezüglich 9/11: J.M. Talarico & D.C. Rubin, Confidence, not consistency, characterizes flashbulb memo-

ries, *Psychological Science* 14 (2003), 455–461; und W. Hirst, E. A. Phelps, R. L. Buckner, A. Cue, D. E. Gabrieli & M. K. Johnson, Long-term memory for the terrorist attack of September 11: Flashbulb memories, event memories and the factors that influence their retention, *Journal of Experimental Psychology: General* 138 (2009), 161–176.

15 Eric Mazurs Material stammt aus seinem YouTube-Video *»Confessions of a converted lecturer«*, verfügbar auf www.youtube.com/watch?v=WwslBPj8Ggl; Zugriff am 23. Oktober 2013.

16 Die Studie zum Fluch des Wissens, für die anhand von getrommelten Rhythmen die dazugehörigen Melodien erraten werden sollten, war die Grundlage dieser Doktorarbeit: L. Newton, *Overconfidence in the communication of intent: Heard and unheard melodies* (Ph. D. diss., Stanford University, 1990).

17 Der Dunning-Kruger-Effekt beruht auf der Studie Justin Kruger & David Dunning, Unskilled and unaware of it: How difficulties in recognizing one's own incompetence lead to inflated self-assessments, *Journal of Personality and Social Psychology 77* (1999), 1121–1134. Viele spätere Untersuchungen greifen darauf zurück. Siehe auch D. Dunning, *Self-Insight: Roadblocks and Detours on the Path to Knowing Thyself* (New York: Psychology Press, 2005).

18 Von selbstgesteuertem Lernen berichten Susan Dominus, »Play-Dough? Calculus? At the Manhattan Free School, Anything Goes«, *New York Times*, October 4, 2010, und Asha Anchan, »The DIY Approach to Education«, *Minneapolis StarTribune*, July 8, 2012.

19 Dass Schüler Lernkarten schneller aussortieren, als es für das langfristige Lernen sinnvoll wäre, schildern beispielsweise N. Kornell & R. A. Bjork, Optimizing self-regulated study: The benefits – and costs – of dropping flashcards, *Memory* 16 (2008), 125–136; und J. D. Karpicke, Metacognitive control and strategy selection: Deciding to practice retrieval during learning, *Journal of Experimental Psychology: General* 138 (2009), 469–486.

20 Seinen Unterrichtsansatz beschreibt Eric Mazur in dem Buch *Peer Instruction: A User's Manual* (Upper Saddle River, NJ: Prentice-Hall, 1997) und erläutert ihn zusätzlich in dem fesselnden YouTube-Vortrag aus Anmerkung 15, *»Confessions of a converted lecturer«*, verfügbar auf http://www.youtube.com/watch?v=WwslBPj8Ggl; Zugriff 23. Oktober 2013.

21 Das Dunning-Zitat stammt aus dem Artikel von E. Morris, »The anosognosic's dilemma: Something's wrong but you'll never know what it is« (pt. 5), *New York Times*, June 24, 2010.

22 Peter Brown: Interview mit Catherine Johnson, 13. Dezember 2011, Minneapolis, MN.

23 In diesem Kapitel geht es vor allem um die Frage, wie man beim eigenständigen Lernen typische Fallstricke wie Illusionen oder Voreingenommenheit aufgrund von Flüssigkeit, Rückschaufehlern und Ähnlichem umgehen kann. Ein ausgezeichneter neuerer Beitrag zum selbstgesteuerten Lernen, von dem jeder profitieren dürfte, der mehr zu diesen Themen erfahren möchte, ist: R. A. Bjork, J. Dunlosky, & N. Kornell, Self-regulated learning: Beliefs, techniques, and illusions, *Annual Review of Psychology* 64 (2013), 417–444.

6. Alles eine Frage des Lernstils?

1 Francis Bacon (1561–1626) war ein englischer Philosoph und Politiker. Das vollständige Zitat lautet: »Jeder Aufstieg in große Höhen erfolgt über eine Wendeltreppe, und bei Unstimmigkeiten braucht ein Mann Weggenossen, solange er im Aufstieg begriffen ist, und Ausgewogenheit, sobald er seinen Platz erreicht hat.« Aus Bacons Essay *Of Great Place*.

2 Peter Brown: Interview mit Bruce Hendry, 27. August 2012, St. Paul, MN. Alle Zitate von Hendry stammen aus diesem Interview.

3 Betsy Morris, Lisa Munoz, and Patricia Neering, »Overcoming dyslexia«, *Fortune*, May 2002, 54–70.

4 Annie Murphy Paul, »The upside of dyslexia«, *New York Times*, February 4, 2012. Die Arbeit von Geiger und Lettvin ist beschrieben in G. Geiger & J. Y. Lettvin, Developmental dyslexia: A different perceptual strategy and how to learn a new strategy for reading, *Saggi: Child Development and Disabilities* 26 (2000), 73–89.

5 Der Überblick ist aufgeführt in F. Coffield, D. Moseley, E. Hall, *Learning styles and pedagogy in post-16 learning, a systematic and critical review*, 2004, Learning and Skills Research Centre, London; das Studentenzitat (»Es hat keinen Sinn, dass ich ein Buch lese«) stammt aus derselben Quelle,

Seite 137. Das Zitat zum »Wirrwarr widersprüchlicher Behauptungen« stammt aus Michael Reynolds, Learning styles: A critique, *Management Learning,* June 1997, vol. 28 no. 2, p. 116.

6 Die Aussagen zu den Lernstilen beruhen vor allem auf H. Pashler, M. A. McDaniel, D. Rohrer, & R. A. Bjork, Learning styles: A critical review of concepts and evidence, *Psychological Science in the Public Interest* 9 (2009), 105–119. Dieser Artikel prüfte die veröffentlichten Studien zur Fragestellung, ob Menschen, wenn die Lehrmethode auf den eigenen Lerntyp zugeschnitten ist, besser lernen, als wenn die Lehrmethode nicht passt. Zwei wichtige Ergebnisse waren, dass erstens nur sehr wenige Studien den Goldstandard kontrollierter Experimente erfüllen, und dass zweitens die wenigen veröffentlichten Experimente übereinstimmend zu dem Ergebnis kamen, dass eine Übereinstimmung von Unterrichtsform und Lerntyp das Lernen nicht verbessert. Zu diesem Thema werden also einerseits weitere Studien benötigt, andererseits lässt sich die Existenz der üblicherweise postulierten Lernstile derzeit nicht belegen.

7 Einen ausgezeichneten Überblick über die klassischen Konzepte zur Intelligenz vermittelt Earl Hunt, *Human Intelligence* (Cambridge: Cambridge University Press, 2010).

8 Howard Gardners Theorie lässt sich unter anderem nachlesen in seinem Buch *Intelligenzen: Die Vielfalt des menschlichen Geistes,* aus dem Amerikanischen übersetzt von Ute Spengler (Stuttgart: Klett-Cotta, 2002).

9 Die Angaben zur Arbeit von Robert Sternberg, Elena Grigorenko und deren Team stammen aus verschiedenen Quellen. Eine gute Darstellung ihrer Theorie vermittelt der Artikel R. J. Sternberg, E. L. Grigorenko, & L. Zhang, Styles of learning and thinking in instruction and assessment, *Perspectives on Psychological Science* (2008), 486–506. Eine weitere interessante Studie von Sternberg, Grigorenko und ihren Kollegen ermittelte College-Studenten mit überdurchschnittlichen analytischen, kreativen oder praktischen Fähigkeiten (im Vergleich zu den anderen beiden Fähigkeiten) und teilte sie unterschiedlichen Klassen zu, in denen das Wissen jeweils vorrangig auf analytische, kreative oder praktische Weise vermittelt wurde. Diejenigen, die den Unterricht erhielten, der ihrer stärksten Fähigkeit entsprach, erzielten bei bestimmten Lernstandskontrollen bessere Beurteilungen als diejenigen, die »unpassenden«

Unterricht erhalten hatten. Siehe hierzu R. J. Sternberg, E. L. Grigorenko, M. Ferrari, & P. Clinkenbeard, A triarchic analysis of an aptitude-treatment interaction, *European Journal of Psychological Assessment* 15 (1999), 1–11.

10 Die Studie mit den Kindern aus Brasilien ist: T. N. Carraher, D. W. Carraher, & A. D. Schliemann, Mathematics in the streets and in the schools, *British Journal of Developmental Psychology* 3 (1985), 21–29. Diese faszinierende Studie befasst sich mit fünf Kindern aus sehr armen Verhältnissen, die in Brasilien an Straßenecken oder auf Märkten arbeiteten. Ermittelt wurde die Bewältigung vergleichbarer Multiplikationsaufgaben in unterschiedlichen Zusammenhängen: Im normalen Kontext, in dem das Kind sich perfekt auskannte (zum Beispiel Kokosnüsse verkaufen, allerdings beim Experiment im Rollenspiel), bei Wortproblemen innerhalb eines anderen Kontexts (zum Beispiel Verkauf von Bananen) oder beim mathematisch präsentierten Problem ohne Kontext. Die Kinder lösten fast 100 Prozent der Aufgaben, die ihnen in ihrem natürlichen Kontext gestellt wurden, eine geringere Anzahl in anderem Kontext und nur etwa ein Drittel der Aufgaben, die ihnen als formelles Problem gestellt wurden. Eine entscheidende Erkenntnis daraus war, dass die Kinder zur Lösung des Problems im natürlichen Kontext Gruppierungsstrategien einsetzten, bei den formellen Problemen hingegen auf die Strategien umschalteten, die sie in der Schule (noch nicht so gut) gelernt hatten. Die mathematischen Strategien, die diese Kinder entwickelt hatten, waren im akademisch orientierten Test nicht zu erkennen.

11 Die Studie zum Vorgehen der Rennbahnzocker ist: S. J. Ceci & J. K. Liker, A day at the races: A study of IQ, expertise, and cognitive complexity, *Journal of Experimental Psychology: General* 115 (1986), 255–266. An dieser Studie nahmen Menschen teil, die im Trabrennsport wetten und teils als Experten galten, teils als weniger erfahren. Die Teilnehmer in der Expertengruppe und der weniger erfahrenen Vergleichsgruppe wurden so ausgewählt, dass der IQ in beiden Gruppen vergleichbar war. Dennoch konnten die Teilnehmer aus der Expertengruppe den Ausgang der tatsächlichen Rennen wie auch der von der Versuchsleitung erfundenen Rennen deutlich erfolgreicher vorhersagen. Dieser Erfolg hing damit zusammen, dass die Experten ein extrem komplexes System zur Ge-

wichtung und Kombination der verfügbaren Informationen über die Pferde und die Rennbedingungen verwendeten.

12 Das Konzept des dynamischen Testens beschreiben Robert Sternberg und Elena Grigorenko in ihrem Buch *Dynamic Testing: The Nature and Measurement of Learning Potential* (Cambridge: Cambridge University Press, 2002).

13 Die Grundlagenarbeit zum Thema Strukturbildung leisteten M. A. Gernsbacher, K. R. Varner, & M. E. Faust, Investigating differences in general comprehension skills, *Journal of Experimental Psychology: Learning, Memory, and Cognition* 16 (1990), 430–445. Dieser Artikel beschreibt einen Teil der elegant konzipierten Experimente, die zur Entwicklung der Strukturbildungstheorie führten, der zufolge Menschen mit guter Auffassungsgabe in der Lage sind, aus diversen Quellen (Lesen, Hören, Bildbetrachtung) ein kohärentes, organisiertes Schema für ein Narrativ zu bilden, wohingegen Menschen mit einer weniger ausgeprägten Auffassungsgabe viele, eher bruchstückhafte Schemata für Narrative entwickeln. Außerdem deutet diese Arbeit darauf hin, dass es schlechten Strukturbildern (im Gegensatz zu den guten) schwerfällt, irrelevante Informationen zu blockieren. Das dürfte zu ihren fraktionierten (ineffektiven) Schemata beitragen. Ein weiterer relevanter Artikel zu diesem Thema ist: A. A. Callender & M. A. McDaniel, The benefits of embedded question adjuncts for low and high structure builders, *Journal of Educational Psychology* 99 (2007), 339–348. Hier wurde gezeigt, dass Kinder, die nur schwer Strukturen bilden können, aus dem üblichen Schulmaterial (Lehrbuch) weniger lernen als Kinder, denen die Strukturbildung leichtfällt. Wenn in die Kapitel jedoch Fragen eingebettet waren, anhand derer die schwachen Strukturbilder erkennen konnten, was wichtig ist (und wenn sie gezwungen waren, diese Fragen zu beantworten), lernten sie genauso viel wie die stärkeren Strukturbilder.

14 Diese Diskussion zu Lernkonzepten stützt sich auf zwei Studien: T. Pachur, & H. Olsson, Type of learning task impacts performance and strategy selection in decision making, *Cognitive Psychology* 65 (2012), 207–240. Unter standardisierten Versuchsbedingungen wird konzeptuelles Lernen in der Regel an einzelnen Beispielen nacheinander untersucht, das heißt, die Probanden versuchen, die wahrscheinliche Klassifizierung des Beispiels zu ermitteln (zum Beispiel anhand eines bestimmten

Symptombilds auf die entsprechende Erkrankung zu schließen). Dieses Experiment modifizierte dieses Vorgehen, indem zwei Beispiele (hier: zwei Fälle) gleichzeitig präsentiert wurden. Die Testpersonen sollten entscheiden, welches davon am ehesten einem bestimmten Krankheitsbild entspricht. Dieser vergleichende Ansatz regte dazu an, sich weniger auf das Auswendiglernen der Beispiele zu konzentrieren, sondern eher auf das Erkennen der Regel, die der Diagnosestellung zugrunde lag. Ein ähnliches Thema, bei dem der Fokus jedoch auf dem Transfer der Problemlösung lag, beschreiben M.L. Gick & K.J. Holyoak, Schema induction and analogical transfer, *Cognitive Psychology* 15 (1983), 1–38. Hier sollte anhand eines Beispiels eine Problemlösung entwickelt werden oder aber durch Gegenüberstellung von zwei verschiedenen Problemen die gemeinsamen Elemente der Lösung gefunden werden. Lernende, die die zwei Probleme gegenüberstellten, fanden eher einen allgemeinen Lösungsansatz und konnten diesen erfolgreich auf neue Probleme übertragen, als diejenigen, die sich nur mit einem Problem befasst hatten.

15 Die Aussagen über Regellerner und Beispiellerner beruhen auf M.A. McDaniel, M.J. Cahill, M. Robbins, & C. Wiener, Individual differences in learning and transfer: Stable tendencies for learning exemplars versus abstracting rules, *Journal of Experimental Psychology: General* 143 (2014). Unter Einsatz von Lernaufgaben zeigte diese neuartige Studie unter Laborbedingungen auf, dass manche Menschen Konzepte eher lernen, indem sie sich darauf konzentrieren, sich die jeweiligen Beispiele und Antworten einzuprägen, mit denen das Konzept erklärt wird *(Beispiellerner)*, wohingegen andere sich eher auf die Abstraktion konzentrieren, die den verwendeten Beispielen zugrunde liegt *(Abstrahierer)*. Hinzu kommt, dass die individuelle Tendenz zum Konzeptlernen über ganz unterschiedliche Konzeptlernsettings hinweg stabil ist. Das deutet darauf hin, dass beim Konzeptlernen eine persönliche Prädisposition zu Beispiellernen oder Abstraktion vorliegen könnte. Interessant daran ist, dass Abstrahierer in einem Einführungskurs in die Chemie am College im Durchschnitt zunächst besser abschnitten als Beispiellerner.

7. Besser lernen

1 Eine gute Einführung in Walter Mischels Grundlagenforschung zum Belohnungsaufschub bei Kindern bietet W. Mischel, Y. Shoda, & M. L. Rodriguez, Delay of gratification in children, *Science* 244 (1989), 933–938. Nichtpsychologen können sich Einblick verschaffen mit dem Artikel von Jonah Lehrer, »Don't! The secret of self-control,« *New Yorker,* May 18, 2009, 26–32. Neuere Ergebnisse von 2011 bietet das Kapitel von W. Mischel & O. Ayduk, Willpower in a cognitive-affective processing system: The dynamics of delay of gratification, in K. D. Vohs & R. F. Baumeister (eds.), *Handbook of Self-Regulation: Research, Theory, and Applications* (2nd ed., pp. 83–105) (New York: Guilford, 2011).

2 Carsons Berichte sind im Nachdruck auf der Website des Historikers Bob Graham zu finden, dessen Vorfahren zu den ersten amerikanischen Siedlern in Kalifornien zählten, www.longcamp.com/kit_bio.html, Zugriff 30. Oktober 2013, und beziehen sich auf Angaben, die ursprünglich im Sommer 1847 bei der Washington Union veröffentlicht wurden und nachgedruckt wurden in *Supplement to the Connecticut Courant, July 3, 1847.* Das Buch *Hampton Sides, Blood and Thunder* (New York: Anchor Books, 2006), *125–126,* erzählt, wie Carson von Fremont auf diese Reise geschickt wurde.

3 Zur Plastizität des Gehirns: J. T. Bruer, Neural connections: Some you use, some you lose, *Phi Delta Kappan* 81, 4 (1999), 264–277. Das Goldman-Rakic-Zitat stammt aus Bruers Artikel und beruft sich auf ihre Aussagen vor der amerikanischen Bildungskommission. Weitere Ergebnisse zur Hirnplastizität finden sich (mit Betonung auf der Behandlung von Hirnschäden) bei D. G. Stein & S. W. Hoffman, Concepts of CNS plasticity in the context of brain damage and repair, *Journal of Head Trauma Rehabilitation* 18 (2003), 317–341.

4 H. T. Chugani, M. E. Phelps, & J. C. Mazziotta, Positron emission tomography study of human brain function development, *Annals of Neurology* 22 (1987), 487–497.

5 J. Cromby, T. Newton, and S. J. Williams, Neuroscience and subjectivity, *Subjectivity* 4 (2011), 215–226.

6 Eine allgemein verfügbare Einführung in diese Arbeit liefert Sandra

Blakeslee, »New tools to help patients reclaim damaged senses,« *New York Times*, November 23, 2004.

7 P. Bach-y-Rita, Tactile sensory substitution studies, *Annals of the New York Academy of Sciences* 1013 (2004), 83–91.

8 Zur Myelinisierung siehe R. D. Fields, White matter matters, *Scientific American* 298 (2008), 42–49, und R. D. Fields, Myelination: An overlooked mechanism of synaptic plasticity?, *Neuroscientist* 11 (December 2005), 528–531. Für ein breiteres Publikum gedacht ist Daniel Coyle, *Die Talent-Lüge: Warum wir (fast) alles erreichen können*, aus dem Amerikanischen übersetzt von Jürgen Neubauer. Bergisch Gladbach: Ehrenwirth, 2009.

9 Zur Neurogenese gibt es hier weitere Informationen: P. S. Eriksson, E. Perfilieva, T. Bjork-Eriksson, A. M. Alborn, C. Nordborg, D. A. Peterson, & F. H. Gage, Neurogenesis in the adult human hippocampus, *Nature Medicine* 4 (1998), 1313–1317; P. Taupin, Adult neurogenesis and neuroplasticity, *Restorative Neurology and Neuroscience* 24 (2006), 9–15.

10 Das englische Zitat ist entnommen aus Ann B. Barnet & Richard J. Barnet, *The Youngest Minds: Parenting and Genes in the Development of Intellect and Emotion* (New York: Simon and Schuster, 1998), 10.

11 Der Flynn-Effekt ist nach James Flynn benannt, der als Erster darüber berichtete, wie der IQ im 20. Jahrhundert in den entwickelten Nationen anstieg: J. R. Flynn, Massive IQ gains in 14 nations: What IQ tests really measure, *Psychological Bulletin* 101 (1987), 171–191.

12 Dieser Abschnitt beruft sich vor allem auf Richard E. Nisbett, *Intelligence and How to Get It* (New York: Norton, 2009.)

13 Die zitierte Studie ist: J. Protzko, J. Aronson, & C. Blair, How to make a young child smarter: Evidence from the database of raising intelligence, *Perspectives in Psychological Science* 8 (2013), 25–40.

14 Die zitierte Studie ist: S. M. Jaeggi, M. Buschkuehl, J. Jonides, & W. J. Perrig, Improving fluid intelligence with training on working memory, *Proceedings of the National Academy of Sciences* 105 (2008), 6829–6833.

15 Von dem vergeblichen Versuch, die Trainingsergebnisse des Arbeitsgedächtnisses zu replizieren, berichten T. S. Redick, Z. Shipstead, T. L. Harrison, K. L. Hicks, D. E. Fried, D. Z. Hambrick, M. J. Kane, & R. W. Engle, No evidence of intelligence improvement after working memory training: A randomized, placebo-controlled study, *Journal of Experimental Psychology: General* 142, 2013), 359–379.

16 Carol Dwecks Arbeiten zum »dynamischen Selbstbild« werden an vielen Stellen erwähnt. Eine schöne Zusammenfassung bietet Marina Krakovsky, »The effort effect,« *Stanford Magazine,* March/April 2007. Zwei Artikel von Dweck selbst sind H. Grant & C. S. Dweck, Clarifying achievement goals and their impact, *Journal of Personality and Social Psychology* 85 (2003), 541–553, und C. S. Dweck, *The perils and promise of praise, Educational Leadership* 65 (2007), 34–39. Dwecks Buch zu diesem Thema ist auch auf Deutsch erhältlich: Carol Dweck, *Selbstbild: Wie unser Denken Erfolge oder Niederlagen bewirkt.* Aus dem Englischen übersetzt von Jürgen Neubauer. Frankfurt a. M./New York: Campus: 2007.

17 Das Dweck-Zitat stammt aus Krakovskys Artikel, »The effort effect.«

18 Die Dweck-Zitate stammen aus dem Artikel von Po Bronson, »How not to talk to your kids,« *New York Times Magazine,* February 11, 2007.

19 Paul Tough, *Die Chancen unserer Kinder: Warum Charakter wichtiger ist als Intelligenz,* aus dem Englischen übersetzt von Dieter Fuchs, mit einem Vorwort von Heinz Buschkowsky. Stuttgart: Klett-Cotta, 2013.

20 Anders Ericssons Arbeiten zu bewusstem Üben wurden an vielen Stellen beschrieben, unter anderem in dem Buch von Malcolm Gladwell, *Überflieger. Warum manche Menschen erfolgreich sind – und andere nicht,* aus dem Englischen übersetzt von Jürgen Neubauer. Frankfurt a. M./New York: Campus, 2009. Eine Einführung in das Werk von Ericsson liefert K. A. Ericsson & P. Ward, Capturing the naturally occurring superior performance of experts in the laboratory: Toward a science of expert and exceptional performance, *Current Directions in Psychological Science* 16 (2007), 346–350.

21 Die geistige Vorstellung und ihre Macht als Lern- und Merkhilfe wussten schon die alten Griechen zu schätzen. Doch erst in den 1960er Jahren begann die Psychologie dieses Thema systematisch zu untersuchen. Allan Paivio konnte den Einfluss der Vorstellungskraft im Rahmen kontrollierter Studien belegen. Seine frühen Arbeiten sind zusammengefasst in A. Paivio, *Imagery and Verbal Processes* (New York: Holt, Rinehart, and Winston, 1971).

22 Mark Twain, »*How to Make History Dates Stick,*« Harper's, December 1914, verfügbar auf www.twainquotes.com/History Dates/HistoryDates.html, Zugriff 30. Oktober 2013.

23 Die Geschichte der Mnemotechniken (und der Einstellungen der

Psychologen und Ausbilder zu ihnen) ist ein ständiges Auf und Ab. Die Griechen und Römer wussten solche Hilfen sehr zu schätzen (zum Beispiel für eine zweistündige Rede vor dem römischen Senat), und auch im Mittelalter griffen die Gebildeten gern darauf zurück. In jüngerer Zeit galten sie lediglich als Eselsbrücken zum Auswendiglernen, was jedoch – wie wir in diesem Kapitel belegen – nicht gerechtfertigt ist. Mnemotechniken in der Anwendung von James Paterson und seiner Studierenden eignen sich (wie im alten Griechenland und Rom) als Organisationssysteme zum späteren Informationsabruf. Sie taugen zwar nicht unbedingt dazu, komplexe Informationen zu durchschauen, doch beim Wiederzugriff auf gelerntes Wissen kann ein Mnemosystem von unschätzbarem Wert sein. Eine ausgezeichnete Einführung in die Geschichte der Mnemotechniken und den Stand der psychologischen Forschung liefern James Worthy und Reed Hunt in ihrem Buch *Mnemonology: Mnemonics for the 21st Century* (New York: Psychology Press, 2011).

24 James Paterson ist ein Gedächtniskünstler, der im Denksport gegen andere Profis aus Europa, China und teilweise auch den USA antritt. Von dieser neuen Gruppierung berichtet Joshua Foer in seinem Bestseller *Moonwalk mit Einstein: Wie aus einem vergesslichen Mann ein Gedächtnis-Champion wurde*. Aus dem Englischen von Ursula Rahn-Huber, München: Riemann, 2011. Wie lange braucht ein Mensch, um sich die Reihenfolge eines gemischten Kartendecks einzuprägen? Normalerweise sehr lange. Top-Gedächtnisprofis hingegen brauchen dafür nicht einmal zwei Minuten. Ein Video, wie sich Simon Reinhard ein Kartendeck innerhalb von 21,9 Sekunden einprägt, finden Sie auf www.youtube.com/watch?v=sbinQ6GdOVk, Zugriff 30. Oktober 2013. Diesen damaligen Weltrekord hat Reinhard mittlerweile gebrochen (zum Zeitpunkt der Manuskriptabgabe lag er bei 21,1 Sekunden). Beim Üben braucht Reinhard teilweise nicht einmal 20 Sekunden, was er aber in der Öffentlichkeit bisher noch nicht unter Beweis gestellt hat. (Quelle: Simon Reinhard im persönlichen Gespräch am 8. Mai 2013 beim Dinner mit Roddy Roediger und verschiedenen anderen Gästen in St. Louis, MO.)

25 Die Erfahrungen von Michela Seong-Hyun Kim mit Mnemotechniken erfuhr Peter Brown von James Paterson im Rahmen privater Korrespondenz am 8. Februar 2013.

26 Peter Brown and Roddy Roediger: Interview mit James Paterson, 4. Januar 2013, St. Louis, MO.
27 Peter Brown: Interview mit Karen Kim, 18. April 2013, St. Paul, MN.

8. Das merke ich mir!

1 Peter Brown: Telefoninterview mit Michael Young, 21. Mai 2013. Alle Zitate von Young stammen aus diesem Interview.
2 Peter Brown: Telefoninterview mit Stephen Madigan, 20. Mai 2013.
3 Peter Brown: Interview mit Nathaniel Fuller, 29. April 2013, Minneapolis, MN.
4 John McPhee, »Draft no. 4,« *New Yorker,* April 29, 2013, 32–38.
5 Chesley Sullenberger und Jeffrey Zaslow, *Man muss kein Held sein: Auf welche Werte es im Leben ankommt,* Aus dem amerikanischen Englisch übersetzt von Michael Bayer, Norbert Joraschlitz und Henning Dedeking. C. Bertelsmann, München 2009.
6 Peter Brown: Interview mit Thelma Hunter, 30. April 2013, St. Paul, MN.
7 Peter Brown: Interview mit Mary Pat Wenderoth, 7. Mai 2013, Seattle, WA.
8 Empirische Studien, welche die Wirkung von hoch strukturierten Lehrmethoden in naturwissenschaftlichen Einsteigerkursen auf das Abspringen von Studenten untersuchen, liefern S. Freeman, D. Haak, & M. P. Wenderoth, Increased course structure improves performance in introductory biology, *CBE Life Sciences Education* 10 (Summer 2011), 175186; siehe auch S. Freeman, E. O'Connor, J. W. Parks, D. H. Cunningham, D. Haak, C. Dirks, & M. P. Wenderoth, Prescribed active learning increases performance in introductory biology, *CBE Life Sciences Education* 6 (Summer 2007), 132–139.
9 Peter Brown: Telefoninterview mit Michael Matthews, 2. Mai 2013.
10 Peter Brown: Telefoninterview mit Kiley Hunkler, 21. Mai 2013.
11 Peter Brown: Interview mit Kathleen McDermott, 20. Juni 2013, Folly Beach, SC.
12 Peter Brown: Telefoninterview mit Kathy Maixner, 18. Juli 2013.
13 Peter Brown: Telefoninterview mit Kenneth Barber, 1. Juli 2013.
14 Peter Brown: Telefoninterview mit Richard Wynveen, 17. Juli 2013.
15 Peter Brown: Telefoninterview mit Erik Isaacman, 2. Juni 2013.

Zum Weiterlesen

In der Folge finden Sie einige Literaturhinweise zum Weiterlesen, in denen die in diesem Buch dargestellten Prinzipien weiter vertieft werden. Die angegebenen Werke sind nur die Spitze des Eisbergs, denn es gibt in der wissenschaftlichen Literatur Hunderte von Arbeiten zu diesen Techniken. In den Quellenangaben sind diejenigen Arbeiten und Zitate aufgeführt, von denen bei uns die Rede ist, damit alle Interessierten gezielt weiterlesen können. Unser Auswahlkriterium für ergänzende Literatur war der Wunsch, dem Bedürfnis nach weiteren Informationen entgegenzukommen, ohne Wissbegierige mit Studiendetails zu erschlagen.

Wissenschaftliche Artikel

Crouch, C. H., Fagen, A. P., Callan, J. P., & Mazur, E. (2004). Classroom demonstrations: Learning tools or entertainment? *American Journal of Physics, 72*, 835–838. Eine interessante Anwendung von Generierung, um das Lernen im Klassenzimmer zu fördern.

Dunlosky, J., Rawson, K. A., Marsh, E. J., Nathan, M. J., & Willingham, D. T. (2013). Improving students' learning with effective learning techniques: Promising directions from cognitive and educational psychology. *Psychological Science in the Public Interest* 14, 4–58. Hier sind Techniken beschrieben, die aus wissenschaftlicher Sicht sowohl unter Labor- als auch unter Realbedingungen nachweislich den Unterricht verbessern, aber auch andere Techniken, die nicht funktionieren. Mit ausführlicher Diskussion der Forschungsarbeiten, die für (oder gegen) bestimmte Techniken sprechen.

McDaniel, M. A. (2012). Put the SPRINT in knowledge training: Training with SPacing, Retrieval, and INTerleaving. In A. F. Healy & L. E. Bourne Jr. (eds.),

Training Cognition: Optimizing Efficiency, Durability, and Generalizability (pp. 267–286). New York: Psychology Press. Dieses Kapitel zeigt auf, dass viele Anbieter von Fortbildungen – ob in der Wirtschaft, in der Medizin oder in der beruflichen Weiterbildung – dazu neigen, mehrtägige Intensivkurse anzubieten. Der Autor fasst Belege zusammen, dass zeitlich versetztes Arbeiten und Themenwechsel das langfristige Lernen besser fördern, und liefert Vorschläge, wie man diese Techniken praktisch umsetzen könnte.

McDaniel, M. A., & Donnelly, C. M. (1996). Learning with analogy and elaborative interrogation. *Journal of Educational Psychology* 88, 508–519. Diese Experimente illustrieren den Einsatz verschiedener Elaborationsmethoden beim Lernen technischer Themen. Hierzu zählen visuelles Ausmalen und Methoden der Selbstbefragung. Der Artikel ist technischer als die anderen in dieser Auflistung.

Richland, L. E., Linn, M. C., & Bjork, R. A. (2007). Instruction. In F. Durso, R. Nickerson, S. Dumais, S. Lewandowsky, & T. Perfect (eds.), *Handbook of Applied Cognition* (2nd ed., pp. 553 583). Chichester: Wiley. Hier finden Sie Beispiele, wie wünschenswerte Erschwernisse einschließlich Generierung von Lerninhalten im Unterricht eingesetzt werden können.

Roediger, H. L., Smith, M. A., & Putnam, A. L. (2011). Ten benefits of testing and their applications to educational practice. In B. H. Ross (ed.), *Psychology of Learning and Motivation.* San Diego: Elsevier Academic Press. Eine Zusammenfassung der diversen potenziellen Vorteile von Übungstests und Abrufen als Lerntechnik.

Bücher

Brooks, D., *Das soziale Tier. Wie Beziehungen, Gefühle und Intuitionen unser Leben formen.* Aus dem Englischen übersetzt von Thorsten Schmidt. München: Pantheon, 2014.

Coyle, D., *Die Talent-Lüge: Warum wir (fast) alles erreichen können.* Aus dem Amerikanischen übersetzt von Jürgen Neubauer. Bergisch Gladbach: Ehrenwirth, 2009.

Doidge, N., *Neustart im Kopf: Wie sich unser Gehirn selbst repariert.* Aus dem Englischen übersetzt von Jürgen Neubauer. Frankfurt a. M./New York: Campus, 2008.

Duhigg, C. *Die Macht der Gewohnheit: Warum wir tun, was wir tun.* Aus dem Amerikanischen übersetzt von Torsten Schmidt. Berlin: Berlin-Verlag, 2012.

Dunlosky, J., & Metcalfe, J., *Metacognition.* Los Angeles: Sage Publications, 2009.

Dunning, D. *Self-Insight: Roadblocks and Detours on the Path to Knowing Thyself (Essays in Social Psychology).* New York: Psychology Press, 2005.

Dweck, C.S., *Selbstbild: Wie unser Denken Erfolge oder Niederlagen bewirkt.* Aus dem Englischen übersetzt von Jürgen Neubauer. Frankfurt a.M./New York: Campus: 2007.

Foer, J., *Moonwalk mit Einstein: Wie aus einem vergesslichen Mann ein Gedächtnis-Champion wurde.* Aus dem Englischen von Ursula Rahn-Huber, München: Riemann, 2011.

Gilovich, T. *How We Know What Isn't So: The Fallibility of Human Reason in Everyday Life.* New York: Free Press, 1991.

Gladwell, M., *Blink!: Die Macht des Moments.* Aus dem Englischen übersetzt von Jürgen Neubauer. Frankfurt a.M.: Campus, 2005.

Gladwell, M., *Überflieger. Warum manche Menschen erfolgreich sind – und andere nicht.* Aus dem Englischen übersetzt von Jürgen Neubauer. Frankfurt a.M./New York: Campus, 2009.

Healy, A.F. & Bourne, L.E., Jr. (Eds.). *Training Cognition: Optimizing Efficiency, Durability, and Generalizability.* New York: Psychology Press, 2012.

Kahneman, Daniel, *Schnelles Denken, langsames Denken,* aus dem Amerikanischen übersetzt von Thorsten Schmidt, Pantheon Verlag, München 2014.

Mayer, R.E., *Applying the Science of Learning.* Upper Saddle River, NJ: Pearson, 2010.

Nisbett, R.E., *Intelligence and How to Get It.* New York: W.W. Norton & Company, 2009.

Sternberg, R.J., & Grigorenko, E.L., *Dynamic Testing: The Nature and Measurement of Learning Potential.* Cambridge: University of Cambridge, 2002.

Tough, P., *Die Chancen unserer Kinder: Warum Charakter wichtiger ist als Intelligenz.* Aus dem Englischen übersetzt von Dieter Fuchs, mit einem Vorwort von Heinz Buschkowsky. Stuttgart: Klett-Cotta, 2013.

Willingham, D.T. *When Can You Trust the Experts: How to Tell Good Science from Bad in Education.* San Francisco: Jossey-Bass, 2012.

Worthen, J.B., & Hunt, R.R. *Mnemonology: Mnemonics for the 21st Century (Essays in Cognitive Psychology).* New York: Psychology Press, 2011.

Danksagung

Dieses Buch ist ein echtes Gemeinschaftswerk, an dem wir Autoren drei Jahre lang überaus produktiv gemeinsam gearbeitet haben. Viele Menschen und Institutionen haben uns dabei unterstützt und hilfreiche Einblicke vermittelt.

Wir danken der James S. McDonnell Foundation von St. Louis, Missouri, für ihr Stipendium »Applying Cognitive Psychology to Enhance Educational Practice« an Henry Roediger und Mark McDaniel, mit Henry Roediger als Teamleiter. Dieses Stipendium unterstützte elf Wissenschaftler, die zehn Jahre lang gemeinsam daran arbeiteten, Erkenntnisse aus der Kognitionswissenschaft auf die Erziehungswissenschaften zu übertragen. Viele Punkte in diesem Buch stammen aus Forschungsprojekten, die von der McDonnell Foundation gefördert wurden. Wir danken den anderen neun Mitgliedern unserer Gruppe, von denen wir viel gelernt haben: Robert und Elizabeth Bjork von der University of California in Los Angeles, John Dunlosky und Katherine Rawson von der Kent State University, Larry Jacoby von der Washington University, Elizabeth Marsh von der Duke University, Kathleen McDermott von der Washington University, Janet Metcalfe von der Columbia University sowie Hal Pashler von der University of California in San Diego. Ein spezieller Dank gilt John Bruer, dem Präsidenten der McDonnell Foundation, und Susan Fitzpatrick, der Vizepräsidentin, für ihre aufmerksame Unterstützung sowie der Familie James S. McDonnell.

Danken möchten wir auch dem Cognition and Student Learning Program (CASL) am Institute for Education Sciences (U. S. Department of Education), dem wir diverse Stipendien verdanken, welche die Studien von Roediger und McDaniel im schulischen Umfeld und in Zusammenarbeit mit Kathleen McDermott gefördert haben. Ohne diese Unterstützung wären unsere Untersuchungen in Illinois an der Columbia Middle School und der Columbia High School nicht möglich gewesen. Wir danken unseren Koordinatorinnen im CASL, Elizabeth Albro, Carol O'Donnell und Erin Higgins. Außerdem danken wir den Lehrern, Schulleitungen und Schülern der Schulen in Columbia, namentlich Roger Chamberlain (Rektor der Columbia Middle School, an der unsere dortige Forschung begann) und Patrice Bain, die sich als erste Lehrerin bereit erklärte, unsere Versuche in ihrem Unterricht zuzulassen. Weitere Lehrer, die uns mit ihren Klassen experimentieren ließen, waren Teresa Fehrenz, Andria Matzenbacher, Michelle Spivey, Ammie Koch, Kelly Landgraf, Carleigh Ottwell, Cindy McMullan, Missie Steve, Neal O'Donnell und Linda Malone. An diesen Untersuchungen waren eine ganze Reihe Forschungsassistentinnen und -assistenten beteiligt, darunter Kristy Duprey, Lindsay Brockmeier, Barbie Huelser, Lisa Cressey, Marco Chacon, Anna Dinndorf, Laura D'Antonio, Jessye Brick, Allison Obenhaus, Meghan McDoniel und Aaron Theby. Maßgeblichen Anteil an jedem Schritt hatte Pooja Agarwal, die parallel zu ihrer täglichen Projektarbeit zunächst an der Washington University promovierte und dann als Postdoktorandin die Oberaufsicht führte. Viele praktische Vorschläge in diesem Buch beruhen auf unseren Experimenten im Unterricht.

Dart NeuroScience aus San Diego, California, steuerte ein großzügiges Stipendium für unsere Arbeit mit Gedächtnisakrobaten bei. Hierbei war Roediger federführend und arbeitete mit David Balota, Kathleen McDermott und Mary Pyc zusammen. Wir haben in diesem Projekt diverse Gedächtniskünstler getestet und wissen es zu schätzen, dass James Paterson uns gestattet hat, im Buch seine Geschichte zu verwenden. Sehr dankbar sind wir Tim Tully, dem wissenschaftlichen Leiter bei Dart, der mit der Idee an uns herantrat, Personen mit überragenden Gedächtnisfähigkeiten anzusprechen.

Unsere Geldgeber waren sehr großzügig. Dennoch sprechen wir den üblichen Hinweis aus, dass die in diesem Buch dargelegten Ansichten die Auffassung der Autoren widerspiegeln und nicht etwa die der James S. McDonnell Foundation, des Institute of Education Sciences, des amerikanischen Bildungsministeriums oder des Unternehmens Dart NeuroScience.

Roediger und McDaniel möchten den vielen Studierenden und Postdoktoranden danken, die mit uns zusammengearbeitet haben und uns halfen, die in diesem Buch geschilderten Projekte durchzuführen. Zu den Doktoranden, die in diesem Zeitraum mit Roediger an relevanten Projekten arbeiteten, zählten Pooja Agarwal, Andrew Butler, Andy DeSoto, Michael Goode, Jeff Karpicke, Adam Putnam, Megan Smith, Victor Sungkhasettee und Franklin Zaromb. Zu den Postdoktoranden zählten Pooja Agarwal, Jason Finley, Bridgid Finn, Lisa Geraci, Keith Lyle, David McCabe, Mary Pyc und Yana Weinstein. Weitere Mitarbeiterinnen, die an diesem Projekt beteiligt waren, waren Jane McConnell, Jean Ortmann-Sotomayor, Brittany Butler und Julie Gray. Mark McDaniel möchte seinen Studierenden danken, die an Studien mitgewirkt haben, die für dieses Buch wichtig waren, und zwar: Aimee Calendar, Cynthia Fadler, Dan Howard, Khuyen Nguyen, Mathew Robbins und Kathy Wildman sowie seinem Forschungsteam Michael Cahill, Mary Derbish, Yiyi Liu und Amanda Meyer. Zu seinen Postdoktoranden, die an ergänzenden Projekten mitarbeiteten, zählten Jeri Little, Keith Lyle, Anaya Thomas und Ruthann Thomas.

Unser Dank gebührt auch den vielen Einzelnen aus unterschiedlichsten Lebensbereichen, die uns ihre Geschichten zum Lernen und Erinnern erzählten, mit denen wir die zentralen Ideen dieses Buches illustrieren konnten. Wir danken Ken Barber von Jiffy Lube International, Bonnie Blodgett, Mia Blundetto, Derwin Brown, Matt Brown, Patrick Castillo, Vince Dooley, Mike Ebersold, Nathaniel Fuller, Catherine Johnson, Sarah Flanagan, Bob Fletcher, Alex Ford, Steve Ford, David Garman, Jean Germain, Lucy Gerold, Bruce Hendry, Michael Hoffman, Peter Howard, Kiley Hunkler, Thelma Hunter, Erik Isaacman, Karen Kim, Young Nam Kim, Nancy Lageson, Douglas Larsen, Stephen Madigan, Kathy Maixner, Michael Matthews, Kathleen McDermott, Michael McMurchie und Rick Wynveen von Renewal by Andersen, Jeff Moseley, James Paterson und seinen Schülern und Schülerinnen am Bellerbys College (namentlich Stephanie Ong, Victoria Gevorkova und Michela Seong-Hyun Kim), Bill Sands, Andy Sobel, Annette Thompson und Dave Nystrom bei der Farmers Insurance, Jon Wehrenberg, Mary Pat Wenderoth und Michael Young. Außerdem danken wir Lorry Freifeld vom Magazin *Training*, die uns mit führenden Köpfen beispielhafter Ausbildungsprogramme zusammenbrachte.

Etliche Menschen haben dankenswerterweise die ersten Entwürfe oder ausgewählte Kapitel dieses Buches gelesen. Wir danken Ellen Brown, Kathleen McDermott, Henry Moyers, Thomas Moyers und Steve Nelson. Wie in der Wissenschaft üblich hat unser Herausgeber fünf Peers aus der wissenschaftlichen Community um anonyme Prüfung des Manuskripts gebeten.

Wir danken den dreien, die sich anschließend zu erkennen gegeben haben – Bob Bjork, Dan Schacter und Dan Willingham –, sowie den beiden, deren Identität wir bis heute nicht kennen.

Und abschließend bedanken wir uns bei unserer Lektorin, Elizabeth Knoll, und dem hochprofessionellen Team bei Harvard University Press für alle Anregungen, Hinweise und ihren engagierten Beitrag zur Qualität dieses Werks.

Sachregister

Personenregister